Tusculum-Bücherei

Herausgeber: Hans Färber und Max Faltner

EURIPIDES

SÄMTLICHE
TRAGÖDIEN UND FRAGMENTE

Griechisch - deutsch

Band II

EURIPIDES

DIE KINDER DES HERAKLES
HEKABE · ANDROMACHE

Übersetzt von Ernst Buschor
Herausgegeben von Gustav Adolf Seeck

HEIMERAN VERLAG

© Heimeran Verlag 1972. Alle Rechte vorbehalten einschließlich die der foto-
mechanischen Wiedergabe.
Archiv 486 ISBN 3 7765 2127 9
Übersetzung von Ernst Buschor
© C.H. Beck'sche Verlagsbuchhandlung (Oscar Beck) München 1963 und 1968,
mit deren Genehmigung vorliegende Ausgabe erscheint.
Alle Rechte für Bühnen-, Hör- und Fernsehfunkaufführungen sowie der Auf-
zeichnung und Vervielfältigung solcher Aufführungen, insbesondere auf Schall-
platten, Tonband, Audio-Viseo-Kassetten usw. nur durch Ralf Steyer Verlag,
8 München 23, Klopstockstr. 6/1203

DIE KINDER DES HERAKLES

ΗΡΑΚΛΕΙΔΑΙ

Τὰ τοῦ δράματος πρόσωπα

Ἰόλαος · (Παῖδες) · Κοπρεύς · Χορός · Δημοφῶν
(Ἀκάμας) · Μακαρία παρθένος · Θεράπων
Ἀλκμήνη · Εὐρυσθεύς

Ἰόλαος

Πάλαι ποτ' ἐστὶ τοῦτ' ἐμοὶ δεδογμένον ·
ὁ μὲν δίκαιος τοῖς πέλας πέφυκ' ἀνήρ,
ὁ δ' ἐς τὸ κέρδος λῆμ' ἔχων ἀνειμένον
πόλει τ' ἄχρηστος καὶ συναλλάσσειν βαρύς,
αὑτῷ δ' ἄριστος · οἶδα δ' οὐ λόγῳ μαθών.   5
ἐγὼ γὰρ αἰδοῖ καὶ τὸ συγγενὲς σέβων,
ἐξὸν κατ' Ἄργος ἡσύχως ναίειν, πόνων
πλείστων μετέσχον εἷς ἀνὴρ Ἡρακλέει,
ὅτ' ἦν μεθ' ἡμῶν · νῦν δ', ἐπεὶ κατ' οὐρανὸν
ναίει, τὰ κείνου τέκν' ἔχων ὑπὸ πτεροῖς   10
σῴζω τάδ' αὐτὸς δεόμενος σωτηρίας.
ἐπεὶ γὰρ αὐτῶν γῆς ἀπηλλάχθη πατήρ,
πρῶτον μὲν ἡμᾶς ἤθελ' Εὐρυσθεὺς κτανεῖν ·
ἀλλ' ἐξέδραμεν · καὶ πόλις μὲν οἴχεται,
ψυχὴ δ' ἐσώθη. φεύγομεν δ' ἀλώμενοι   15
ἄλλην ἀπ' ἄλλης ἐξορίζοντες πόλιν.

DIE KINDER DES HERAKLES

Personen des Dramas

Iolaos, *Freund und Vetter des Herakles*
Söhne des Herakles *(stumme Rollen)*
Kopreus, *Herold des Eurystheus* · Chor, *attische Bürger*
Demophon, *Sohn des Theseus, König von Athen*
Akamas, *sein Bruder (stumme Rolle)*
Makaria, *Tochter des Herakles*
Diener *des Hyllos, des Sohnes des Herakles*
Alkmene, *Mutter des Herakles*
Eurystheus, *König von Mykenä und Argos*

*Die Szene ist im Zeusheiligtum von Marathon,
am Altar vor dem Tempel.*

VORSZENE

Iolaos

Seit langem steht mir dieses unverrückt:
Der rechte Mann ist auch ein rechter Freund.
Wer nur das eigne Glück begehrt, den will
Die Stadt nicht haben, niemand sucht ihn auf,
Nur er sich selbst. Mein Leben lehrte michs.
Ich hab es nicht im stillen Haus verbracht:
Rechtschaffen und den Stammverwandten treu
Hab ich mit Herakles, wie niemand sonst,
Jed Leid geteilt, bis er zum Himmel stieg,
Und ob auch selber jeder Hilfe bar,
Breit ich die Flügel über seine Brut.
Denn kaum der Vater diese Erde ließ,
Beschloß Eurystheus unser aller Tod.
Wir flohen, haben keine Heimat mehr,
Nur dieses nackte Leben. Acht und Bann
Treibt uns von einer Stadt zur andern Stadt.

πρὸς τοῖς γὰρ ἄλλοις καὶ τόδ' Εὐρυσθεὺς κακοῖς
ὕβρισμ' ἐς ἡμᾶς ἠξίωσεν ὑβρίσαι ·
πέμπων ὅπου γῆς πυνθάνοιθ' ἱδρυμένους
κήρυκας ἐξαιτεῖ τε κἀξείργει χθονός,   20
πόλιν προτείνων "Αργος οὐ σμικρὰν φίλην
ἐχθράν τε θέσθαι, χαὐτὸν εὐτυχοῦνθ' ἅμα.
οἱ δ' ἀσθενῆ μὲν τἀπ' ἐμοῦ δεδορκότες,
σμικροὺς δὲ τούσδε καὶ πατρὸς τητωμένους,
τοὺς κρείσσονας σέβοντες ἐξείργουσι γῆς.   25
ἐγὼ δὲ σὺν φεύγουσι συμφεύγω τέκνοις
καὶ σὺν κακῶς πράσσουσι συμπράσσω κακῶς,
ὀκνῶν προδοῦναι, μή τις ὧδ' εἴπῃ βροτῶν ·
"Ιδεσθ', ἐπειδὴ παισὶν οὐκ ἔστιν πατήρ,
'Ιόλαος οὐκ ἤμυνε συγγενὴς γεγώς.   30
πάσης δὲ χώρας 'Ελλάδος τητώμενοι,
Μαραθῶνα καὶ σύγκληρον ἐλθόντες χθόνα
ἱκέται καθεζόμεσθα βώμιοι θεῶν
προσωφελῆσαι · πεδία γὰρ τῆσδε χθονὸς
δισσοὺς κατοικεῖν Θησέως παῖδας λόγος,   35
κλήρῳ λαχόντας ἐκ γένους Πανδίονος,
τοῖσδ' ἐγγὺς ὄντας · ὧν ἕκατι τέρμονας
κλεινῶν 'Αθηνῶν τόνδ' ἀφικόμεσθ' ὅρον.
δυοῖν γερόντοιν δὲ στρατηγεῖται φυγή ·
ἐγὼ μὲν ἀμφὶ τοῖσδε καλχαίνων τέκνοις,   40
ἡ δ' αὖ τὸ θῆλυ παιδὸς 'Αλκμήνη γένος
ἔσωθε ναοῦ τοῦδ' ὑπηγκαλισμένη
σῴζει · νέας γὰρ παρθένους αἰδούμεθα
ὄχλῳ πελάζειν κἀπιβωμιοστατεῖν.
"Υλλος δ' ἀδελφοί θ' οἷσι πρεσβεύει γένος   45
ζητοῦσ' ὅπου γῆς πύργον οἰκιούμεθα,
ἢν τῆσδ' ἀπωθώμεσθα πρὸς βίαν χθονός.

ὦ τέκνα τέκνα, δεῦρο, λαμβάνεσθ' ἐμῶν
πέπλων · ὁρῶ κήρυκα τόνδ' Εὐρυσθέως
στείχοντ' ἐφ' ἡμᾶς, οὗ διωκόμεσθ' ὕπο   50
πάσης ἀλῆται γῆς ἀπεστερημένοι.

Eurystheus hat zu allem andern Leid
Noch diesen allerschwersten Hohn gefügt:
Er spürt die Zufluchtsorte auf und schickt
Den Herold, der uns fordert und vertreibt,
Auf Argos pocht als nicht geringen Freund –
Und Feind! – und mit der eignen Stärke prahlt.
Man blickt auf meine Ohnmacht, auf die Not
Der Waisenkinder, beugt sich vor der Macht
Des Stärkeren und schickt uns wieder fort.
So flücht ich mit den ewig Flüchtenden,
So leid ich mit den ewig Leidenden,
Und bleibe treu, daß niemand sagen kann:
„Seht Iolaos, der, ob gleichen Bluts,
Die Vaterlosen in der Not verläßt!"
Nachdem ganz Hellas uns die Schwelle wies,
Sind wir in Marathons Bereich gelangt
Und suchen Hilfe am Altar des Gotts
Voll Hoffnung, denn man sagt, es sei dies Land
Des Theseus' Zwillingssöhnen untertan
Als altes Erbteil König Pandions;
Verwandtem Blut! Wir suchten diesen Gau,
Die Grenzen auf des strahlenden Athen.
Zwei Greise lenken diesen Pilgerzug:
Die Knaben hier umsorgt mein banges Herz,
Des Sohnes Töchter schützt Alkmene drin
Im Tempel mit dem mütterlichen Arm;
Die zarten Mädchen halten wir dem Aug
Der Menge fern und diesem Opferplatz.
Die großen Brüder zogen unter Hyllos aus
Auf Kundschaft eines neuen sichren Turms,
Wenn wieder die Gewalt uns hier verjagt. –

O Kinder, hieher, Kinder, faßt mein Kleid,
Schon wieder tritt Eurystheus' Bote auf,
Der uns von jedem Ort der Welt vertreibt.

ὦ μῖσος, εἴθ' ὄλοιο χώ πέμψας σ' ἀνήρ ·
ὡς πολλὰ δὴ καὶ τῶνδε γενναίῳ πατρὶ
ἐκ τοῦδε ταὐτοῦ στόματος ἤγγειλας κακά.

Κῆρυξ

ἦ που καθῆσθαι τήνδ' ἕδραν καλὴν δοκεῖς   55
πόλιν τ' ἀφῖχθαι σύμμαχον; κακῶς φρονῶν ·
οὐ γάρ τις ἔστιν ὃς πάροιθ' αἱρήσεται
τὴν σὴν ἀχρεῖον δύναμιν ἀντ' Εὐρυσθέως.
χώρει · τί μοχθεῖς ταῦτ'; ἀνίστασθαί σε χρὴ
ἐς Ἄργος, οὗ σε λεύσιμος μένει δίκη.   60

Ιο οὐ δῆτ', ἐπεί μοι βωμὸς ἀρκέσει θεοῦ,
ἐλευθέρα τε γαῖ' ἐν ᾗ βεβήκαμεν.

Κη βούλῃ πόνον μοι τῇδε προσθεῖναι χερί;

Ιο οὔτοι βίᾳ γέ μ' οὐδὲ τούσδ' ἄξεις λαβών.

Κη γνώσῃ σύ · μάντις δ' ἦσθ' ἄρ' οὐ καλὸς τάδε.   65

Ιο οὐκ ἂν γένοιτο τοῦτ' ἐμοῦ ζῶντός ποτε.

Κη ἄπαιρ' · ἐγὼ δὲ τούσδε, κἂν σὺ μὴ θέλῃς,
ἄξω νομίζων, οὗπέρ εἰσ', Εὐρυσθέως.

Ιο ὦ τὰς Ἀθήνας δαρὸν οἰκοῦντες χρόνον,
ἀμύνεθ' · ἱκέται δ' ὄντες ἀγοραίου Διὸς
βιαζόμεσθα καὶ στέφη μιαίνεται,   70
πόλει τ' ὄνειδος καὶ θεῶν ἀτιμία.

Χορός

ἔα ἔα · τίς ἡ βοὴ βωμοῦ πέλας
ἔστηκε; ποίαν συμφορὰν δείξει τάχα;

Verfluchter Drache des verfluchten Manns,
Wie viele Schrecken hat dein alter Mund
Dem Vater, dann den Kindern eingejagt!

Herold

Du hältst die Stufen hier für sicher, glaubst
Die Stadt im Bund mit dir? Du irrst dich schwer.
Kein Mensch wird jemals deine schwache Macht
Für höher achten als Eurystheus' Thron.
Auf, auf! Nicht zaudern! Mach dich auf den Weg
Nach Argos zur verhängten Steinigung!

Io Niemals! Mich schützt der göttliche Altar,
    Das freie Land, das unser Fuß betrat.

He So gibst du diesen Fäusten noch zu tun?

Io Sie rühren mich und diese Schar nicht an!

He Bald spürst du, wie dein Seherspruch versagt!

Io Solang ich lebe, wird es nicht geschehn!

He *Iolaos wegstoßend*
    Weg jetzt! Ich schleppe diese Knaben fort,
    Eurystheus' Eigentum hältst du nicht fest!

Io *laut*
    O helft, ihr Siedler dieser alten Stadt!
    Schutzflehend kamen wir zum Zeus des Markts –
    Man höhnt die Binden, reißt uns vom Altar,
    Beschimpft die Stadt und frevelt gegen Gott.

EINZUGSLIED

Wechsellied

Strophen

Chorführer

O hört, o hört dies Rufen vom Altar!
Bald zeigt es uns ein schweres Unheil an!

ἴδετε τὸν γέροντ' ἀμαλὸν ἐπὶ πέδῳ   do²   στρ.
χύμενον· ὦ τάλας.   do   76

πρὸς τοῦ ποτ' ἐν γῇ πτῶμα δύστηνον πίτνεις;   ia⁶

Ιο   ὅδ', ὦ ξένοι, με σοὺς ἀτιμάζων θεοὺς
     ἕλκει βιαίως Ζηνὸς ἐκ προβωμίων.
Χο   σὺ δ' ἐκ τίνος γῆς, ὦ γέρον, τετράπτολιν   80
     ξύνοικον ἦλθες λαόν; ἢ πέρα-   reiz hyp
     θεν ἁλίῳ πλάτᾳ   do
     κατέχετ' ἐκλιπόντες Εὐβοῖδ' ἀκτάν;   do²

Ιο   οὐ νησιώτην, ὦ ξένοι, τρίβω βίον,   ia⁶
     ἀλλ' ἐκ Μυκηνῶν σὴν ἀφίγμεθα χθόνα.   85
Χο   ὄνομα τί σε, γέρον,   do
     Μυκηναῖος ὠνόμαζεν λεώς;   do²

Ιο   τὸν Ἡράκλειον ἴστε που παραστάτην   ia⁶
     Ἰόλαον· οὐ γὰρ σῶμ' ἀκήρυκτον τόδε.
Χο   οἶδ' εἰσακούσας καὶ πρίν· ἀλλὰ τοῦ ποτὲ   90
     ἐν χερὶ σᾷ κομίζεις κόρους   do cr
     νεοτρεφεῖς; φράσον.   do

Ιο   Ἡρακλέους οἵδ' εἰσὶ παῖδες, ὦ ξένοι,   ia⁶
     ἱκέται σέθεν τε καὶ πόλεως ἀφιγμένοι.

Χο   τί χρέος; ἢ λόγων πόλεος, ἔνεπέ μοι,   ἀντ.
     μελόμενοι τυχεῖν;   96

Ιο   μήτ' ἐκδοθῆναι μήτε πρὸς βίαν θεῶν
     τῶν σῶν ἀποσπασθέντες εἰς Ἄργος μολεῖν.
Κη   ἀλλ' οὔτι τοῖς σοῖς δεσπόταις τάδ' ἀρκέσει,
     οἳ σοῦ κρατοῦντες ἐνθάδ' εὑρίσκουσί σε.   100

Chor

Seht den gebrechlichen Greis
Auf den Boden gestreckt,
O seht diesen Armen!

Chf Wer hat diese schwere Tat vollbracht, den Sturz
Des Unglückmannes am geweihten Ort?

Io Der Mann hier, Freunde, höhnt den Göttersitz,
Schleppt mich gewaltsam vom Altar des Zeus!

Chf Aus welchem Lande, Alter, kommst du her

Ch ... Zum Volk der vier Städte?
Kamt ihr herüber mit Rudern
Von der Küste Euboias,
Die Anker zu werfen?

Io Auf keiner Insel, Freunde, ist mein Sitz,
Mykenä heißt die Stadt, aus der ich kam.

Ch Sag jetzt den Namen, mein Alter,
Mit dem dich das Volk
Mykenäs benennt!

Io Seht hier den treuen Freund des Herakles,
Ioláos, keinen ungerühmten Mann!

Chf Den Namen kenn ich lang, doch sag, wer hat

Ch ... die Knaben hier erzeugt,
Die deine Hand
Hiehergeführt hat?

Io Von Herakles, ihr Freunde, stammen sie
Und flehn um Schutz bei euch und eurer Stadt.

Gegenstrophen

Ch Sag, was suchen sie bei uns?
Ein Versprechen der Stadt?
Was sollen wir selber?

Io Sie nicht verstoßen aus der Götter Schutz,
Sie nicht gewaltsam treiben in ihr Land!

He *zu Iolaos*
Das lassen deine Herren niemals zu,
Sie fassen ihre Sklaven überall.

Χο εἰκὸς θεῶν ἱκτῆρας αἰδεῖσθαι, ξένε,
   καὶ μὴ βιαίῳ χειρὶ δαιμόνων
   ἀπολιπεῖν σφ' ἕδη ·
   πότνια γὰρ Δίκα τάδ' οὐ πείσεται.

Κη ἔκπεμπέ νυν γῆς τούσδε τοὺς Εὐρυσθέως,   105
   κοὐδὲν βιαίῳ τῇδε χρήσομαι χερί.
Χο ἄθεον ἱκεσίαν
   μεθεῖναι πόλει ξένων προστροπάν.

Κη καλὸν δέ γ' ἔξω πραγμάτων ἔχειν πόδα,
   εὐβουλίας τυχόντα τῆς ἀμείνονος.   110

Χο οὐκοῦν τυράννῳ τῆσδε γῆς φράσαντά σε
   χρῆν ταῦτα τολμᾶν, ἀλλὰ μὴ βίᾳ ξένους
   θεῶν ἀφέλκειν, γῆν σέβοντ' ἐλευθέραν.
Κη τίς δ' ἐστὶ χώρας τῆσδε καὶ πόλεως ἄναξ;
Χο ἐσθλοῦ πατρὸς παῖς Δημοφῶν ὁ Θησέως.   115
Κη πρὸς τοῦτον ἀγὼν ἄρα τοῦδε τοῦ λόγου
   μάλιστ' ἂν εἴη · τἄλλα δ' εἴρηται μάτην.
Χο καὶ μὴν ὅδ' αὐτὸς ἔρχεται σπουδὴν ἔχων
   'Ακάμας τ' ἀδελφός, τῶνδ' ἐπήκοοι λόγων.

Δημοφῶν

ἐπείπερ ἔφθης πρέσβυς ὢν νεωτέρους   120
βοηδρομήσας τήνδ' ἐπ' ἐσχάραν Διός,
λέξον, τίς ὄχλον τόνδ' ἀθροίζεται τύχη;

Chf Bittfleher mußt du ehren, fremder Mann,
Ch   ... und nicht sie gewaltsam
    Treiben vom Sitze der Götter,
    Denn die göttliche Dike,
    Sie wird es nicht dulden.
He So schick Eurystheus' Leute aus dem Land
    Und meine rauhe Hand berührt sie nicht!
Ch   Gottlos die Stadt, die des Fremdlings
    Bittflehenden Gang
    Nicht gnädig empfängt!
He Doch ist es gut, man bleibt von Händeln fort
    Und hält sich an die höhere Vernunft!

Ch   [Von welchen Händeln spricht
    Dein Mund? Er scheint
    Uns noch zu drohen!]
He [Mein Herr Eurystheus kommt mit Heeresmacht,
    Er wird bedeuten, was geschehen soll.]

ERSTE HAUPTSZENE

Chf Was hast du unsern Herrscher nicht befragt?
    Frech schleppst du diese Fremden vom Altar,
    Ehrst unsern Boden nicht als freies Land!
He Und wer gebietet über Land und Stadt?
Chf Ein Sproß des edlen Theseus, Demophon.
He Mit diesem Manne schlicht ich wohl den Streit
    Am besten. Andres hat hier keinen Wert.
Chf Da kommt er selber schon mit Akamas,
    Dem Bruder, um zu hören, was es gibt.

Demophon

    Die ältren Helfer sind den jüngeren
    Zuvor und stehn schon am Altar des Zeus.
    Warum so viele Menschen? Was geschah?

Χο Ἱκέται κάθηνται παῖδες οἵδ' ʿΗρακλέους
βωμὸν καταστέψαντες, ὡς ὁρᾷς, ἄναξ,
πατρός τε πιστὸς Ἰόλεως παραστάτης.   125
Δη τί δῆτ' ἰυγμῶν ἥδ' ἐδεῖτο συμφορά;
Χο βίᾳ νιν οὗτος τῆσδ' ἀπ' ἐσχάρας ἄγειν
ζητῶν βοὴν ἔστησε κἄσφηλεν γόνυ
γέροντος, ὥστε μ' ἐκβαλεῖν οἴκτῳ δάκρυ.
Δη καὶ μὴν στολήν γ' ʿΕλληνα καὶ ῥυθμὸν πέπλων   130
ἔχει, τὰ δ' ἔργα βαρβάρου χερὸς τάδε.
σὸν δὴ τὸ φράζειν ἐστί, μὴ μέλλειν τ', ἐμοὶ
ποίας ἀφῖξαι δεῦρο γῆς ὅρους λιπών;
Κη Ἀργεῖός εἰμι· τοῦτο γὰρ θέλεις μαθεῖν·
ἐφ' οἷσι δ' ἥκω καὶ παρ' οὗ λέγειν θέλω.   135
πέμπει Μυκηνῶν δεῦρό μ' Εὐρυσθεὺς ἄναξ
ἄξοντα τούσδε· πολλὰ δ' ἦλθον, ὦ ξένε,
δίκαι' ὁμαρτῇ δρᾶν τε καὶ λέγειν ἔχων.
Ἀργεῖος ὢν γὰρ αὐτὸς Ἀργείους ἄγω
ἐκ τῆς ἐμαυτοῦ τούσδε δραπέτας ἔχων,   140
νόμοισι τοῖς ἐκεῖθεν ἐψηφισμένους
θανεῖν· δίκαιοι δ' ἐσμὲν οἰκοῦντες πόλιν
αὐτοὶ καθ' αὑτῶν κυρίους κραίνειν δίκας.
πολλῶν δὲ κἄλλων ἑστίας ἀφιγμένων
ἐν τοῖσιν αὐτοῖς τοισίδ' ἕσταμεν λόγοις,   145
κοὐδεὶς ἐτόλμησ' ἴδια προσθέσθαι κακά.
ἀλλ' ἤ τιν' ἐς σὲ μωρίαν ἐσκεμμένοι
δεῦρ' ἦλθον ἢ κίνδυνον ἐξ ἀμηχάνων
ῥίπτοντες, εἴτ' οὖν εἴτε μὴ γενήσεται·
οὐ γὰρ φρενήρη γ' ὄντα σ' ἐλπίζουσί που   150
μόνον τοσαύτης ἣν ἐπῆλθον ʿΕλλάδος
τὰς τῶνδ' ἀβούλους συμφορὰς κατοικτιεῖν.
φέρ' ἀντίθες γάρ· τούσδε τ' ἐς γαῖαν παρεὶς
ἡμᾶς τ' ἐάσας ἐξάγειν, τί κερδανεῖς;
τὰ μὲν παρ' ἡμῶν τοιάδ' ἔστι σοι λαβεῖν,   155
Ἄργους τοσήνδε χεῖρα τήν τ' Εὐρυσθέως
ἰσχὺν ἅπασαν τῇδε προσθέσθαι πόλει.
ἢν δ' ἐς λόγους τε καὶ τὰ τῶνδ' οἰκτίσματα

Chf Bittflehend kränzten diese Kinder hier
     Des Herakles, du siehst es, den Altar.
     Samt Ioláos, Vaters treuem Freund.
De   Und was bewirkte dieses Wehgeheul?
Chf Wegzerren wollte sie der Mann und schrie
     Herum und brachte diesen Greis zu Fall,
     So daß der Jammer uns zu Tränen zwang.
De   Ein Grieche ist er nach Gewand und Tracht,
     Jedoch Barbar nach dieser Freveltat.
     Gib ungesäumt den deutlichsten Bericht,
     Aus welchem Land du aufgebrochen bist.
He   Ich bin von Argos, das hast du gefragt.
     Nun hör, wer mich geschickt hat und warum.
     Eurystheus, König von Mykenä, will
     Hier diese haben. Viele Gründe bring
     Ich mit für meine Reden und mein Tun.
     Ich bin Argiver, hol Argiver ab,
     Entwischte Schurken meines Landes, die dort
     Zum Tod verurteilt wurden nach Gesetz,
     Und jeder ist in seinem Land befugt,
     Zu richten nach dem geltenden Gebrauch.
     Sie traten schon zu manchem andern Herd,
     Da brachten wir die gleichen Gründe vor,
     Und keiner hat für sie den Hals gewagt:
     Dir trauten sie wohl solche Torheit zu,
     So kamen sie hierher, vielleicht ihr Glück
     Nochmals versuchend, letztes Ja und Nein,
     Und hoffen, daß dich der Verstand verließ
     Und du allein in Hellas ihrem Wahn
     In diesem Mißgeschick zur Seite stehst.
     Vergleiche den Gewinn, wenn du sie uns
     Auslieferst – oder aufnimmst in dein Land.
     Bedenk den Zuwachs: Argos' starke Hand,
     Eurystheus' Macht vereinen sich Athen!
     Doch hörst du auf ihr Reden und Gestöhn

βλέψας πεπανθῆς, ἐς πάλην καθίσταται
δορὸς τὸ πρᾶγμα· μὴ γὰρ ὡς μεθήσομεν   160
δόξης ἀγῶνα τόνδ' ἄτερ χαλυβδικοῦ.
τί δῆτα φήσεις, ποῖα πεδί' ἀφαιρεθείς,
τί ῥυσιασθείς, πόλεμον 'Αργείοις ἔχειν;
ποίοις δ' ἀμύνων συμμάχοις, τίνος δ' ὕπερ
θάψεις νεκροὺς πεσόντας; ἢ κακὸν λόγον   165
κτήσῃ πρὸς ἀστῶν, εἰ γέροντος οὕνεκα,
τύμβου, τὸ μηδὲν ὄντος, ὡς εἰπεῖν ἔπος,
παίδων τε τῶνδ', ἐς ἄντλον ἐμβήσῃ πόδα.
ἐρεῖς τὸ λῷστον ἐλπίδ' εὑρήσειν μόνον.
καὶ τοῦτο πολλῷ τοῦ παρόντος ἐνδεές·   170
κακῶς γὰρ 'Αργείοισιν οἵδ' ὡπλισμένοι
μάχοιντ' ἂν ἡβήσαντες, εἴ τι τοῦτό σε
ψυχὴν ἐπαίρει· χοὖν μέσῳ πολὺς χρόνος
ἐν ᾧ διεργασθεῖτ' ἄν. ἀλλ' ἐμοὶ πιθοῦ·
δοὺς μηδέν, ἀλλὰ τἄμ' ἐῶν ἄγειν ἐμὲ   175
κτῆσαι Μυκήνας, μηδ' ὅπερ φιλεῖτε δρᾶν
πάθῃς σὺ τοῦτο, τοὺς ἀμείνονας παρὸν
φίλους ἑλέσθαι, τοὺς κακίονας λάβῃς.
Χο τίς ἂν δίκην κρίνειεν ἢ γνοίη λόγον,
πρὶν ἂν παρ' ἀμφοῖν μῦθον ἐκμάθῃ σαφῶς;   180
Ιο ἄναξ – ὑπάρχει μὲν τόδ' ἐν τῇ σῇ χθονί –
εἰπεῖν ἀκοῦσαί τ' ἐν μέρει πάρεστί μοι,
κοὐδείς μ' ἀπώσει πρόσθεν ὥσπερ ἄλλοθεν.
ἡμῖν δὲ καὶ τῷδ' οὐδέν ἐστιν ἐν μέσῳ·
ἐπεὶ γὰρ "Αργους οὐ μέτεσθ' ἡμῖν ἔτι,   185
ψήφῳ δοκῆσαν, ἀλλὰ φεύγομεν πάτραν,
πῶς ἂν δικαίως ὡς Μυκηναίους ἄγοι
ὧδ' ὄντας ἡμᾶς, οὓς ἀπήλασαν χθονός;
ξένοι γάρ ἐσμεν. ἢ τὸν 'Ελλήνων ὅρον
φεύγειν δικαιοῦθ' ὅστις ἂν τἄργος φύγῃ;   190
οὔκουν 'Αθήνας γ'· οὐ γὰρ 'Αργείων φόβῳ
τοὺς 'Ηρακλείους παῖδας ἐξελῶσι γῆς.
οὐ γάρ τι Τραχίς ἐστιν οὐδ' 'Αχαιικὸν
πόλισμ', ὅθεν σὺ τούσδε – τῇ δίκῃ μὲν οὔ,

Und wirst erweicht, so tritt der Speer in Kraft;
Denn glaube nicht, daß Argos diesen Streit
Vermeidet und das Eisen nicht erprobt.
Was bringst du vor, wenn du den Krieg erklärst?
Geraubte Länder? Anderen Verlust?
Verpflichtung an den Bündner? Wem zulieb
Begräbst du deine Toten? Schlimmes Wort
Vernimmst du bald, wenn du für einen Greis,
Ein Grab, ein wahres Nichts, und für die Schar
Der Kinder hier das tiefe Meer befährst.
Als Bestes führst du wohl die Zukunft an?
Die ist weit schlimmer als die Gegenwart.
Erwachsen würden sie im Kampf mit uns
Nur Übles ernten, falls dies wirklich dir
Schon Mut macht. Und dazwischen liegt viel Zeit,
Euch aufzureiben! Ohne daß du gibst –
Wenn du mich nur das Meine holen läßt –
Gewinnst du dir Mykenä! Schiebe nicht
Nach eurem alten Brauch den bessern Freund
Beiseite, wähle nicht den schlechteren!

Chf Wer hat ein Urteil, wer trifft den Entscheid,
Wenn er nicht beide Stimmen klar vernimmt?

Io   Mein Fürst – das ist bei euch ein hohes Recht,
Daß jeder sprechen, jeder hören darf;
Hier tut man keinen ab wie anderwärts. –
Ich habe nichts mit diesem Mann zu tun,
Kein Band verknüpft uns mehr mit seiner Stadt,
Ein Volksbeschluß verfügte unsern Bann.
Wär es gerecht, uns als Mykener heim
Zu führen in die Stadt, die uns vertrieb?
Als Fremde sind wir nicht aus Griechenland
Verwiesen, nur aus Argos, nicht Athen,
Das nie den Stamm des großen Herakles
Aus Furcht vor Argos aus dem Lande treibt.
Das ist kein Trachis, keine kleine Burg,
Wo du die Kinder, gegen alles Recht,

τὸ δ' "Αργος ὄγκων, οἷάπερ καὶ νῦν λέγεις — 195
ἤλαυνες ἱκέτας βωμίους καθημένους.
εἰ γὰρ τόδ' ἔσται καὶ λόγους κρινοῦσι σούς,
οὔκ οἶδ' 'Αθήνας τάσδ' ἐλευθέρας ἔτι.
ἀλλ' οἶδ' ἐγὼ τὸ τῶνδε λῆμα καὶ φύσιν·
θνήσκειν θελήσουσ'· ἡ γὰρ αἰσχύνη πάρος 200
τοῦ ζῆν παρ' ἐσθλοῖς ἀνδράσιν νομίζεται.
πόλιν μὲν ἀρκεῖ· καὶ γὰρ οὖν ἐπίφθονον
λίαν ἐπαινεῖν ἐστι, πολλάκις δὲ δὴ
καὐτὸς βαρυνθεὶς οἶδ' ἄγαν αἰνούμενος.
σοὶ δ' ὡς ἀνάγκη τούσδε βούλομαι φράσαι 205
σῴζειν, ἐπείπερ τῆσδε προστατεῖς χθονός.
Πιτθεύς μέν ἐστι Πέλοπος, ἐκ δὲ Πιτθέως
Αἴθρα, πατὴρ δ' ἐκ τῆσδε γεννᾶται σέθεν
Θησεύς. πάλιν δὲ τῶνδ' ἄνειμί σοι γένος.
'Ηρακλέης ἦν Ζηνὸς 'Αλκμήνης τε παῖς, 210
κείνη δὲ Πέλοπος θυγατρός. αὐτανεψίων
πατὴρ ἂν εἴη σός τε χὠ τούτων γεγώς.
γένους μὲν ἥκεις ὧδε τοῖσδε, Δημοφῶν·
ἃ δ' ἐκτὸς ἤδη τοῦ προσήκοντός σε δεῖ
τεῖσαι λέγω σοι παισί· φημὶ γάρ ποτε 215
σύμπλους γενέσθαι τῶνδ' ὑπασπίζων πατρὶ
ζωστῆρα Θησεῖ τὸν πολυκτόνον μέτα·
"Αιδου τ' ἐρεμνῶν ἐξανήγαγεν μυχῶν
πατέρα σόν· 'Ελλὰς πᾶσα τοῦτο μαρτυρεῖ.
ὧν ἀντιδοῦναί σ' οἶδ' ἀπαιτοῦσιν χάριν, 220
μήτ' ἐκδοθῆναι μήτε πρὸς βίαν θεῶν
τῶν σῶν ἀποσπασθέντες ἐκπεσεῖν χθονός.
σοὶ γὰρ τόδ' αἰσχρὸν χωρίς, ἔν τε τῇ πόλει,
ἱκέτας ἀλήτας συγγενεῖς, οἴμοι, κακῶς —
βλέψον πρὸς αὐτούς βλέψον — ἕλκεσθαι βίᾳ. 225
ἀλλ' ἄντομαί σε καὶ καταστέφω χεροῖν,
μή, πρὸς γενείου, μηδαμῶς ἀτιμάσῃς
τοὺς 'Ηρακλείους παῖδας ἐς χέρας λαβών·
γενοῦ δὲ τοῖσδε συγγενής, γενοῦ φίλος
πατὴρ ἀδελφὸς δεσπότης· ἅπαντα γὰρ 230

Mit Argos prahlend, wie dus eben tatst,
Als Pilger vom Altar vertrieben hast.
Geschieht das hier und billigt man dein Wort,
Dann ist die freie Stadt Athen dahin.
Doch kenn ich Herz und Art des edlen Volks:
Sie wollen lieber sterben, Ehre wird
Hier mehr bedacht als lange Lebensfrist.
Genug jetzt von Athen! Man liebt es nicht,
Das viele Lob, ich selber habe oft
Geseufzt, wenn es die Grenzen überstieg.
Dir aber sag ich: wer hier König ist,
Dem fällt die Rettung dieser Kinder zu.
Von Pittheus, Pelops' Sohn, stammt Aithra ab,
Die Mutter deines Vaters Theseus. Eng
Verwandt sind diese Kinder: Herakles
War Sohn des Zeus und der Alkmene, die
Von Pelops stammte. Nahe Vetternschaft
Verbindet deinen Stamm mit Herakles,
Verbindet dich und diese Kinderschar.
Doch deine Pflicht ruht nicht nur auf dem Blut:
Ich kann bezeugen, daß mit Herakles
Ich einst als treuer Schiffs- und Kampfgenoß
Für Theseus nach des Gürtels Herrin zog,
Und daß er Theseus aus der finstern Kluft
Des Hades zog, bezeugt ganz Griechenland.
Nun wollen seine Kinder deinen Dank:
Gib sie nicht her! O laß sie vom Altar
Nicht zerren, treib sie nicht aus eurem Land!
Es wäre deine Schande und Athens,
Wenn dieser Bettlerzug, dein eignes Blut,
Verstoßen wird. O schau, o schau sie an!
Nimm dieses Laub! Ich fleh bei deinem Kinn:
Beschimpfe nicht den Stamm des Herakles!
Sei ihr Verwandter, sei ihr treuer Freund,
Ihr Vater, Bruder, selbst ihr Herr: all dies

ταῦτ' ἐστὶ κρείσσω πλὴν ὕπ' 'Αργείοις πεσεῖν.
Χο ᾤκτιρ' ἀκούσας τοῦδε συμφορᾶς, ἄναξ.
τὴν δ' εὐγένειαν τῆς τύχης νικωμένην
νῦν δὴ μάλιστ' ἐσεῖδον· οἶδε γὰρ πατρὸς
ἐσθλοῦ γεγῶτες δυστυχοῦσ' ἀναξίως.   235
Δη τρισσαί μ' ἀναγκάζουσι συμφορᾶς ὁδοί,
'Ιόλαε, τοὺς σοὺς μὴ παρώσασθαι ξένους·
τὸ μὲν μέγιστον Ζεὺς ἐφ' οὗ σὺ βώμιος
θακεῖς νεοσσῶν τήνδ' ἔχων πανήγυριν·
τὸ συγγενές τε καὶ τὸ προὐφείλειν καλῶς   240
πράσσειν παρ' ἡμῶν τούσδε πατρῴαν χάριν·
τό τ' αἰσχρόν, οὗπερ δεῖ μάλιστα φροντίσαι·
εἰ γὰρ παρήσω τόνδε συλᾶσθαι βίᾳ
ξένου πρὸς ἀνδρὸς βωμόν, οὐκ ἐλευθέραν
οἰκεῖν δοκήσω γαῖαν, 'Αργείων δ' ὄκνῳ   245
ἱκέτας προδοῦναι· καὶ τάδ' ἀγχόνης πέλας.
ἀλλ' ὤφελες μὲν εὐτυχέστερος μολεῖν,
ὅμως δὲ καὶ νῦν μὴ τρέσῃς ὅπως σέ τις
σὺν παισὶ βωμοῦ τοῦδ' ἀποσπάσει βίᾳ.
σὺ δ' "Αργος ἐλθὼν ταῦτά τ' Εὐρυσθεῖ φράσον,   250
πρὸς τοῖσδέ τ', εἴ τι τοισίδ' ἐγκαλεῖ ξένοις,
δίκης κυρήσειν· τούσδε δ' οὐκ ἄξεις ποτέ.
Κη οὐκ ἦν δίκαιον ᾖ τι καὶ νικῶ λόγῳ;
Δη καὶ πῶς δίκαιον τὸν ἱκέτην ἄγειν βίᾳ;
Κη οὐκ οὖν ἐμοὶ τόδ' αἰσχρόν, ἀλλ' οὐ σοὶ βλάβος;   255
Δη ἐμοί γ', ἐάν σοι τούσδ' ἐφέλκεσθαι μεθῶ.
Κη σὺ δ' ἐξόριζε, κᾆτ' ἐκεῖθεν ἄξομεν.
Δη σκαιὸς πέφυκας τοῦ θεοῦ πλείω φρονῶν.
Κη δεῦρ', ὡς ἔοικε, τοῖς κακοῖσι φευκτέον.
Δη ἅπασι κοινὸν ῥῦμα δαιμόνων ἕδρα.   260
Κη ταῦτ' οὐ δοκήσει τοῖς Μυκηναίοις ἴσως.
Δη οὐκ οὖν ἐγὼ τῶν ἐνθάδ' εἰμὶ κύριος;
Κη βλάπτων γ' ἐκείνους μηδέν, ἢν σὺ σωφρονῇς.
Δη βλάπτεσθ', ἐμοῦ γε μὴ μιαίνοντος θεούς;
Κη οὐ βούλομαί σε πόλεμον 'Αργείοις ἔχειν.   265
Δη κἀγὼ τοιοῦτος· τῶνδε δ' οὐ μεθήσομαι.

Ist besser als der Tod von Argos' Hand.
Chf Der Ärmsten Schicksal hat mich tief bewegt!
Wie beste Art der Tyche Beute wird,
Seh ich vor Augen: edlen Vaters Stamm
Erduldet Leiden, die er nie verdient!
De Drei Wege zwingen mich zu einem Ziel:
Die Kinder bleiben hier in diesem Land!
Der höchste Pfad ist Zeus, um dessen Herd
Du deine Küchlein hier versammelt hast.
Dann kommt das gleiche Blut, die Dankespflicht,
Die solchen Vaters Kinder wohl bedenkt;
Und – nicht zuletzt, die Schande, die mir droht:
Denn wenn ich dulde, daß den Göttersitz
Ein Fremder plündert, ist mein Land nicht frei:
Aus Angst vor Argos treibt es Pilger fort!
Die Schmach ist schlimmer als des Henkers Seil.
O wärst du glücklicher hieher gelangt!
Doch brauchst du nicht zu zittern: niemand soll
Euch mit Gewalt von diesen Stufen ziehn.
Geh du nachhaus und tus Eurystheus kund!
Hat er noch Klagen gegen diese da,
Wird Recht gesprochen; doch sie bleiben hier.
He Was gilt mein eigenes gerechtes Wort?
De Bittflehende schleppt kein Gerechter fort.
He Der Vorwurf trifft nur mich. Was schadets dir?
De Mir schadest, wenn ich Räuber dulden will.
He Treib sie zur Grenze! Dort erwart ich sie.
De Du bist ein Tor, wenn du den Gott betrügst.
He Hier, scheint es, ist der Schlechten Zufluchtsort.
De Der Göttersitz leiht allen Menschen Schutz.
He Mykenä, fürcht ich, hält sich nicht daran.
De So bin ich nicht mehr Herr in meinem Reich?
He Nur wenn du klüglich uns nicht schaden willst.
De Was schadets euch, wenn man die Götter scheut?
He Ich möchte keinen Krieg mit eurem Land.
De Ich auch nicht. Doch die Kinder bleiben hier.

Κη ἄξω γε μέντοι τοὺς ἐμοὺς ἐγὼ λαβών.
Δη οὐκ ἄρ' ἐς Ἄργος ῥᾳδίως ἄπει πάλιν.
Κη πειρώμενος δὴ τοῦτό γ' αὐτίκ' εἴσομαι.

Δη κλαίων ἄρ' ἄψῃ τῶνδε κοὐκ ἐς ἀμβολάς.   270
Χο μὴ πρὸς θεῶν κήρυκα τολμήσῃς θενεῖν.
Δη εἰ μή γ' ὁ κῆρυξ σωφρονεῖν μαθήσεται.
Χο ἄπελθε· καὶ σὺ τοῦδε μὴ θίγῃς, ἄναξ.

Κη στείχω· μιᾶς γὰρ χειρὸς ἀσθενὴς μάχη.
    ἥξω δὲ πολλὴν Ἄρεος Ἀργείου λαβὼν   275
    πάγχαλκον αἰχμὴν δεῦρο. μυρίοι δέ με
    μένουσιν ἀσπιστῆρες Εὐρυσθεύς τ' ἄναξ
    αὐτὸς στρατηγῶν· Ἀλκάθου δ' ἐπ' ἐσχάτοις
    καραδοκῶν τἀνθένδε τέρμασιν μένει.
    λαμπρὸς δ' ἀκούσας σὴν ὕβριν φανήσεται   280
    σοὶ καὶ πολίταις γῇ τε τῇδε καὶ φυτοῖς·
    μάτην γὰρ ἥβην ὧδέ γ' ἂν κεκτήμεθα
    πολλὴν ἐν Ἄργει, μή σε τιμωρούμενοι.
Δη φθείρου· τὸ σὸν γὰρ Ἄργος οὐ δέδοικ' ἐγώ.
    ἐνθένδε δ' οὐκ ἔμελλες αἰσχύνας ἐμὲ   285
    ἄξειν βίᾳ τούσδ'· οὐ γὰρ Ἀργείων πόλει
    ὑπήκοον τήνδ' ἀλλ' ἐλευθέραν ἔχω.

Χο ὥρα προνοεῖν, πρὶν ὅροις πελάσαι   an⁴
    στρατὸν Ἀργείων·
    μάλα δ' ὀξὺς Ἄρης ὁ Μυκηναίων,   290
    ἐπὶ τοῖσι δὲ δὴ μᾶλλον ἔτ' ἢ πρίν.
    πᾶσι γὰρ οὗτος κήρυξι νόμος,
    δὶς τόσα πυργοῦν τῶν γιγνομένων.

He Ich hole nur mein Eigentum zurück.
De Der Weg nach Argos kann beschwerlich sein!
He *gegen die Kinder*
    Das lehrt mich schon der nächste Augenblick.
De Greif zu und bitter bist du schon belehrt!
Chf O Gott, verschon ihn, denke an sein Amt!
De Und wenn der Herold ganz von Sinnen ist?
Chf *zum Herold*
    Fort! fort!
    Und du auch rühr ihn nicht mehr an!
    zu Demophon
He Ich gehe, e i n e Hand ist schwache Hand.
    Doch unser Ares hat ein Lanzenheer
    Von Erz, das bring ich euch. Eurystheus führt
    Zehntausend Schilde selber in den Kampf;
    Noch wartet er am Grenzstein dieses Lands
    In Alkathos. Vernimmt er, wie du ihn
    Verhöhnst, so geht er leuchtend vor dir auf,
    Vor deinen Bürgern und vor Flur und Hain.
    Vergeblich hätten wir dies stolze Heer
    In Argos, wenn es solche nicht bestraft.
De Hinab mit dir! Dein Argos fürcht ich nicht.
    Du hast mich frech mit dieser Kinder Raub
    Verhöhnen wollen; doch Athen ist euch
    Nicht untertänig, ist ein freies Land.

Chor

    Habt Acht, habt Acht
    Eh den Grenzen sich naht
    Der Heerbann von Argos!
    Mykenäs Ares
    War immer ein grimmiger Gott,
    Heut steigt dieser Grimm
    Über alle Grenzen von je!
    Aller Herolde Brauch
    Türmt doppelt in Worten!

πόσα νιν λέξειν βασιλεῦσι δοκεῖς,
ὡς δείν' ἔπαθεν καὶ παρὰ μικρὸν   295
ψυχὴν ἦλθεν διακναῖσαι;

Ιο οὐκ ἔστι τοῦδε παισὶ κάλλιον γέρας,
ἢ πατρὸς ἐσθλοῦ κάγαθοῦ πεφυκέναι.   298
τὸ δυστυχὲς γὰρ ηὑγένει' ἀμύνεται   302
τῆς δυσγενείας μᾶλλον · ἡμεῖς γὰρ κακῶν
ἐς τοὔσχατον πεσόντες ηὔρομεν φίλους
καὶ ξυγγενεῖς τούσδ', οἳ τοσῆσδ' οἰκουμένης   305
'Ελληνίδος γῆς τῶνδε προύστησαν μόνοι.
δότ', ὦ τέκν', αὐτοῖς χεῖρα δεξιάν, δότε ·
ὑμεῖς τε παισί, καὶ πέλας προσέλθετε.
ὦ παῖδες, ἐς μὲν πεῖραν ἤλθομεν φίλων ·
ἢν δ' οὖν ποθ' ὑμῖν νόστος ἐς πάτραν φανῇ   310
καὶ δώματ' οἰκήσητε καὶ τιμὰς πατρός,
σωτῆρας αἰεὶ καὶ φίλους νομίζετε,
καὶ μήποτ' ἐς γῆν ἐχθρὸν αἴρεσθαι δόρυ
μέμνησθέ μοι τήνδ', ἀλλὰ φιλτάτην πόλιν
πασῶν νομίζετ'. ἄξιοι δ' ὑμῖν σέβειν   315
οἳ γῆν τοσήνδε καὶ Πελασγικὸν λεὼν
ἡμῶν ἀπηλλάξαντο πολεμίους ἔχειν,
πτωχοὺς ἀλήτας εἰσορῶντες · ἀλλ' ὅμως
οὐκ ἐξέδωκαν οὐδ' ἀπήλασαν χθονός.
ἐγὼ δὲ καὶ ζῶν καὶ θανών, ὅταν θάνω,   320
πολλῷ σ' ἐπαίνῳ Θησέως, ὦ τᾶν, πέλας
ὑψηλὸν ἀρῶ καὶ λέγων τάδ' εὐφρανῶ,
ὡς εὖ τ' ἐδέξω καὶ τέκνοισιν ἤρκεσας
τοῖς 'Ηρακλείοις, εὐγενὴς δ' ἂν 'Ελλάδα
σῴζεις πατρῴαν δόξαν, ἐξ ἐσθλῶν δὲ φὺς   325
οὐδὲν κακίων τυγχάνεις γεγὼς πατρός,

γαμεῖν τ' ἀπ' ἐσθλῶν · ὃς δὲ νικηθεὶς πόθῳ   299
κακοῖς ἐκοινώνησεν, οὐκ ἐπαινέσω,
τέκνοις ὄνειδος οὕνεχ' ἡδονῆς λιπεῖν.

Was immer geschah –
Was, glaubst du, wird er den Fürsten
Vermelden, was er hier erlitt,
Und daß um ein Haar ihm
Das Leben in Trümmer zerstob.
Io Kein schönres Erbe hat die Knabenschar
Als ihres großen Vaters edles Blut!
Der gute Stamm besiegt ein schweres Los,
Wo schlechterer sich beugt. So fanden wir
Am Rand des Abgrunds noch den besten Freund.
Den Vetter, der allein in Griechenland
Den Schutz der Kinder sich zu eigen macht.
O reicht ihm, Knaben, reicht ihm eure Hand!
Und du den Kindern! Tretet nah heran!
Auf schwere Probe stellten wir die Stadt.
Wenn ihr zurückkehrt in das Vaterland,
In euren Häusern wohnt und alles habt,
Was euch vom Vater zukommt, o so ehrt
Athen als Retter und als Freund! Gedenkt
Der Stadt als eures liebsten Orts,
Tragt nie den Speer des Feinds in dieses Land!
Ja ehrt sie hoch, die der Pelasger Reich
Von uns gewendet, sich zum Feind gemacht
Um armer Bettler willen, Bettler, die
Sie niemand ausgeliefert noch verjagt.
Ich will im Leben, und nach meinem Tod,
Wenn ich vor Theseus stehe, dich mit Lob
Zum Himmel heben! Wie beglückt es ihn,
Daß du uns aufnahmst und den Kindern halfst
Des Herakles, und treu in Griechenland
Des großen Vaters Ruhm bewahrst und ihm
Das edle Erbe nicht verringert hast,

παύρων μετ' ἄλλων· ἕνα γὰρ ἐν πολλοῖς ἴσως
εὕροις ἂν ὅστις ἐστὶ μὴ χείρων πατρός.
Χο ἀεί ποθ' ἥδε γαῖα τοῖς ἀμηχάνοις
σὺν τῷ δικαίῳ βούλεται προσωφελεῖν.   330
τοιγὰρ πόνους δὴ μυρίους ὑπὲρ φίλων
ἤνεγκε, καὶ νῦν τόνδ' ἀγῶν' ὁρῶ πέλας.
Δη σοί τ' εὖ λέλεκται, καὶ τὰ τῶνδ' αὐχῶ, γέρον,
τοιαῦτ' ἔσεσθαι· μνημονεύσεται χάρις.
κἀγὼ μὲν ἀστῶν σύλλογον ποήσομαι,   335
τάξω δ', ὅπως ἂν τὸν Μυκηναίων στρατὸν
πολλῇ δέχωμαι χειρί· πρῶτα μὲν σκοποὺς
πέμψω πρὸς αὐτόν, μὴ λάθῃ με προσπεσών·
ταχὺς γὰρ Ἄργει πᾶς ἀνὴρ βοηδρόμος·
μάντεις δ' ἀθροίσας θύσομαι. σὺ δ' ἐς δόμους   340
σὺν παισὶ χώρει, Ζηνὸς ἐσχάραν λιπών.
εἰσὶν γὰρ οἵ σου, κἂν ἐγὼ θυραῖος ὦ,
μέριμναν ἕξουσ'. ἀλλ' ἴθ' ἐς δόμους, γέρον.
Ιο οὐκ ἂν λίποιμι βωμόν· ἐξώμεσθα δὴ
ἱκέται μένοντες ἐνθάδ' εὖ πρᾶξαι πόλιν·   345
ὅταν δ' ἀγῶνος τοῦδ' ἀπαλλαχθῇς καλῶς,
ἵμεν πρὸς οἴκους. θεοῖσι δ' οὐ κακίοσιν
χρώμεσθα συμμάχοισιν Ἀργείων, ἄναξ·
τῶν μὲν γὰρ Ἥρα προστατεῖ, Διὸς δάμαρ,
ἡμῶν δ' Ἀθηνᾶ. φημὶ δ' εἰς εὐπραξίαν   350
καὶ τοῦθ' ὑπάρχειν, θεῶν ἀμεινόνων τυχεῖν·
νικωμένη γὰρ Παλλὰς οὐκ ἀνέξεται.

Χο εἰ σὺ μέγ' αὐχεῖς, ἕτεροι   ch²   στρ.
σοῦ πλέον οὐ μέλονται,   ch ba
ὦ ξεῖν' Ἀργόθεν ἐλθών,   gl⌃   355

Wie wenig andre tun; von Vielen ist
Kaum Einer, der des Vaters Rang bewahrt.
Chf Gerechten Menschen, wenn sie hilflos sind,
Wird allzeit unser Land zur Seite stehn.
Für seine Freunde trägt es jede Last –
Und wieder zieht ein neuer Kampf herauf.
De *zu Iolaos*
Gut sprachst du, auch im Namen dieser Schar,
Die ewig meiner Tat gedenken wird.
Ich aber sammle all mein Volk und stell
Dem Heer von Argos eine starke Hand
Entgegen. Späher schick ich vorher aus,
Daß er nicht plötzlich angreift; rasch zur Hand
Sind die Argiver. Seher ruf ich auf
Zum Opfer. Laßt die Stufen jetzt des Zeus
Und geht ins Haus. Wenn ich auch ferne bin,
Ihr findet Leute drinnen. Geht nur, geht!
Io Ich möchte bleiben, möchte sitzen und
Zu Göttern flehen für das Heil der Stadt.
Wenn dieser Kampf für dich entschieden ist,
Gehn wir hinein. Die Götter hier sind nicht
Geringre Helfer als dort drüben. Zeus'
Gemahlin, Hera, steht bei Argos; uns
Beschirmt Athena. Wer den bessern Gott
Auf seiner Seite hat, dem hilft das Glück,
Und Pallas hat noch keinen Sieg versäumt.

ERSTES STANDLIED

Chor

Strophe

Ja, prahle nur, andre gibts,
Die bekümmert das wenig!
O Fremder aus Argos.

μεγαληγορίαισι δ' ἐμὰς   an³
φρένας οὐ φοβήσεις.   an ba
μήπω ταῖς μεγάλαισιν οὕ-   gl
τω καὶ καλλιχόροις 'Αθή-   gl
ναις εἴη· σὺ δ' ἄφρων, ὅ τ' "Αρ-   gl   360
γει Σθενέλου τύραννος.   ch ba

ὃς πόλιν ἐλθὼν ἑτέραν   ἀντ.
οὐδὲν ἐλάσσον' "Αργους,
θεῶν ἱκτῆρας ἀλάτας
καὶ ἐμᾶς χθονὸς ἀντομένους   365
ξένος ὢν βιαίως
ἕλκεις, οὐ βασιλεῦσιν εἴ-
ξας, οὐκ ἄλλο δίκαιον εἰ-
πών· ποῦ ταῦτα καλῶς ἂν εἴ-
η παρά γ' εὖ φρονοῦσιν;   370

Εἰρήνα μὲν ἐμοί γ' ἀρέ-   gl
σκει· σὺ δ', ὦ κακόφρων ἄναξ,   gl
λέγω, εἰ πόλιν ἥξεις,   an²-
οὐχ οὕτως ἃ δοκεῖς κυρή-   gl
σεις· οὐ σοὶ μόνῳ ἔγχος οὐδ'   gl   375
ἰτέα κατάχαλκός ἐστιν.   gl◡
ἀλλ' οὐ, πολέμων ἐραστάς,   ∧ gl-
μή μοι δορὶ συνταράξεις   ∧ gl-
τὰν εὖ χαρίτων ἔχουσαν   ∧ gl-
πόλιν, ἀλλ' ἀνάσχου.   an ba   380

Mit deinem Geschrei
Wirst du nie unsre Seele erschrecken;
Nie soll das geschehn
Dem Reich der Athener,
Dem reigenberühmten!
Du bist toll wie der Herr
Von Argos, des Sthenelos Sohn!

Gegenstrophe

Der Mann trat in andere Stadt.
Nicht geringre als Argos,
Als flehender Flüchtling,
In unser Gefild;
Und da kommt dann ein Fremder aus Argos
Und zerrt ihn hinweg!
Er weicht nicht den Fürsten
Und pocht auf sein Unrecht –
Wo erlebt man das je
Bei Menschen mit klarer Vernunft?

Schlußstrophe

Eirene, sie preis ich, die Göttin des Friedens.
Du törichter König,
Glaubst du, du findest
Auf unserem Boden,
Was du dir erwartest?
Nicht du nur hast Lanzen,
Hast erzbeschlagne Weiden!
Störe, du Wilder, den Frieden der Stadt,
Den lieblichen Sitz der Chariten
Mir nicht mit der Lanze!
Bezähme die Gier!

Ιο   ὦ παῖ, τί μοι σύννοιαν ὄμμασιν φέρων
ἥκεις; νέον τι πολεμίων λέξεις πέρι;
μέλλουσιν ἢ πάρεισιν ἢ τί πυνθάνῃ;
οὐ γάρ τι μὴ ψεύσῃ σε κήρυκος λόγος·
ὁ γὰρ στρατηγὸς εὐτυχὴς τὰ πρὸς θεῶν   385
εἶσιν, σάφ' οἶδα, καὶ μάλ' οὐ σμικρὸν φρονῶν,
ἐς τὰς Ἀθήνας. ἀλλὰ τῶν φρονημάτων
ὁ Ζεὺς κολαστὴς τῶν ἄγαν ὑπερφρόνων.

Δη   ἥκει στράτευμ' Ἀργεῖον Εὐρυσθεύς τ' ἄναξ·
ἐγώ νιν αὐτὸς εἶδον. ἄνδρα γὰρ χρεών,   390
ὅστις στρατηγεῖν φησ' ἐπίστασθαι καλῶς,
οὐκ ἀγγέλοισι τοὺς ἐναντίους ὁρᾶν.
πεδία μὲν οὖν γῆς ἐς τάδ' οὐκ ἐφῆκέ πω
στρατόν, λεπαίαν δ' ὀφρύην καθήμενος
σκοπεῖ – δόκησιν δὴ τόδ' ἂν λέγοιμί σοι –   395
ποίᾳ προσάξει στρατόπεδόν τ' ἄνευ δορὸς
ἐν ἀσφαλεῖ τε τῇσδ' ἱδρύσεται χθονός.
καὶ τἀμὰ μέντοι πάντ' ἄραρ' ἤδη καλῶς·
πόλις τ' ἐν ὅπλοις, σφάγιά θ' ἡτοιμασμένα
ἕστηκεν οἷς χρὴ ταῦτα τέμνεσθαι θεῶν,   400
τροπαῖά τ' ἐχθρῶν καὶ πόλει σωτήρια.   402
θυηπολεῖται δ' ἄστυ μάντεων ὕπο·   401
χρησμῶν δ' ἀοιδοὺς πάντας εἰς ἓν ἁλίσας
ἤλεγξα καὶ βέβηλα καὶ κεκρυμμένα
λόγια παλαιά, τῇδε γῇ σωτήρια.   405
καὶ τῶν μὲν ἄλλων διάφορ' ἐστὶ θεσφάτων
πόλλ' · ἐν δὲ πᾶσι γνῶμα ταὐτὸν ἐμπρέπει·
σφάξαι κελεύουσίν με παρθένον Κόρῃ
Δήμητρος, ἥτις ἐστὶ πατρὸς εὐγενοῦς.
ἐγὼ δ' ἔχω μέν, ὡς ὁρᾷς, προθυμίαν   410
τοσήνδ' ἐς ὑμᾶς· παῖδα δ' οὔτ' ἐμὴν κτενῶ

ZWEITE HAUPTSZENE

Iolaos

Mein Sohn, du kommst mit sorgenvollem Blick;
Bringst du uns neue Nachricht von dem Feind?
Was hört man: ist er ferne oder nah?
Des Herolds Drohung war kein leeres Wort:
Ich seh den Feldherrn schon, vom Glück geschwellt
Und seinem nicht geringen Übermut,
Im Land. Doch Übermut kommt vor dem Fall.

Demophon

Der Fürst Eurystheus und sein Heer ist da.
Ich sah ihn selbst: ein Feldherr mit Verstand
Sieht seinen Feind nicht nur durch Botenaug.
Er warf sein Heer noch nicht ins ebne Land;
Von Felsenhöhen späht er – wie mich dünkt –
Wie er es ungefährdet steuern soll
Zur sichren Lagerung in diesem Land.
Was ich vermochte, hab ich treu getan:
Das Volk trägt Waffen, Tiere sind bereit
Zum Opfer, jedes schon für seinen Gott,
Zum Schreck, des Feindes und zu unserm Heil.
Die Seher räuchern durch die ganze Stadt;
Auch die Orakelsänger holt ich mir
Zusammen, prüfte manchen alten Spruch,
Verdeckten, offnen für das Wohl der Stadt.
Da gab es vielen ganz verschiednen Sinn,
Doch eines stimmte allen überein:
Ich müßte Kore, der Demeter Kind,
Ein Mädchen opfern aus dem besten Stamm.
Du weißt, wie ganz ich euch zuwillen bin –
Doch schlacht ich nie für euch mein eignes Kind

οὔτ' ἄλλον ἀστῶν τῶν ἐμῶν ἀναγκάσω
ἄκονθ'· ἑκὼν δὲ τίς κακῶς οὕτω φρονεῖ,
ὅστις τὰ φίλτατ' ἐκ χερῶν δώσει τέκνα;
καὶ νῦν πικρὰς ἂν συστάσεις ἂν εἰσίδοις,   415
τῶν μὲν λεγόντων ὡς δίκαιον ἦν ξένοις
ἱκέταις ἀρήγειν, τῶν δὲ μωρίαν ἐμὴν
κατηγορούντων· εἰ δὲ δὴ δράσω τόδε,
οἰκεῖος ἤδη πόλεμος ἐξαρτύεται.
ταῦτ' οὖν ὅρα σὺ καὶ συνεξεύρισχ' ὅπως   420
αὐτοί τε σωθήσεσθε καὶ πέδον τόδε,
κἀγὼ πολίταις μὴ διαβληθήσομαι.
οὐ γὰρ τυραννίδ' ὥστε βαρβάρων ἔχω·
ἀλλ', ἢν δίκαια δρῶ, δίκαια πείσομαι.

Χο ἀλλ' ἦ πρόθυμον οὖσαν οὐκ ἐᾷ θεὸς   425
    ξένοις ἀρήγειν τήνδε χρήζουσιν πόλιν;
Ιο ὦ τέκν', ἔοιγμεν ναυτίλοισιν, οἵτινες
    χειμῶνος ἐκφυγόντες ἄγριον μένος
    ἐς χεῖρα γῇ συνῆψαν, εἶτα χερσόθεν
    πνοιαῖσιν ἠλάθησαν ἐς πόντον πάλιν.   430
    οὕτω δὲ χἠμεῖς τῆσδ' ἀπωθούμεσθα γῆς
    ἤδη πρὸς ἀκταῖς ὄντες ὡς σεσωσμένοι.
    οἴμοι· τί δῆτ' ἔτερψας ὦ τάλαινά με
    ἐλπὶς τότ', οὐ μέλλουσα διατελεῖν χάριν;
    συγγνωστὰ γάρ τοι καὶ τὰ τοῦδ', εἰ μὴ θέλει   435
    κτείνειν πολιτῶν παῖδας· αἰνέσαι δ' ἔχω
    καὶ τἀνθάδ'· εἰ θεοῖσι δὴ δοκεῖ τάδε
    πράσσειν ἔμ', οὔτοι σοί γ' ἀπόλλυται χάρις.
    ὦ παῖδες, ὑμῖν δ' οὐκ ἔχω τί χρήσομαι.
    ποῖ τρεψόμεσθα; τίς γὰρ ἄστεπτος θεῶν;   440
    ποῖον δὲ γαίας ἕρκος οὐκ ἀφίγμεθα;
    ὀλούμεθ', ὦ τέκν'· ἐκδοθησόμεσθα δή.
    κἀμοῦ μὲν οὐδὲν εἴ με χρὴ θανεῖν μέλει,
    πλὴν εἴ τι τέρψω τοὺς ἐμοὺς ἐχθροὺς θανών·
    ὑμᾶς δὲ κλαίω καὶ κατοικτίρω, τέκνα,   445

Und zwing auch keinen andern, der nicht will.
Wer ist so unvernünftig, daß er selbst
Das liebste Kind aus seinen Händen gibt?
Schon rottet zornig sich das Volk zuhauf;
Die einen sagen, daß den Fremden wir
Mit Recht geholfen, andre zeihen mich
Der Torheit. Halt ich, was ich euch versprach,
So ist der Bürgerkrieg der nächste Schritt.
Sieh selber zu und überleg mit mir,
Wie ihr gerettet werdet und dies Land,
So daß kein Bürger mich verleumden kann.
Ich herrsche nicht wie ein Barbarenfürst:
Bin ich gerecht, so wird man mir gerecht.

Chorführer

Soll denn ein Gott verhindern, daß die Stadt
Die Gäste rettet, die sie retten will?
Io Ihr Kinder, sind wir nicht den Schiffern gleich,
Die, wildem Wettergraus entronnen, schon
Die Hand zur Küste strecken, doch ein Sturm
Vom Land her wirft sie auf das hohe Meer.
So werden wir, bevor wir festes Land
Betreten haben, wieder fortgejagt.
O schnöde Hoffnung, du erquickst das Herz
Der Menschen, doch die Gabe hält nicht an.
Kein Vorwurf trifft den Willen dieses Manns,
Der seiner Bürger Kinder schont. Mein Dank
Bleibt dieser Stadt bestehen, gleich, ob mir
Die Götter dies verhängen oder nicht.
Für euch, ihr Kinder, weiß ich keinen Rat.
Das letzte Heiligtum ist schon bekränzt,
Die letzte Gottheit von uns angefleht.
Man treibt uns fort, in unsern sichern Tod.
Mir selbst bedeutet ja das Sterben nichts,
Nur daß es wohl die alten Feinde freut.
Um euch, ihr Kinder, klag und weine ich,

καὶ τὴν γεραιὰν μητέρ᾿ Ἀλκμήνην πατρός.
ὦ δυστάλαινα τοῦ μακροῦ βίου σέθεν,
τλήμων δὲ κἀγὼ πολλὰ μοχθήσας μάτην.
χρῆν χρῆν ἄρ᾿ ἡμᾶς ἀνδρὸς εἰς ἐχθροῦ χέρας
πεσόντας αἰσχρῶς καὶ κακῶς λιπεῖν βίον.   450
ἀλλ᾿ οἶσθ᾿ ὅ μοι σύμπραξον; οὐχ ἅπασα γὰρ
πέφευγεν ἐλπὶς τῶνδέ μοι σωτηρίας ·
ἔμ᾿ ἔκδος Ἀργείοισιν ἀντὶ τῶνδ᾿, ἄναξ,
καὶ μήτε κινδύνευε, σωθήτω τέ μοι
τέκν᾿ · οὐ φιλεῖν δεῖ τὴν ἐμὴν ψυχήν · ἴτω.   455
μάλιστα δ᾿ Εὐρυσθεύς με βούλοιτ᾿ ἂν λαβὼν
τὸν Ἡράκλειον σύμμαχον καθυβρίσαι ·
σκαιὸς γὰρ ἀνήρ. τοῖς σοφοῖς δ᾿ εὐκτὸν σοφῷ
ἔχθραν συνάπτειν, μὴ ἀμαθεῖ φρονήματι ·
πολλῆς γὰρ αἰδοῦς καὶ δίκης τις ἂν τύχοι.   460
Χο ὦ πρέσβυ, μή νυν τήνδ᾿ ἐπαιτιῶ πόλιν ·
τάχ᾿ ἂν γὰρ ἡμῖν ψευδὲς ἀλλ᾿ ὅμως κακὸν
γένοιτ᾿ ὄνειδος ὡς ξένους προυδώκαμεν.
Δη γενναῖα μὲν τάδ᾿ εἶπας, ἀλλ᾿ ἀμήχανα.
οὐ σοῦ χατίζων δεῦρ᾿ ἄναξ στρατηλατεῖ ·   465
τί γὰρ γέροντος ἀνδρὸς Εὐρυσθεῖ πλέον
θανόντος; ἀλλὰ τούσδε βούλεται κτανεῖν.
δεινὸν γὰρ ἐχθροῖς βλαστάνοντες εὐγενεῖς,
νεανίαι τε καὶ πατρὸς μεμνημένοι
λύμας · ἃ κεῖνον πάντα προσκοπεῖν χρεών.   470
ἀλλ᾿, εἴ τιν᾿ ἄλλην οἶσθα καιριωτέραν
βουλήν, ἑτοίμαζ᾿, ὡς ἔγωγ᾿ ἀμήχανος
χρησμῶν ἀκούσας εἰμὶ καὶ φόβου πλέως.

Μακαρία

ξένοι, θράσος μοι μηδὲν ἐξόδοις ἐμαῖς
προσθῆτε · πρῶτον γὰρ τόδ᾿ ἐξαιτήσομαι ·   475
γυναικὶ γὰρ σιγή τε καὶ τὸ σωφρονεῖν

Und um Alkmenes greises Ahnenhaupt.
Unselige, wie lang hast du gelebt!
Wie lang hab selber ich mich abgemüht!
So mußten, mußten wir in Feindeshand
Geraten und erbärmlich untergehn.
Doch, eine Hilfe gibts! Den Kindern sank
Noch nicht der letzte Hoffnungsstern hinab.
Statt ihrer liefre m i c h an Argos aus,
Die Waffen schweigen dann, die Kinder sind
Befreit. Was soll mir noch das Leben? Fahr
Dahin! Eurystheus liegt nur an der Schmach
Des Herakles und seines Waffenfreunds.
So töricht ist er! Klug will nur mit Klug
Sich messen, nicht mit rohem Unverstand;
Der kluge Feind zollt Achtung, ehrt das Recht.

Chf Verdamme, Alter, nicht die Stadt Athen!
Der Vorwurf wäre falsch und wäre schwer,
Daß wir den Gast verlassen in der Not.

De *zu Iolaos*
Dein Rat ist edel, doch er führt zu nichts.
Nicht deinetwegen kommt dies Heer ins Land,
Eurystheus will vom Tod des alten Manns
Nichts wissen, auf die Kinder ist er aus.
Was Feinde fürchten, ist der edle Stamm,
Die Söhne, die der Väter Kränkung nie
Vergessen; solche zieht er in Betracht.
Doch weißt du andern, besseren Plan, so leg
Ihn dar! Seit ich den Seherspruch vernahm,
Bin ich voll Angst und weiß mir keinen Rat.

Makaria

tritt aus dem Tempel

Verzeiht, ihr Fremden, meinen kecken Mut,
Und seht mir nach, daß ich das Haus verließ,
Wo edle Frauen in Bescheidenheit

κάλλιστον, εἴσω θ' ἥσυχον μένειν δόμων.
τῶν σῶν δ' ἀκούσασ', 'Ιόλεως, στεναγμάτων
ἐξῆλθον, οὐ ταχθεῖσα πρεσβεύειν γένους.
ἀλλ', εἰμὶ γάρ πως πρόσφορος, μέλει δέ μοι   4ео
μάλιστ' ἀδελφῶν, τῶνδε κἀμαυτῆς πέρι
θέλω πυθέσθαι, μὴ 'πὶ τοῖς πάλαι κακοῖς
προσκείμενόν τι πῆμα σὴν δάκνει φρένα.
Ιο   ὦ παῖ, μάλιστα σ' οὐ νεωστὶ δὴ τέκνων
τῶν 'Ηρακλείων ἐνδίκως αἰνεῖν ἔχω.   485
ἡμῖν δὲ δόξας εὖ προχωρῆσαι δρόμος
πάλιν μεθέστηκ' αὖθις ἐς τἀμήχανον ·
χρησμῶν γὰρ ᾠδούς φησι σημαίνειν ὅδε,
οὐ ταῦρον οὐδὲ μόσχον, ἀλλὰ παρθένον
σφάξαι Κόρῃ Δήμητρος ἥτις εὐγενής,   490
εἰ χρὴ μὲν ἡμᾶς, χρὴ δὲ τήνδ' εἶναι πόλιν.
ταῦτ' οὖν ἀμηχανοῦμεν · οὔτε γὰρ τέκνα
σφάξειν ὅδ' αὑτοῦ φησιν οὔτ' ἄλλου τινός.
κἀμοὶ λέγει μὲν οὐ σαφῶς, λέγει δέ πως,
εἰ μή τι τούτων ἐξαμηχανήσομεν,   495
ἡμᾶς μὲν ἄλλην γαῖαν εὑρίσκειν τινά,
αὐτὸς δὲ σῶσαι τήνδε βούλεται χθόνα.
Μα   ἐν τῷδε κἀχόμεσθα σωθῆναι λόγῳ;
Ιο   ἐν τῷδε, τἄλλα γ' εὐτυχῶς πεπραγότες.
Μα   μή νυν τρέσῃς ἔτ' ἐχθρὸν 'Αργεῖον δόρυ ·   500
ἐγὼ γὰρ αὐτὴ πρὶν κελευσθῆναι, γέρον,
θνῄσκειν ἑτοίμη καὶ παρίστασθαι σφαγῇ.
τί φήσομεν γάρ, εἰ πόλις μὲν ἀξιοῖ
κίνδυνον ἡμῶν οὕνεκ' αἴρεσθαι μέγαν,
αὐτοὶ δὲ προστιθέντες ἄλλοισιν πόνους,   505
παρόν σφε σῶσαι, φευξόμεσθα μὴ θανεῖν;
οὐ δῆτ', ἐπεί τοι καὶ γέλωτος ἄξια,
στένειν μὲν ἱκέτας δαιμόνων καθημένους,
πατρὸς δ' ἐκείνου φύντας οὓς πεφύκαμεν
κακοὺς ὁρᾶσθαι · ποῦ τάδ' ἐν χρηστοῖς πρέπει;   510
κάλλιον, οἶμαι, τῇσδ' – ἃ μὴ τύχοι ποτέ –
πόλεως ἁλούσης, χεῖρας εἰς ἐχθρῶν πεσεῖν,

Und schweigsam sich verbergen im Gemach.
Ich hörte, Iolaos, dein Gestöhn
Und komme, ohne Auftrag unsrer Schar,
Und doch vielleicht auch nützlich, voller Angst
Um meine Brüder, um für sie und mich
Zu hören, ob zum alten Unglück nicht
Ein neues kam, das dir das Herz zerriß.

Io Mein Kind, du schönster Sproß des Herakles –
Nicht erst seit heute sing ich dieses Lob –
Schon sahn wir vor uns einen guten Weg
Und wieder ward er schlimmstes Hindernis.
Der Fürst erfuhr von einem Seherspruch:
Demeters Tochter Kore will nicht Stier,
nicht Kalb, nur edlen Menschenkindes Blut
Für unsre Rettung und der Stadt Athen.
Das macht uns ratlos: seine Kinder will
Er nicht verlieren noch der Bürgerschaft.
Er sagts nicht deutlich, aber sagt es doch;
Wir müssen einen Ausweg finden, sonst
Bleibt uns nur Aufbruch in ein andres Land.
Denn so nur rettet er das eigene.

Ma Ist das für uns der feste Ankergrund?

Io Der sichre. Alles andre wartet schon.

Ma Dann fürchte keine Feindeslanze mehr!
Ich selber, Alter, ungefordert, steh
Bereit zum Tod, bereit zum Opfergang.
Was sagen wir, wenn unserthalb die Stadt
Sich allerschwerste Sorge auferlegt
Und wir, aus reiner Todesangst, die Not
Abwälzen, wo man Rettung bringen kann?
Niemals! Wir wären des Gelächters wert,
Wenn wir bittflehend seufzen und dabei,
Als Kinder jenes Vaters, die wir sind,
Uns feig erweisen, wie kein Edler tut?
Fällt diese Stadt – was nie geschehen soll –
Und wir geraten in der Feinde Hand,

κἄπειτα δεινὰ πατρὸς οὖσαν εὐγενοῦς
παθοῦσαν Ἄιδην μηδὲν ἦσσον εἰσιδεῖν.
ἀλλ' ἐκπεσοῦσα τῆσδ' ἀλητεύσω χθονός;   515
κοὐκ αἰσχυνοῦμαι δῆτ', ἐὰν δή τις λέγῃ·
Τί δεῦρ' ἀφίκεσθ' ἱκεσίοισι σὺν κλάδοις
αὐτοὶ φιλοψυχοῦντες; ἔξιτε χθονός·
κακοὺς γὰρ ἡμεῖς οὐ προσωφελήσομεν.
ἀλλ' οὐδὲ μέντοι, τῶνδε μὲν τεθνηκότων,   520
αὐτὴ δὲ σωθεῖσ', ἐλπίδ' εὖ πράξειν ἔχω·
— πολλοὶ γὰρ ἤδη τῇδε προύδοσαν φίλους —
τίς γὰρ κόρην ἔρημον ἢ δάμαρτ' ἔχειν,
ἢ παιδοποιεῖν ἐξ ἐμοῦ βουλήσεται;
οὐκ οὖν θανεῖν ἄμεινον ἢ τούτων τυχεῖν   525
ἀναξίαν; ἄλλῃ δὲ κἂν πρέποι τινὶ
μᾶλλον τάδ', ἥτις μὴ 'πίσημος ὡς ἐγώ.
ἡγεῖσθ' ὅπου δεῖ σῶμα κατθανεῖν τόδε
καὶ στεμματοῦτε καὶ κατάρχεσθ', εἰ δοκεῖ·
νικᾶτε δ' ἐχθρούς· ἥδε γὰρ ψυχὴ πάρα   530
ἑκοῦσα κοὐκ ἄκουσα· κἀξαγγέλλομαι
θνήσκειν ἀδελφῶν τῶνδε κἀμαυτῆς ὕπερ.
εὕρημα γάρ τοι μὴ φιλοψυχοῦσ' ἐγὼ
κάλλιστον ηὕρηκ', εὐκλεῶς λιπεῖν βίον.
Χο φεῦ φεῦ, τί λέξω παρθένου μέγαν λόγον   535
κλύων, ἀδελφῶν ἢ πάρος θέλει θανεῖν;
τούτων τίς ἂν λέξειε γενναίους λόγους
μᾶλλον, τίς ἂν δράσειεν ἀνθρώπων ἔτι;
Ιο ὦ τέκνον, οὐκ ἔστ' ἄλλοθεν τὸ σὸν κάρα,
ἀλλ' ἐξ ἐκείνου σπέρμα τῆς θείας φρενὸς   540
πέφυκας Ἡράκλειος· οὐδ' αἰσχύνομαι
τοῖς σοῖς λόγοισι, τῇ τύχῃ δ' ἀλγύνομαι.
ἀλλ' ᾗ γένοιτ' ἂν ἐνδικωτέρως φράσω·
πάσας ἀδελφὰς τῆσδε δεῦρο χρὴ καλεῖν,
κᾆθ' ἡ λαχοῦσα θνησκέτω γένους ὕπερ·   545
σὲ δ' οὐ δίκαιον κατθανεῖν ἄνευ πάλου.
Μα οὐκ ἂν θάνοιμι τῇ τύχῃ λαχοῦσ' ἐγώ·
χάρις γὰρ οὐ πρόσεστι· μὴ λέξῃς, γέρον.

So ziemt es einer Tochter großen Manns,
Nicht minder in den freien Tod zu gehn.
Vertreibt man wieder uns in fremdes Land,
Errötend hört ich solche Reden an:
„Was wollt ihr hier mit eurem Bettelzweig
Und eurer Lebensgier? Schert euch davon!
Das feige Pack wird nicht von uns beschützt."
Auch wenn die Knaben sterben und ich selbst
Am Leben bleibe (mancher schon verriet
So seine Lieben), ist mein Glück vorbei.
Wer nimmt das Waisenmädchen noch zur Frau,
Erwünscht sich Kinder noch aus meinem Schoß?
Weit besser Tod als solche Kläglichkeit!
Sie ziemt vielleicht für eine andre Frau,
Die nicht auf meiner stolzen Stufe steht. –
Führt diesen Leib zu seinem Scheideort,
Bekränzt ihn nach Belieben, weiht ihn ein!
Besiegt die Feinde! Dieses Leben gibt sich euch
Gewollt und nicht gesollt! Ich sag es laut:
Mir und den Brüdern geh ich in den Tod!
Ich fand den schönsten Fund: Ganz ohne Gier
Nach Leben scheid ich ruhmvoll aus der Welt.

Chf O welche hohe Rede aus dem Mund
Des Mädchens, das den Brüdern sterben will!
Wer spräche je ein größres Wort als sie,
Wer wagte jemals eine größre Tat?

Io Mein Kind, du stammst aus keinem andren Quell
Als aus dem Samen jenes großen Geists:
Des Herakles, und jedes Wort von dir
Ist groß wie er, doch jammert mich dein Los.
Ich weiß noch andren, noch gerechtren Rat:
Ruf alle deine Schwestern hier heraus,
Dann soll das Los entscheiden, welche stirbt.
Es ist nicht recht, daß du es auf dich nimmst.

Ma Des Loses Wurf ist nicht nach meinem Sinn,
Ist ohne Dank, so sprich nicht mehr davon!

ἀλλ', εἰ μὲν ἐνδέχεσθε καὶ βούλεσθέ μοι
χρῆσθαι προθύμως, τὴν ἐμὴν ψυχὴν ἐγὼ   550
δίδωμ' ἑκοῦσα τοῖσδ', ἀναγκασθεῖσα δ' οὔ.
Ιο φεῦ·
ὅδ' αὖ λόγος σοι τοῦ πρὶν εὐγενέστερος·
κἀκεῖνος ἦν ἄριστος· ἀλλ' ὑπερφέρεις
τόλμῃ τε τόλμαν καὶ λόγῳ χρηστῷ λόγον.   555
οὐ μὴν κελεύω γ' οὐδ' ἀπεννέπω, τέκνον,
θνῄσκειν σ'· ἀδελφοὺς δ' ὠφελεῖς θανοῦσα σούς.
Μα σοφῶς κελεύεις· μὴ τρέσῃς μιάσματος
τοὐμοῦ μετασχεῖν, ἀλλ' ἐλευθέρως θάνω.
ἕπου δέ, πρέσβυ· σῇ γὰρ ἐνθανεῖν χερὶ   560
θέλω· πέπλοις δὲ σῶμ' ἐμὸν κρύψον παρών·
ἐπεὶ σφαγῆς γε πρὸς τὸ δεινὸν εἶμ' ἐγώ,
εἴπερ πέφυκα πατρὸς οὗπερ εὔχομαι.
Ιο οὐκ ἂν δυναίμην σῷ παρεστάναι μόρῳ.
Μα σὺ δ' ἀλλὰ τοῦδε χρῇζε, μή μ' ἐν ἀρσένων,   565
ἀλλ' ἐν γυναικῶν χερσὶν ἐκπνεῦσαι βίον.
Δη ἔσται τάδ', ὦ τάλαινα παρθένων, ἐπεὶ
κἀμοὶ τόδ' αἰσχρόν, μή σε κοσμεῖσθαι καλῶς,
πολλῶν ἕκατι, τῆς τε σῆς εὐψυχίας
καὶ τοῦ δικαίου· τλημονεστάτην δὲ σὲ   570
πασῶν γυναικῶν εἶδον ὀφθαλμοῖς ἐγώ.
ἀλλ', εἴ τι βούλῃ, τούσδε τὸν γέροντά τε
χώρει προσειποῦσ' ὑστάτοις προσφθέγμασιν.

Μα ὦ χαῖρε, πρέσβυ, χαῖρε καὶ δίδασκέ μοι
τοιούσδε τούσδε παῖδας, ἐς τὸ πᾶν σοφούς,   575
ὥσπερ σύ, μηδὲν μᾶλλον· ἀρκέσουσι γάρ.
πειρῶ δὲ σῶσαι μὴ θανεῖν πρόθυμος ὤν·
σοὶ παῖδές ἐσμεν, σαῖν χεροῖν τεθράμμεθα·
ὁρᾷς δὲ κἀμὲ τὴν ἐμὴν ὥραν γάμου
διδοῦσαν ἀντὶ τῶνδε κατθανουμένην.   580
ὑμεῖς δ', ἀδελφῶν ἡ παροῦσ' ὁμιλία,
εὐδαιμονοῖτε, καὶ γένοιθ' ὑμῖν ὅσων
ἡμὴ πάροιθε καρδία σφαγήσεται.

Wenn ihr es wollt und gern entgegennehmt,
Geb ich mein Leben frei in eure Hand,
Doch unterwerf ichs keinem fremden Zwang.

Io O wie dies Wort das erste übersteigt,
Das schon vollkommne, wie du Tat mit Tat
Und Rede mit der Rede neu besiegst.
Ich sag nicht Ja noch Nein zu diesem Tod,
Nur daß er deinen Brüdern Rettung bringt.

Ma Ich hör dein weises Ja. Mein Blut befleckt
Dich nicht, hab keine Angst, ich sterbe frei.
Geh mit mir, Alter! Laß von deiner Hand
Mich sterben, hülle meinen Leib ins Kleid!
Ich breche auf zum harten Opfergang,
Wenn wirklich ich des Vaters Tochter bin.

Io Ich kann nicht Zeuge deines Endes sein.

Ma So bitte diesen König, daß ich nicht im Arm
Von Männern sterbe, nur im Frauenarm.

De *tritt näher*
So sei es, ärmstes Kind! Ich muß ja selbst
Das Letzte tun für deinen Totenschmuck
Aus vielem Grund, ob deines hohen Sinns
Und der Gerechtigkeit: von allen Fraun
Der Welt bist du die größte Dulderin.
Wenn du ein Wort an diese und den Greis
Noch richten willst, so tus und folge mir!

Ma Leb wohl, mein Greis. leb wohl und lehre mir
Die Knaben hier, mach sie so klug wie du
Es bist, nicht klüger, dieses ist genug.
Stirb nicht, bewahre jene vor dem Tod!
Du bist der Vater, zogst uns alle auf
Und siehst, wie ich den eignen Hochzeitstag
Im Tod hingebe für der Knaben Heil.
Ihr Brüder, die ihr hier zugegen seid,
Lebt glücklich, alles werde euch zuteil,
Wovon mein Herz im Tod sich trennen muß.

καὶ τὸν γέροντα τήν τ' ἔσω γραῖαν δόμων
τιμᾶτε πατρὸς μητέρ' 'Αλκμήνην ἐμοῦ   585
ξένους τε τούσδε. κἂν ἀπαλλαγὴ πόνων
καὶ νόστος ὑμῖν εὑρεθῇ ποτ' ἐκ θεῶν,
μέμνησθε τὴν σώτειραν ὡς θάψαι χρεών.
κάλλιστά τοι δίκαιον · οὐ γὰρ ἐνδεὴς
ὑμῖν παρέστην, ἀλλὰ προύθανον γένους.   590
τάδ' ἀντὶ παίδων ἐστί μοι κειμήλια
καὶ παρθενείας, εἴ τι δὴ κατὰ χθονός ·
εἴη γε μέντοι μηδέν. εἰ γὰρ ἕξομεν
κἀκεῖ μερίμνας οἱ θανούμενοι βροτῶν,
οὐκ οἶδ' ὅποι τις τρέψεται · τὸ γὰρ θανεῖν   595
κακῶν μέγιστον φάρμακον νομίζεται.
Ιο   ἀλλ', ὦ μέγιστον ἐκπρέπουσ' εὐψυχίᾳ
πασῶν γυναικῶν, ἴσθι, τιμιωτάτη
καὶ ζῶσ' ὑφ' ἡμῶν καὶ θανοῦσ' ἔσῃ πολύ ·
καὶ χαῖρε · δυσφημεῖν γὰρ ἅζομαι θεάν,   600
ᾗ σὸν κατῆρκται σῶμα, Δήμητρος κόρην.

ὦ παῖδες, οἰχόμεσθα · λύεται μέλη
λύπῃ · λάβεσθε κεἰς ἕδραν μ' ἐρείσατε
αὐτοῦ πέπλοισι τοῖσδε κρύψαντες, τέκνα.
ὡς οὔτε τούτοις ἥδομαι πεπραγμένοις,   605
χρησμοῦ τε μὴ κρανθέντος οὐ βιώσιμον ·
μείζων γὰρ ἄτη · συμφορὰ δὲ καὶ τάδε.

Χο   οὔτινά φημι θεῶν ἄτερ ὄλβιον,   da⁴   στρ.
     οὐ βαρύποτμον,   da²
     ἄνδρα γενέσθαι ·   da²
     οὐδὲ τὸν αὐτὸν ἀεὶ βεβάναι δόμον   da⁴   610

Ehrt mir den Alten, ehrt Alkmene auch,
Die alte Vatersmutter dort im Haus,
Und diese Fremden! Schenkt ein Gott euch einst
Die Heimkehr und das Ende eurer Not,
Denkt an das Grabmal eurer Retterin.
Das schönste muß es sein. Ich sparte nicht.
Als ich euch half und ging im Tod voran!
Statt Kindern und statt Jugend sei es dann
Mein Kleinod – wenn der Tote es noch zählt.
Ich hoffe, er vergißt, und Sterbliche
Sind dort die Sorgen los, sonst weiß ich nicht,
Wohin noch einer zielt: das Sterben gilt
Doch als der Leiden stärkster Gegentrank.

Io   O, aller Frauen größte Seele, sei
Gewiß, daß du im Leben und im Tod
Auch aller Ehren Krone trägst! Leb wohl!
Demeters Tochter, der dein Leib gehört,
Sie sei mit keinem Unglückswort gekränkt!

Demophon mit Makaria ab

Io   Ach, Kinder, meine Glieder löst der Schmerz!
Faßt an und haltet! Auf die Stufen legt
Mich nieder, deckt mich mit dem Mantel zu! –
Was hier geschah, es kann mich nicht erfreun:
Ein neues Leben gab der Seherspruch
Und größres Unheil, Leben ohne Glück.

ZWEITES STANDLIED

Chor

Strophe

Nie wird ohne die Götter das Glück,
  wird das Unglück erfahren,
Nie auch wandelt gleiches Haus
Im steten Glanz des Glücks,

εὐτυχίᾳ · παρὰ δ' ἄλλαν ἄλλα   da⁴
μοῖρα διώκει.   da²
τὸν μὲν ἀφ' ὑψηλῶν βραχὺν ᾤκισε,   da⁴
τὸν δ' ἀτίταν εὐδαίμονα τεύχει.   da⁴
μόρσιμα δ' οὔτι φυγεῖν θέμις, οὐ σοφί-   da⁴   615
ᾳ τις ἀπώσεται, ἀλλὰ μάταν ὁ πρό-   da⁴
θυμος ἀεὶ πόνον ἕξει.   da²

ἀλλὰ σὺ μὴ προπίτνων τὰ θεῶν φέρε,   ἀντ
μηδ' ὑπεράλγει
φροντίδα λύπᾳ ·   620
εὐδόκιμον γὰρ ἔχει θανάτου μέρος
ἁ μελέα πρό τ' ἀδελφῶν καὶ γᾶς ·
οὐδ' ἀκλεής νιν
δόξα πρὸς ἀνθρώπων ὑποδέξεται ·
ἁ δ' ἀρετὰ βαίνει διὰ μόχθων.   625
ἄξια μὲν πατρός, ἄξια δ' εὐγενί-
ας τάδε γίγνεται · εἰ δὲ σέβεις θανά-
τους ἀγαθῶν, μετέχω σοι.

Θεράπων

ὦ τέκνα, χαίρετ' · · Ἰόλεως δὲ ποῦ γέρων;   630
μήτηρ τε πατρὸς τῆσδ' ἕδρας ἀποστατεῖ;
Ιο   πάρεσμεν, οἷα δή γ' ἐμοῦ παρουσία.

Θε   τί χρῆμα κεῖσαι καὶ κατηφὲς ὄμμ' ἔχεις;
Ιο   φροντίς τις ἦλθ' οἰκεῖος, ἦ συνεσχόμην.
Θε   ἔπαιρέ νυν σεαυτόν, ὄρθωσον κάρα.   635

Immer neues Geschick
Jagt das alte Geschick,
Stürzt den Hohen zu Boden,
Macht den Bettler zum Reichen.
Verhängnis meiden
Ist keinem gesetzt, auch der Weise
Wendets nicht ab;
Eifer, der es bekämpft,
Verschwendet die Zeit.

Gegenstrophe

Trag, was die Götter dir gaben, nicht leichthin,
    nicht allzu erbittert!
Strahlend fiel das Todeslos
Auf dieses ärmste Kind:
Für die Brüder, fürs Land
Hat sie leuchtenden Ruhm
Bei den Menschen erworben.
Ohne Müh keine Taten.
Des Vaters würdig
Und würdig der alten Geschlechter
Fiel ihr dies Los.
Ehrst du solche im Tod,
So steh ich dir bei.

DRITTE HAUPTSZENE

Diener *des Hyllos*

Gott grüß euch Knaben! Trifft man am Altar
Den Iolas und die Alkmene an?

Io *enthüllt sich*
Wir sind zugegen, hier ist Iolas.

Die Du liegst am Boden, birgst den trüben Blick?

Io Des Hauses Unglück lastet schwer auf mir.

Die Doch jetzt steh auf und trage frei dein Haupt!

Ιο γέροντές ἐσμεν κοὐδαμῶς ἐρρώμεθα.
Θε ἥκω γε μέντοι χάρμα σοι φέρων μέγα.
Ιο τίς δ' εἶ σύ; ποῦ σοι συντυχὼν ἀμνημονῶ;
Θε Ὕλλου πενέστης· οὔ με γιγνώσκεις ὁρῶν;
Ιο ὦ φίλταθ', ἥκεις ἆρα σωτὴρ νῷν βλάβης;   640
Θε μάλιστα· καὶ πρός γ' εὐτυχεῖς τὰ νῦν τάδε.
Ιο ὦ μῆτερ ἐσθλοῦ παιδός, Ἀλκμήνην λέγω,
    ἔξελθ', ἄκουσον τούσδε φιλτάτους λόγους.
    πάλαι γὰρ ὠδίνουσα τῶν ἀφιγμένων
    ψυχὴν ἐτήκου νόστος εἰ γενήσεται.   645

                    Ἀλκμήνη

    τί χρῆμ' ἀϋτῆς πᾶν τόδ' ἐπλήσθη στέγος
    Ἰόλαε; μῶν τίς σ' αὖ βιάζεται παρὼν
    κῆρυξ ἀπ' Ἄργους; ἀσθενὴς μὲν ἦ γ' ἐμὴ
    ῥώμη, τοσόνδε δ' εἰδέναι σ' ἐχρῆν, ξένε,
    οὐκ ἔστ' ἄγειν σε τούσδ' ἐμοῦ ζώσης ποτέ.   650
    ἦ τἄρ' ἐκείνου μὴ νομιζοίμην ἐγὼ
    μήτηρ ἔτ'· εἰ δὲ τῶνδε προσθίξῃ χερί,
    δυοῖν γερόντοιν οὐ καλῶς ἀγωνιῇ.
Ιο θάρσει, γεραιά, μὴ τρέσῃς· οὐκ Ἀργόθεν
    κῆρυξ ἀφῖκται πολεμίους λόγους ἔχων.   655
Αλ τί γὰρ βοὴν ἔστησας ἄγγελον φόβου;
Ιο σέ, πρόσθε ναοῦ τοῦδ' ὅπως βαίης, καλῶν.
Αλ οὐκ ἴσμεν ἡμεῖς ταῦτα· τίς γάρ ἐσθ' ὅδε;
Ιο ἥκοντα παῖδα παιδὸς ἀγγέλλει σέθεν.
Αλ ὦ χαῖρε καὶ σὺ τοῖσδε τοῖς ἀγγέλμασιν.   660
    ἀτὰρ τί χώρᾳ τῇδε προσβαλὼν πόδα
    ποῦ νῦν ἄπεστι; τίς νιν εἶργε συμφορὰ
    σὺν σοὶ φανέντα δεῦρ' ἐμὴν τέρψαι φρένα;
Θε στρατὸν καθίζει τάσσεταί θ' ὃν ἦλθ' ἔχων.
Αλ τοῦδ' οὐκέθ' ἡμῖν τοῦ λόγου μέτεστι δή.   665
Ιο μέτεστιν· ἡμῶν δ' ἔργον ἱστορεῖν τάδε.
Θε τί δῆτα βούλῃ τῶν πεπραγμένων μαθεῖν;
Ιο πόσον τι πλῆθος συμμάχων πάρεστ' ἔχων;

Io   Gemach! Wir Alte haben schwache Kraft!
Die Mit einer Freudenbotschaft bin ich da!
Io   Wer bist du? Einmal sahen wir uns schon.
Die Des Hyllos Dienstmann, lange dir bekannt.
Io   O Freund, kommst du als Helfer in der Not!
Die Gewiß! Zu einem, der schon glücklich ist!
Io   Alkmene, Mutter eines großen Sohns,
     Vernimm die frohe Botschaft, komm heraus!
     Schon lang hast du die Rückkehr bang ersehnt
     Und schwer umseufzt, nun sind sie wieder da.

Alkmene *tritt heraus*

     Was hat das Haus mit lautem Ruf erfüllt?
     Ein Herold wieder, der dich schwer bedrängt,
     Aus Argos? Wisse, fremder Mann, mein Arm
     Ist schwach, doch dazu reicht er aus, daß du,
     Solang ich lebe, von den Kindern läßt.
     Ich bin die Mutter eines Herakles!
     Legst du die Hand an sie, so hast du noch
     Mit zwei Betagten einen schweren Kampf!
Io   Getrost, Alkmene, zittre nicht! Es kam
     Kein Mensch aus Argos, der uns drohen will.
Al   Doch hört ich Schrei, und Schrei bedeutet Schreck.
Io   Ich selber rief dich, rief dich vor die Tür.
Al   Wie konnt ichs wissen? Doch: wer ist der Mann?
Io   Er meldet, daß dein Enkel wiederkam.
Al   Willkommen, Freund, mit deinem Botenspruch!
     Doch sag, nachdem er schon das Land betrat,
     Wo bleibt er und was gab es, daß er nicht
     Mit dir vor mein erfreutes Auge trat?
Die Er stellt die Krieger, die er brachte, auf.
Al   Das ist ein Ding, das mich nicht kümmern kann.
Io   Mich kümmerts! Alles mache mir bekannt!
Die Was willst du wissen? Manches ist geschehn.
Io   Wie ist die Stärke seines Bündnerheers?

Θε　πολλούς · ἀριθμὸν δ' ἄλλον οὐκ ἔχω φράσαι.
Ιο　ἴσασιν, οἶμαι, ταῦτ' 'Αθηναίων πρόμοι;　　　　　　670
Θε　ἴσασι · καὶ δὴ λαιὸν ἕστηκεν κέρας.
Ιο　ἤδη γὰρ ὡς ἐς ἔργον ὥπλισται στρατός;
Θε　καὶ δὴ παρῆκται σφάγια τάξεων ἑκάς.
Ιο　πόσον τι δ' ἔστ' ἄπωθεν 'Αργεῖον δόρυ;
Θε　ὥστ' ἐξορᾶσθαι τὸν στρατηγὸν ἐμφανῶς.　　　　675
Ιο　τί δρῶντα; μῶν τάσσοντα πολεμίων στίχας;
Θε　ἠκάζομεν ταῦτ' · οὐ γὰρ ἐξηκούομεν.
　　ἀλλ' εἶμ' · ἐρήμους δεσπότας τοὐμὸν μέρος
　　οὐκ ἂν θέλοιμι πολεμίοισι συμβαλεῖν.
Ιο　κἄγωγε σὺν σοί · ταὐτὰ γὰρ φροντίζομεν,　　　　680
　　φίλοις παρόντες, ὡς ἔοιγμεν, ὠφελεῖν.
Θε　ἥκιστα πρὸς σοῦ μῶρον ἦν εἰπεῖν ἔπος.
Ιο　καὶ μὴ μετασχεῖν γ' ἀλκίμου μάχης φίλοις.
Θε　οὐκ ἔστ' ἐν ὄψει τραῦμα μὴ δρώσης χερός.
Ιο　τί δ'; οὐ σθένοιμι κἂν ἐγὼ δι' ἀσπίδος;　　　　685
Θε　σθένοις ἄν, ἀλλὰ πρόσθεν αὐτὸς ἂν πέσοις.
Ιο　οὐδεὶς ἔμ' ἐχθρῶν προσβλέπων ἀνέξεται.
Θε　οὐκ ἔστιν, ὦ τᾶν, ἥ ποτ' ἦν ῥώμη σέθεν.
Ιο　ἀλλ' οὖν μαχοῦνται γ' ἀριθμὸν οὐκ ἐλάσσοσι.
Θε　σμικρὸν τὸ σὸν σήκωμα προστίθης φίλοις.　　　690
Ιο　μή τοί μ' ἔρυκε δρᾶν παρεσκευασμένον.
Θε　δρᾶν μὲν σύ γ' οὐχ οἷός τε, βούλεσθαι δ' ἴσως.
Ιο　ὡς μὴ μενοῦντα τἆλλα σοι λέγειν πάρα.
Θε　πῶς οὖν ὁπλίταις τευχέων ἄτερ φανῇ;
Ιο　ἔστ' ἐν δόμοισιν ἔνδον αἰχμάλωθ' ὅπλα,　　　　695
　　τοῖς δ' οὖσι χρησόμεσθα · κἀποδώσομεν
　　ζῶντες, θανόντας δ' οὐκ ἀπαιτήσει θεός.
　　ἀλλ' εἴσιθ' εἴσω κἀπὸ πασσάλων ἑλὼν
　　ἔνεγχ' ὁπλίτην κόσμον ὡς τάχιστά μοι.
　　αἰσχρὸν γὰρ οἰκούρημα γίγνεται τόδε,　　　　700
　　τοὺς μὲν μάχεσθαι, τοὺς δὲ δειλίᾳ μένειν.

Die Beträchtlich, doch die Zahlen weiß ich nicht.
Io Athens Gebietern sind sie wohlbekannt?
Die Genau, der linke Flügel ist gestellt.
Io So ist ihr ganzes Heer schon kampfbereit?
Die Die Opfertiere sind schon vorgeführt.
Io Wie weit ist der Argiver Speer entfernt?
Die So nah, daß man den Feldherrn deutlich sieht.
Io Was macht er? Stellt auch er die Reihen auf?
Die Wir denkens, doch es war fürs Ohr zu weit.
  Nun muß ich fort. Es soll für meinen Teil
  Mein Herr im Nahkampf nicht verlassen sein.
Io Ich geh mit dir, wir haben gleiches Ziel:
  Wir helfen unsern Freunden, wo es geht.
Die Unkluges Wort war sonst nicht deine Art!
Io Noch auch das Fehlen in der heißen Schlacht.
Die Das Aug schlägt keine Wunde ohne Hand.
Io Im Kampf der Schilde stell ich keinen Mann?
Die Du stellst ihn, aber vorher fällst du selbst.
Io Kein Feind, der mich erblickt hat, widersteht.
Die Die alte Kraft, mein Guter, schwand dahin.
Io Die Feinde stoßen auf die gleiche Zahl.
Die Den Freunden wiegst du heute weniger.
Io Halt mich nicht auf! Ich bin bereit zur Tat.
Die Die Tat braucht Willen, aber auch die Kraft.
Io Sag, was du willst: ich bleibe nicht zurück.
Die Wie stehst du ohne Waffen unter uns?
Io Im Tempel drinnen gibt es Beutegut,
  Das hol ich. Bleib ich leben, geb ichs dann
  Zurück, dem Toten wird der Gott verzeihn.
  Geh nur hinein und hol mir von dem Pflock
  Aufs Schnellste einen ganzen Waffenschmuck.
  Haus hüten, welche Schmach: Der eine steht
  Im Kampf, der andre bleibt verzagt zurück!

Diener geht hinein

Χο λῆμα μὲν οὔπω στόρνυσι χρόνος   an⁴
   τὸ σόν, ἀλλ' ἡβᾷ, σῶμα δὲ φροῦδον.
   τί πονεῖς ἄλλως ἃ σὲ μὲν βλάψει,
   σμικρὰ δ' ὀνήσει πόλιν ἡμετέραν;   705
   χρὴ γνωσιμαχεῖν τὴν ἡλικίαν,
   τὰ δ' ἀμήχαν' ἐᾶν· οὐκ ἔστιν ὅπως
   ἥβην κτήσῃ πάλιν αὖθις.

Αλ τί χρῆμα μέλλεις σῶν φρενῶν οὐκ ἔνδον ὢν
   λιπεῖν μ' ἔρημον σὺν τέκνοις ἐμοῖς; ...   710
Ιο ἀνδρῶν γὰρ ἀλκή· σοὶ δὲ χρῆν τούτων μέλειν.
Αλ τί δ'; ἢν θάνῃς σύ, πῶς ἐγὼ σωθήσομαι;
Ιο παιδὸς μελήσει παισὶ τοῖς λελειμμένοις.
Αλ ἢν δ' οὖν, ὃ μὴ γένοιτο, χρήσωνται τύχῃ;
Ιο οἵδ' οὐ προδώσουσίν σε, μὴ τρέσῃς, ξένοι.   715
Αλ τοσόνδε γάρ τοι θάρσος, οὐδὲν ἀλλ' ἔχω.
Ιο καὶ Ζηνὶ τῶν σῶν, οἶδ' ἐγώ, μέλει πόνων.
Αλ φεῦ·
   Ζεὺς ἐξ ἐμοῦ μὲν οὐκ ἀκούσεται κακῶς·
   εἰ δ' ἔστιν ὅσιος αὐτὸς οἶδεν εἰς ἐμέ.

Θε ὅπλων μὲν ἤδη τήνδ' ὁρᾷς παντευχίαν,   720
   φθάνοις δ' ἂν οὐκ ἂν τοῖσδε συγκρύπτων δέμας·
   ὡς ἐγγὺς ἀγών, καὶ μάλιστ' Ἄρης στυγεῖ
   μέλλοντας· εἰ δὲ τευχέων φοβῇ βάρος,
   νῦν μὲν πορεύου γυμνός, ἐν δὲ τάξεσιν
   κόσμῳ πυκάζου τῷδ'· ἐγὼ δ' οἴσω τέως.   725
Ιο καλῶς ἔλεξας· ἀλλ' ἐμοὶ πρόχειρ' ἔχων
   τεύχη κόμιζε, χειρὶ δ' ἔνθες ὀξύην,
   λαιόν τ' ἔπαιρε πῆχυν, εὐθύνων πόδα.
Θε ἦ παιδαγωγεῖν γὰρ τὸν ὁπλίτην χρεών;
Ιο ὄρνιθος οὕνεκ' ἀσφαλῶς πορευτέον.   730

Chor

Dein tapferes Herz, noch nicht bringt es die Zeit
Zur Ruhe, noch immer
Schlägt es voll Jugend, doch schwand
Dir der Leib dahin!
Wozu diese Müh?
Dich reibt sie nur auf,
Hilft allzuwenig der Stadt.
Das Alter muß schließlich vernünftig sein,
Das Unmögliche lassen. Es kann dir nicht
Noch einmal die Jugend erblühen.

Al Du bist nicht mehr bei Sinnen. Warum läßt
    Du mich und meine Kinder jetzt allein?
Io Sorg du für euch; der Mann steht in der Schlacht.
Al Und wenn du fällst? Wer steht mir dann noch bei?
Io Die Enkelkinder, die am Leben sind.
Al Und trifft sie – Gott verhüt es – ihr Geschick?
Io Hab keine Angst, Athen verläßt dich nicht.
Al Das ist mein Trost, der einzge auf der Welt.
Io Auch Zeus – ich weiß es – hilft dir in der Not.
Al Ach, Zeus? Er hört von mir kein schlimmes Wort,
    Doch weiß er selbst, was er mir angetan.

geht hinein

Die Hier bring ich eine ganze Rüstung, doch
     Es fehlt die Zeit, daß du dich drein verhüllst.
     Die Schlacht ist nah und Ares ist kein Freund
     Der Säumigen. Ist dir die Last zu schwer,
     So geh jetzt ohne sie und zieh sie an,
     Wenn du im Glied stehst. Dahin schlepp ich sie.
Io   Ein guter Rat! Trag mir die Rüstung nach,
     Reich mir den Speer und lenke meinen Fuß,
     Ich stütze mich auf deinen linken Arm.
Die Der stolze Krieger braucht die Kindermagd!
Io   Ein Stolpern wäre schlechter Vogelflug!

Θε εἴθ᾽ ἦσθα δυνατὸς δρᾶν ὅσον πρόθυμος εἶ.
Ιο ἔπειγε · λειφθεὶς δεινὰ πείσομαι μάχης.
Θε σύ τοι βραδύνεις, οὐκ ἐγὼ δοκῶ τι δρᾶν.
Ιο οὔκουν ὁρᾷς μου κῶλον ὡς ἐπείγεται;
Θε ὁρῶ δοκοῦντα μᾶλλον ἢ σπεύδοντά σε.   735
Ιο οὐ ταῦτα λέξεις, ἡνίκ᾽ ἂν λεύσσῃς μ᾽ ἐκεῖ.
Θε τί δρῶντα; βουλοίμην δ᾽ ἂν εὐτυχοῦντά γε.
Ιο δι᾽ ἀσπίδος θείνοντα πολεμίων τινά.
Θε εἰ δή ποθ᾽ ἥξομέν γε · τοῦτο γὰρ φόβος.
Ιο φεῦ ·
    εἴθ᾽, ὦ βραχίων, οἷον ἡβήσαντά σε   740
    μεμνήμεθ᾽ ἡμεῖς, ἡνίκα ξὺν Ἡρακλεῖ
    Σπάρτην ἐπόρθεις, σύμμαχος γένοιό μοι
    τοιοῦτος · οἵαν ἂν τροπὴν Εὐρυσθέως
    θείμην · ἐπεί τοι καὶ κακὸς μένειν δόρυ.
    ἔστιν δ᾽ ἐν ὄλβῳ καὶ τόδ᾽ οὐκ ὀρθῶς ἔχον,   745
    εὐψυχίας δόκησις · οἰόμεσθα γὰρ
    τὸν εὐτυχοῦντα πάντ᾽ ἐπίστασθαι καλῶς.

Χο Γᾶ καὶ παννύχιος Σελά-   gl   στρ.
    να καὶ λαμπρόταται θεοῦ   gl
    φαεσίμβροτοι αὐγαί,   an²–   750
    ἀγγελίαν μοι ἐνέγκατ᾽ ·   hem×
    ἰαχήσατε δ᾽ οὐρανῷ   an² ba͜
    καὶ παρὰ θρόνον ἀρχέταν,   gl
    γλαυκᾶς τ᾽ ἐν Ἀθάνας.   an²–
    μέλλω τᾶς πατριώτιδος   gl   755
    γᾶς, μέλλω καὶ ὑπὲρ δόμων   gl
    ἱκέτας ὑποδεχθεὶς   an²–

Die O gliche dieser Arm dem Tatendrang!
Io   Nur schnell! Entsetzlich, kämen wir zu spät!
Die Nur du hinkst nach, mit deinem Tatendrang!
Io   Gewahrst du nicht die Eile meines Beins?
Die Den Glauben seh ich, nicht die Schnelligkeit.
Io   Du redest anders, wenn ich draußen steh...
Die Was willst du dort? Mein Wunsch begleitet dich.
Io   Den Schild durchhauen irgendeinem Feind.
Die Wenn wir erst dort sind! Das ist meine Angst.
Io   Mein Arm, o hättest du die gleiche Kraft
     Wie einst, als du, mit Herakles vereint,
     Dir Sparta unterwarfst! Als solcher steh
     Mir bei! Eurystheus stöbe schnell davon,
     Der Feige, der vor keinem Speer besteht.
     Zu Unrecht fällt der Macht auch dieses zu:
     Der Ruf des Heldenmuts; wir wähnen, daß
     Der Mächtige in allem Meister ist.

beide ab

DRITTES STANDLIED

Chor

Strophe

Erde und Herrin
Der Nacht, Selene!
Helios' strahlendes Licht,
Das den Sterblichen scheint!
Bringt die frohe Botschaft!
Jauchzt sie hinauf zum Olympos,
Zu des Höchsten Thron,
Zum strahlenden Auge Athenes!
Wir schützen die Fleher
Und nun unser Land,
Das Haus und den Hof,

κίνδυνον πολιῷ τεμεῖν σιδάρῳ.   gl ba

δεινὸν μὲν πόλιν ὡς Μυκή-   ἀντ.
νας εὐδαίμονα καὶ δορὸς   760
πολυαίνετον ἀλκᾷ
μῆνιν ἐμᾷ χθονὶ κεύθειν ·
κακὸν δ᾽, ὦ πόλις, εἰ ξένους
ἱκτῆρας παραδώσομεν
κελεύμασιν Ἄργους.   765
Ζεύς μοι σύμμαχος, οὐ φοβοῦ-
μαι, Ζεύς μοι χάριν ἐνδίκως
ἔχει · οὔποτε θνατῶν
ἥσσους δαίμονες ἔκ γ᾽ ἐμοῦ φανοῦνται.

ἀλλ᾽, ὦ πότνια – σὸν γὰρ οὖ-   gl   στρ.
δας, σὸν καὶ πόλις, ἇς σὺ μά-   gl   771
τηρ δέσποινά τε καὶ φύλαξ –   gl
πόρευσον ἄλλα τὸν οὐ δικαίως   ia² cr ba
τᾷδ᾽ ἐπάγοντα δορυσσοῦν   hem-
στρατὸν Ἀργόθεν · οὐ γὰρ ἐμᾷ γ᾽ ἀρετᾷ   an⁴   775
δίκαιός εἰμ᾽ ἐκπεσεῖν μελάθρων.   ia² cr ba

ἐπεί σοι πολύθυτος ἀεὶ   ἀντ.
τιμὰ κραίνεται, οὐδὲ λά-
θει μηνῶν φθινὰς ἀμέρα,
νέων τ᾽ ἀοιδαὶ χορῶν τε μολπαί.   780

Wir schneiden mit blinkendem Eisen
Für uns selbst die Gefahr.

Gegenstrophe

Grausam, wenn Städte
Wie dies Mykenä,
Goldreich und lanzengerühmt,
Unserm Land seinen Groll
In den Speerkampf kleidet!
Schlimmer, o Stadt, wenn du Gäste,
Die um Schutz gefleht,
Auslieferst dem drohenden Argos.
Doch Zeus hilft uns kämpfen,
Wir fürchten uns nicht,
Sein Lohn ist gerecht.
Nie stellen wir Hilfe der Götter
Unter menschliches Tun.

Zweite Strophe

Hohe Göttin, der Boden ist dein,
Dein die Stadt, der du Mutter,
Herrin und Wächterin bist!
Vertreib ihn in andre Gefilde,
Der gegen die Satzung
Uns die Speere von Argos gesandt!
Wir taten das Rechte
Und keiner verdient
Die Vertreibung vom Herde.

Gegenstrophe

Allzeit ehrt dich mit Opfern die Stadt,
Nie vergißt sie des Mondes
Letzten hinschwindenden Tag,
Vergißt sie die Lieder der Jugend,
Der Reigen Gesänge.

ἀνεμόεντι δ' ἐπ' ὄχθῳ
ὀλολύγματα παννυχίοις ὑπὸ παρθένων ἰαχεῖ ποδῶν κρότοισιν.

Θε δέσποινα, μύθους σοί τε συντομωτάτους
κλύειν ἐμοί τε τῷδε καλλίστους φέρω.   785
νικῶμεν ἐχθροὺς καὶ τροπαῖ' ἱδρύεται
παντευχίαν ἔχοντα πολεμίων σέθεν.
Αλ ὦ φίλταθ', ἥδε σ' ἡμέρα διήλασεν
ἐλευθερῶσαι τοῖσδε τοῖς ἀγγέλμασιν.
μιᾶς δ' ἔμ' οὔπω συμφορᾶς ἐλευθεροῖς ·   790
φόβος γὰρ εἴ μοι ζῶσιν οὓς ἐγὼ θέλω.
Θε ζῶσιν μέγιστόν γ' εὐκλεεῖς κατὰ στρατόν.
Αλ ὁ μὲν γέρων οὐκ ἔστιν 'Ιόλεως ὅδε;
Θε μάλιστα, πράξας δ' ἐκ θεῶν κάλλιστα δή.
Αλ τί δ' ἔστι; μῶν τι κεδνὸν ἠγωνίζετο;   795
Θε νέος μεθέστηκ' ἐκ γέροντος αὖθις αὖ.
Αλ θαυμάστ' ἔλεξας · ἀλλά σ' εὐτυχῆ φίλων
μάχης ἀγῶνα πρῶτον ἀγγεῖλαι θέλω.
Θε εἷς μου λόγος σοι πάντα σημανεῖ τάδε.
ἐπεὶ γὰρ ἀλλήλοισιν ὁπλίτην στρατὸν   800
κατὰ στόμ' ἐκτείνοντες ἀντετάξαμεν,
ἐκβὰς τεθρίππων Ὕλλος ἁρμάτων πόδα
ἔστη μέσοισιν ἐν μεταιχμίοις δορός.
κἄπειτ' ἔλεξεν · 'Ω στρατήγ' ὃς 'Αργόθεν
ἥκεις, τί τήνδε γαῖαν οὐκ εἰάσαμεν;   805

 .   .   .   .   .   .

καὶ τὰς Μυκήνας οὐδὲν ἐργάσῃ κακὸν
ἀνδρὸς στερήσας · ἀλλ' ἐμοὶ μόνος μόνῳ
μάχην συνάψας, ἢ κτανὼν ἄγου λαβὼν
τοὺς 'Ηρακλείους παῖδας ἢ θανὼν ἐμοὶ

Auf dem luftigen Felsen der Burg
Erschallt das Gejauchze,
Der nächtliche Lärm
Unterm Fuße der Mädchen.

VIERTE HAUPTSZENE

Alkmene *tritt heraus*

Die O Herrin, höre allerschnellstes Wort
   Aus meinem Mund und auch das freudigste!
   Der Feind erlag, aus seinen Waffen stellt
   Man Siegeszeichen aller Orten auf!
Al O Liebster, dieser Tag durchschlägt den Bann,
   Und deine gute Botschaft macht dich frei.
   Doch eine Sorge nahmst du nicht von mir;
   Ob meine Lieben noch am Leben sind.
Die Sie leben, hochgerühmt im ganzen Heer.
Al Sieh, auch der alte Iolaos lebt!
Die Von Göttern kam ihm höchster Tatenruhm.
Al Wie kam das? Hat er wirklich mitgekämpft?
Die Ins Jünglingsalter kehrte er zurück.
Al O Wunder! Doch berichte mir zuvor
   Von meiner Lieben Kampf und Siegerglück!
Die In einer Rede tu ich alles kund.
   Als wir die Stirn gebildet unsres Heers
   Und schlachtbereit am Feinde aufgestellt,
   Sprang Hyllos ab von seinem Viergespann,
   Trat mitten in der Lanzenschwinger Raum
   Und sagte: „Feldherr des Argiverheers,
   Warum verschonen wir nicht dieses Land?
   [Wenn wir entlassen beider Heere Bann,]
   Trifft weder Argos noch Athen ein Leid.
   So kämpfe du allein mit mir allein!
   Wenn du mich tötest, nimmst du Herakles'
   Erzeugte mit dir fort; doch wenn du fällst,

τιμὰς πατρῴους καὶ δόμους ἔχειν ἄφες. 810
στρατὸς δ' ἐπήνεσ', ἔς τ' ἀπαλλαγὰς πόνων
καλῶς λελέχθαι μῦθον ἔς τ' εὐψυχίαν.
ὁ δ' οὔτε τοὺς κλύοντας αἰδεσθεὶς λόγων
οὔτ' αὐτὸς αὑτοῦ δειλίαν στρατηγὸς ὢν
ἐλθεῖν ἐτόλμησ' ἐγγὺς ἀλκίμου δορός, 815
ἀλλ' ἦν κάκιστος · εἶτα τοιοῦτος γεγὼς
τοὺς 'Ηρακλείους ἦλθε δουλώσων γόνους.
Ὕλλος μὲν οὖν ἀπῴχετ' ἐς τάξιν πάλιν ·
μάντεις δ', ἐπειδὴ μονομάχου δι' ἀσπίδος
διαλλαγὰς ἔγνωσαν οὐ τελουμένας, 820
ἔσφαζον, οὐκ ἔμελλον, ἀλλ' ἀφίεσαν
λαιμῶν βροτείων εὐθὺς οὔριον φόνον.
οἱ δ' ἅρματ' εἰσέβαινον, οἱ δ' ὑπ' ἀσπίδων
πλευροῖς ἔκρυπτον πλεύρ' · 'Αθηναίων δ' ἄναξ
στρατῷ παρήγγελλ' οἷα χρὴ τὸν εὐγενῆ · 825
Ὢ ξυμπολῖται, τῇ τε βοσκούσῃ χθονὶ
καὶ τῇ τεκούσῃ νῦν τιν' ἀρκέσαι χρεών.
ὁ δ' αὖ τό τ' Ἄργος μὴ καταισχῦναι θέλειν
καὶ τὰς Μυκήνας συμμάχους ἐλίσσετο.
ἐπεὶ δ' ἐσήμην' ὄρθιον Τυρσηνικῇ 830
σάλπιγγι καὶ συνῆψαν ἀλλήλοις μάχην,
πόσον τιν' αὐχεῖς πάταγον ἀσπίδων βρέμειν,
πόσον τινὰ στεναγμὸν οἰμωγήν θ' ὁμοῦ;
τὰ πρῶτα μέν νυν πίτυλος 'Αργείου δορὸς
ἐρρήξαθ' ἡμᾶς · εἶτ' ἐχώρησαν πάλιν. 835
τὸ δεύτερον δὲ ποὺς ἐπαλλαχθεὶς ποδί,
ἀνὴρ δ' ἐπ' ἀνδρὶ στάς, ἐκαρτέρει μάχη ·
πολλοὶ δ' ἔπιπτον. ἦν δὲ τοῦ κελεύσματος ·
Ὢ τὰς 'Αθήνας – Ὢ τὸν 'Αργείων γύην
σπείροντες, οὐκ ἀρήξετ' αἰσχύνην πόλει; 840
μόλις δὲ πάντα δρῶντες οὐκ ἄτερ πόνων
ἐτρεψάμεσθ' 'Αργεῖον ἐς φυγὴν δόρυ.
κἀνταῦθ' ὁ πρέσβυς Ὕλλον ἐξορμώμενον
ἰδών, ὀρέξας ἱκέτευσε δεξιὰν
'Ιόλαος ἐμβῆσαί νιν ἵππειον δίφρον. 845

Erb ich des Vaters Ehren und sein Haus."
Dem Heer gefiels, man glaubte sich der Mühn
Enthoben und bewunderte den Mut.
Er aber, ohne Scham vor seinem Volk
Und seiner eignen Feigheit, er, der Fürst,
Vermied den nahen Speerkampf, zeigte sich
Als üblen Wicht. Ein solcher kommt und will
Zu Sklaven machen Herakles' Geschlecht! –
Und Hyllos trat in Reih und Glied zurück.
Die Seher sahen, daß an beider Kampf
Und Einigung nicht mehr zu denken war,
Sie gingen ungesäumt ans Opferwerk,
Aus Menschenkehle floß geweihtes Blut.
Man stieg zu Wagen, deckte mit dem Rund
Des Schildes das Rund des Leibs. Da sprach der Fürst
Athens zum Heer aus seinem hohen Sinn:
„Mitbürger, jeder zolle seinen Dank
Dem Land, das ihn gebar und auferzog!"
Eurystheus wand sich, bat, man sollte nicht
Mykenä schänden und das Bündnerheer.
Als der Tyrsener Erzdrommete hell
Erscholl und beiderseits die Schlacht begann,
Wie glaubst du, daß der Schilde Krachen klang,
Wie laut das Stöhnen und das Wehgeschrei?
Der Wirbel des Argiverspeers durchbrach
Die Unsern, doch sie zogen sich zurück.
Dann aber stemmte Fuß sich gegen Fuß,
Mann blieb am Mann und ehern stand die Schlacht.
Wie viele stürzten! Ringsum hörte man:
„Die ihr Athens ...", „Die ihr Argiverfeld
Bebaut, o wälzt die Schande von der Stadt!"
Und schließlich schlugen wir mit vieler Müh
Nach hartem Kampf den Feindspeer in die Flucht.
Da sah der Alte Hyllos' wilde Fahrt
Und flehte mit erhobner Hand und bat
Ihn mitzunehmen auf des Lenkers Platz,

λαβών δὲ χερσὶν ἡνίας Εὐρυσθέως
πώλοις ἐπεῖχε. τἀπὸ τοῦδ' ἤδη κλύων
λέγοιμ' ἂν ἄλλων, δεῦρο δ' αὐτὸς εἰσιδών.
Παλληνίδος γὰρ σεμνὸν ἐκπερῶν πάγον
δίας 'Αθάνας, ἅρμ' ἰδὼν Εὐρυσθέως,   850
ἡράσαθ' "Ηβῃ Ζηνί θ', ἡμέραν μίαν
νέος γενέσθαι κἀποτείσασθαι δίκην
ἐχθρούς. κλύειν δὴ θαύματος πάρεστί σοι.
δισσὼ γὰρ ἀστέρ' ἱππικοῖς ἐπὶ ζυγοῖς
σταθέντ' ἔκρυψαν ἅρμα λυγαίῳ νέφει·   855
σὸν δὴ λέγουσι παῖδά γ' οἱ σοφώτεροι
"Ηβην θ'· ὃ δ' ὀρφνῆς ἐκ δυσαιθρίου νέων
βραχιόνων ἔδειξεν ἡβητὴν τύπον.
αἱρεῖ δ' ὁ κλεινὸς 'Ιόλεως Εὐρυσθέως
τέτρωρον ἅρμα πρὸς πέτραις Σκιρωνίσιν,   860
δεσμοῖς τε δήσας χεῖρας ἀκροθίνιον
κάλλιστον ἥκει τὸν στρατηλάτην ἄγων
τὸν ὄλβιον πάροιθε. τῇ δὲ νῦν τύχῃ
βροτοῖς ἅπασι λαμπρὰ κηρύσσει μαθεῖν,
τὸν εὐτυχεῖν δοκοῦντα μὴ ζηλοῦν, πρὶν ἂν   865
θανόντ' ἴδῃ τις· ὡς ἐφήμεροι τύχαι.
Χο ὦ Ζεῦ τροπαῖε, νῦν ἐμοὶ δεινοῦ φόβου
ἐλεύθερον πάρεστιν ἦμαρ εἰσιδεῖν.
Αλ ὦ Ζεῦ, χρόνῳ μὲν τἄμ' ἐπεσκέψω κακά,
χάριν δ' ὅμως σοι τῶν πεπραγμένων ἔχω·   870
καὶ παῖδα τὸν ἐμὸν πρόσθεν οὐ δοκοῦσ' ἐγὼ
θεοῖς ὁμιλεῖν νῦν ἐπίσταμαι σαφῶς.
ὦ τέκνα, νῦν δὴ νῦν ἐλεύθεροι πόνων,
ἐλεύθεροι δὲ τοῦ κακῶς ὀλουμένου
Εὐρυσθέως ἔσεσθε καὶ πόλιν πατρὸς   875
ὄψεσθε, κλήρους δ' ἐμβατεύσετε χθονὸς
καὶ θεοῖς πατρῴοις θύσεθ', ὧν ἀπειργμένοι
ξένοι πλανήτην εἴχετ' ἄθλιον βίον.
ἀτὰρ τί κεύθων 'Ιόλεως σοφόν ποτε
Εὐρυσθέως ἐφείσαθ' ὥστε μὴ κτανεῖν;   880
λέξον· παρ' ἡμῖν μὲν γὰρ οὐ σοφὸν τόδε,

Ergriff die Zügel, faßte fest ins Ziel
Eurystheus' Pferde. All dies sah ich selbst,
Das Weitre hört ich nur aus fremdem Mund.
Als er zu Pallas' hehrem Hügel kam,
Athenas Sitz, Eurystheus' Wagen nach,
Bat Hebe er und Zeus um einen Tag
Erneuter Jugend für sein Rachewerk
Am Feind. Vernimm das Wunder, das geschah!
Zwei Sterne senkten sich aufs Wagenjoch
Und hüllten das Gefährt in Nacht: dein Sohn
Und Hebe, nach dem Wort der Klügeren.
Er aber tauchte aus dem Dunkel jung,
Mit jungen Armen, eines jungen Manns.
Held Iolaos fing an Skirons Riff
Eurystheus' Viergespann, schlug seinen Arm
In Fesseln und er bringt den Feldherrn her,
Den einst so stolzen, als das schönste Teil
Der Beute. Mit dem tiefen Fall bezeugt
Er allen Menschen, daß man keinen, der
Uns glücklich scheint, vor seinem Tode schon
Beneiden soll. So unstet ist das Los.

Chf O Zeus der Siege, nun darf ich dem Tag
In Freiheit, ohne Furcht ins Auge sehn.

Al O Zeus, so spät sahst du mein schweres Leid,
Nun preis ich dich für das, was du getan,
Und sehe, was ich früher nicht geglaubt:
Im Kreis der Götter wohnt mein großer Sohn.
Ihr Kinder, nun ist eure Not dahin,
Dahin Eurystheus, den ein übles Los
Betraf! Nun seht ihr eures Vaters Stadt,
Betretet euer Erbland, opfert nun
Den Vatergöttern. Ohne sie habt ihr
Viel fremde Länder jammervoll durchirrt!
Doch sagt, was plante Iolaos nur,
Daß er Eurystheus noch am Leben ließ?
Ist das vernünftig, den gefangnen Feind

ἐχθροὺς λαβόντα μὴ ἀποτείσασθαι δίκην.
Θε τὸ σὸν προτιμῶν, ὡς νιν ὀφθαλμοῖς ἴδοις
κρατοῦντα καὶ σῇ δεσποτούμενον χερί.
οὐ μὴν ἑκόντα γ' αὐτόν, ἀλλὰ πρὸς βίαν   885
ἔζευξ' ἀνάγκη · καὶ γὰρ οὐκ ἐβούλετο
ζῶν ἐς σὸν ἐλθεῖν ὄμμα καὶ δοῦναι δίκην.
ἀλλ', ὦ γεραιά, χαῖρε καὶ μέμνησό μοι
ὃ πρῶτον εἶπας, ἡνίκ' ἠρχόμην λόγου,
ἐλευθερώσειν μ' · ἐν δὲ τοῖς τοιοῖσδε χρὴ   890
ἀψευδὲς εἶναι τοῖσι γενναίοις στόμα.

Χο ἐμοὶ χορὸς μὲν ἡδύς, εἰ λίγεια λω-   ia⁶   στρ
τοῦ χάρις †ενι δαι†
εἴη δ' εὔχαρις Ἀφροδί-   gl
τα · τερπνὸν δέ τι καὶ φίλων ἄρ'   gl–   895
εὐτυχίαν ἰδέσθαι   ch ba
τῶν πάρος οὐ δοκούντων.   ch ba
πολλὰ γὰρ   cr
τίκτει Μοῖρα τελεσσιδώ-   gl
τειρ' Αἰών τε Χρόνου παῖς.   gl⌃   900

ἔχεις ὁδόν τιν', ὦ πόλις, δίκαιον – οὐ   ἀντ.
χρή ποτε τοῦδ' ἀφέσθαι –   ch ba
τιμᾶν θεούς · ὁ δὲ μή σε φά-
σκων ἐγγὺς μανιῶν ἐλαύνει,

Nicht grausam strafen, wie er es verdient?
Die Für dich geschahs, daß ihn dein Auge sieht,
Im Leben noch, als Sklaven deiner Hand.
Er folgte nicht von selbst, mit hartem Zwang
Hat man ihn eingespannt. Er wollte nicht
Sein Strafgericht aus deiner eignen Hand. –
Leb wohl, o Greisin, und vergiß es nicht,
Was du versprachst, als ich mein Wort begann:
Die Freiheit. Gehts um solche Dinge, muß
Des Edlen Mund die reine Wahrheit sein!

VIERTES STANDLIED

Chor

Strophe

Wie süß ist des Reigens Pfad,
Wenn hell der Flöte
Liebliche Stimme erklingt
Und Aphrodite lockt!
Wie schön auch, der Freunde
Glückstag zu schauen
Nach aller Verzweiflung,
Denn vieles gebiert
Moira, die Göttin
Aller Erfüllung,
Von Aión, dem Sohn der Zeit.

Gegenstrophe

Du ziehst den gerechten Weg,
Du Stadt der Väter,
Trenne dich niemals von ihm.
Du ehrst die Götter. Nur
Der Wahnsinn bezweifelt

δεικνυμένων ἐλέγχων   905
τῶνδ᾿ · ἐπίσημα γάρ τοι
θεὸς παραγ-
γέλλει, τῶν ἀδίκων παραι-
ρῶν φρονήματος αἰεί.

ἔστιν ἐν οὐρανῷ βεβα-   ch ia²   στρ.
κὼς τεὸς γόνος, ὦ γεραι-   gl   911
ά · φεύγει λόγον ὡς τὸν ᾿Αι-   gl
δα δόμον κατέβα, πυρὸς   gl
δεινᾷ φλογὶ σῶμα δαισθείς ·   ‿gl‑
᾿Ήβας τ᾿ ἐρατὸν χροΐζει   ‿gl‑   915
λέχος χρυσέαν κατ᾿ αὐλάν.   ‿gl‑
ὦ ῾Υμέναιε, δισσοὺς   ch ba
παῖδας Διὸς ἠξίωσας.   ‿gl‑

συμφέρεται τὰ πολλὰ πολ-   ἀντ.
λοῖς · καὶ γὰρ πατρὶ τῶνδ᾿ ᾿Αθά-   920
ναν λέγουσ᾿ ἐπίκουρον εἶ-
ναι, καὶ τούσδε θεᾶς πόλις
καὶ λαὸς ἔσωσε κείνας ·
ἔσχεν δ᾿ ὕβριν ἀνδρὸς ᾧ θυ-
μὸς ἦν πρὸ δίκας βίαιος.   925
μήποτ᾿ ἐμοὶ φρόνημα
ψυχά τ᾿ ἀκόρεστος εἴη.

Θε   δέσποιν᾿, ὁρᾷς μέν, ἀλλ᾿ ὅμως εἰρήσεται,
      Εὐρυσθέα σοι τόνδ᾿ ἄγοντες ἥκομεν,
      ἄελπτον ὄψιν, τῷδέ τ᾿ οὐχ ἧσσον τύχην ·   930

Klare Beweise,
Denn allen vernehmlich
Verkündets der Gott:
Immer berauben
Strafende Götter
Frevelmut des klaren Sinns.

Zweite Strophe

Fuhr er nicht auf in den Himmel,
Dein Sproß, ehrwürdige Frau,
Straft Lügen das Wort, daß er damals,
Als feurige Flamme verzehrte den Leib,
Zum Hades hinabstieg?
Der Hebe hochseliges Lager bestieg er
In goldner Halle.
O Hymenaios,
Zweien Kindern des Zeus
Ertönte dein Lied!

Gegenstrophe

Vieles begegnet mit Vielem:
Dem Vater dieser Schar
Half immer, so sagt man, Athena;
Die Kinder hat wieder die Stadt und das Volk
Der Göttin gerettet,
Sie brachte den Frechen zum Schweigen, der Willkür
Dem Rechten vorzog.
Bleibet mir ferne,
Unersättlicher Sinn,
Unstillbare Gier!

SCHLUSSZENE

Die   Herrin, ich sage, was du selber siehst,
      Eurystheus steht vor dir. Der Anblick ist
      Dir unverhofft wie ihm sein Mißgeschick.

οὐ γάρ ποτ' ηὔχει χεῖρας ἵξεσθαι σέθεν,
ὅτ' ἐκ Μυκηνῶν πολυπόνῳ σὺν ἀσπίδι
ἔστειχε μείζω τῆς δίκης φρονῶν, πόλιν
πέρσων 'Αθηνᾶς. ἀλλὰ τὴν ἐναντίαν
δαίμων ἔθηκε, καὶ μετέστησεν τύχην.   935
Ὕλλος μὲν οὖν ὅ τ' ἐσθλὸς 'Ιόλεως βρέτας
Διὸς τροπαίου καλλίνικον ἵστασαν·
ἐμοὶ δὲ πρὸς σὲ τόνδ' ἐπιστέλλουσ' ἄγειν,
τέρψαι θέλοντες σὴν φρέν'· ἐκ γὰρ εὐτυχοῦς
ἥδιστον ἐχθρὸν ἄνδρα δυστυχοῦνθ' ὁρᾶν.   940
Αλ ὦ μῖσος, ἥκεις; εἷλέ σ' ἡ Δίκη χρόνῳ;
πρῶτον μὲν οὖν μοι δεῦρ' ἐπίστρεψον κάρα
καὶ τλῆθι τοὺς σοὺς προσβλέπειν ἐναντίον
ἐχθρούς· κρατῇ γὰρ νῦν γε κοὐ κρατεῖς ἔτι.
ἐκεῖνος εἶ σύ – βούλομαι γὰρ εἰδέναι –   945
ὃς πολλὰ μὲν τὸν ὄνθ' ὅπου 'στὶ νῦν ἐμὸν
παῖδ' ἠξίωσας, ὦ πανοῦργ', ἐφυβρίσαι;
τί γὰρ σὺ κεῖνον οὐκ ἔτλης καθυβρίσαι;
ὃς καὶ παρ' Ἀιδην ζῶντά νιν κατήγαγες,
ὕδρας λέοντάς τ' ἐξαπολλύναι λέγων   950
ἔπεμπες. ἄλλα δ' οἷ' ἐμηχανῶ κακὰ
σιγῶ· μακρὸς γὰρ μῦθος ἂν γένοιτό μοι.
κοὐκ ἤρκεσέν σοι ταῦτα τολμῆσαι μόνον,
ἀλλ' ἐξ ἁπάσης κἀμὲ καὶ τέκν' 'Ελλάδος
ἤλαυνες ἱκέτας δαιμόνων καθημένους,   955
τοὺς μὲν γέροντας, τοὺς δὲ νηπίους ἔτι.
ἀλλ' ηὗρες ἄνδρας καὶ πόλισμ' ἐλεύθερον,
οἵ σ' οὐκ ἔδεισαν. δεῖ σε κατθανεῖν κακῶς,
καὶ κερδανεῖς ἅπαντα· χρῆν γὰρ οὐχ ἅπαξ
θνῄσκειν σὲ πολλὰ πήματ' ἐξειργασμένον.   960
Χο οὐκ ἔστ' ἄνυστον τόνδε σοι κατακτανεῖν.
Θε ἄλλως ἄρ' αὐτὸν αἰχμάλωτον εἵλομεν;
Αλ εἴργει δὲ δὴ τίς τόνδε μὴ θνῄσκειν νόμος;
Χο τοῖς τῆσδε χώρας προστάταισιν οὐ δοκεῖ.
Αλ τί δὴ τόδ'; ἐχθροὺς τοισίδ' οὐ καλὸν κτανεῖν;   965
Χο οὐχ ὅντιν' ἄν γε ζῶνθ' ἕλωσιν ἐν μάχῃ.

Nie, dacht er, fiele er in deine Hand,
Als er bewaffnet aus Mykenä zog
Und höchsten Frevel plante: Untergang
Athens. Doch hat ein Gott das Gegenteil
Verhängt und seine Hoffnung ausgelöscht.
Hyllos und Iolaos stellten Zeus,
Dem Siegergott, ein stolzes Standbild auf.
Mich schicken sie mit diesem Mann voraus
Zu deiner Freude. Wer den Feind vom Glück
Ins Unglück stürzen sieht, dem lacht das Herz.

Al O Scheusal, spät hat Dike dich geschickt!
Vor allem dreh dein Haupt herum und schau
Den Feinden keck ins Antlitz: Herrscher warst
Du gestern, heute aber sind es wir.
Bist du der Schurke – danach frag ich dich –
Der meinen Sohn (er sei jetzt, wo er will)
Mit Hohn beehrte und Erniedrigung?
Mit welcher Arbeit hast du ihn verschont?
Du schicktest lebend ihn ins Totenreich,
Auf Drachentötung und auf Löwenjagd.
Von andrem schweig ich, das du ausgedacht,
Gefahren warens über jede Zahl.
Und alles das hat dir noch nicht genügt.
Du triebst mich und die Kinder, Alt und Jung,
Aus allen Heiligtümern Griechenlands,
Zu denen wir die Hände ausgestreckt.
Doch fandst du Männer und ein freies Land,
Die dich nicht fürchten. Elend stirbst du jetzt,
Mit großem Vorteil: nicht nur e i n e n Tod
Hast du mit vielen Taten lang verdient.

Chf Den Mann zu töten, ist dir nicht erlaubt!
Die So fiel er ganz umsonst in unsre Hand?
Al Gibts ein Gesetz, das solchen Tod versagt?
Chf Die Fürsten dieses Landes tun es nicht.
Al Ist Tötung eines Feinds ein schlechter Brauch?
Chf Gefangne Krieger schlachtet man nicht ab.

Αλ καὶ ταῦτα δόξανθ' "Υλλος ἐξηνέσχετο;
Χο χρῆν δ' αὐτόν, οἶμαι, τῆδ' ἀπιστῆσαι χθονί;
Αλ χρῆν τόνδε μὴ ζῆν μηδ' ἔτ' εἰσορᾶν φάος.
Χο τότ' ἠδικήθη πρῶτον οὐ θανὼν ὅδε.   970
Αλ οὐκ οὖν ἔτ' ἐστὶν ἐν καλῷ δοῦναι δίκην;
Χο οὐκ ἔστι τοῦτον ὅστις ἂν κατακτάνοι.
Αλ ἔγωγε · καίτοι φημὶ κἄμ' εἶναί τινα.
Χο πολλὴν ἄρ' ἕξεις μέμψιν, εἰ δράσεις τόδε.
Αλ φιλῶ πόλιν τήνδ' · οὐδὲν ἀντιλεκτέον.   975
   τοῦτον δ', ἐπείπερ χεῖρας ἦλθεν εἰς ἐμάς,
   οὐκ ἔστι θνητῶν ὅστις ἐξαιρήσεται.
   πρὸς ταῦτα τὴν θρασεῖαν ὅστις ἂν θέλῃ
   καὶ τὴν φρονοῦσαν μεῖζον ἢ γυναῖκα χρὴ
   λέξει · τὸ δ' ἔργον τοῦτ' ἐμοὶ πεπράξεται.   980
Χο δεινόν τι καὶ συγγνωστόν, ὦ γύναι, σ' ἔχει
   νεῖκος πρὸς ἄνδρα τόνδε, γιγνώσκω καλῶς.

Εὐρυσθεύς

   γύναι, σάφ' ἴσθι μή με θωπεύσοντά σε,
   μηδ' ἄλλο μηδὲν τῆς ἐμῆς ψυχῆς πέρι
   λέξονθ' ὅθεν χρὴ δειλίαν ὀφλεῖν τινα.   985
   ἐγὼ δὲ νεῖκος οὐχ ἑκὼν τόδ' ἠράμην ·
   ἤδη γε σοὶ μὲν αὐτανέψιος γεγώς,
   τῷ σῷ δὲ παιδὶ συγγενὴς 'Ηρακλέει.
   ἀλλ' εἴτ' ἔχρηζον εἴτε μή — θεὸς γὰρ ἦν —
   "Ηρα με κάμνειν τήνδ' ἔθηκε τὴν νόσον.   990
   ἐπεὶ δ' ἐκείνῳ δυσμένειαν ἠράμην
   κἄγνων ἀγῶνα τόνδ' ἀγωνιούμενος,
   πολλῶν σοφιστὴς πημάτων ἐγιγνόμην
   καὶ πόλλ' ἔτικτον νυκτὶ συνθακῶν ἀεί,
   ὅπως διώσας καὶ κατακτείνας ἐμοὺς   995
   ἐχθροὺς τὸ λοιπὸν μὴ συνοικοίην φόβῳ,
   εἰδὼς μὲν οὐκ ἀριθμὸν ἀλλ' ἐτητύμως
   ἄνδρ' ὄντα τὸν σὸν παῖδα · καὶ γὰρ ἐχθρὸς ὢν
   ἀκούσεται γοῦν ἐσθλὰ χρηστὸς ὢν ἀνήρ.

Al   Und Hyllos hat sich diesem Brauch gefügt?
Chf Durft er verachten, was man hier befiehlt?
Al   Er mußte sterben, scheiden von dem Licht!
Chf Sein Fehler war: er fiel nicht in der Schlacht.
Al   Und holt man diesen Fehler nicht mehr auf?
Chf Hier ist nicht einer, der ihn töten will.
Al   Ich bin wohl einer, und ein Würdiger.
Chf Es wird dir schwer verdacht, wenn du es tust.
Al   Ich liebe diese Stadt und füge mich.
     Doch fiel er nun einmal in meine Hand,
     Gibts keinen Menschen, der ihn mir entreißt.
     Wer will, der schelte meinen Übermut,
     Der alles Maß der Frauen übersteigt,
     Doch wird das Werk von meiner Hand vollbracht.
Chf Entsetzlich, doch verzeihlich, hohe Frau,
     Ist dieser Haß, mit dem du ihn verfolgst.

Eurystheus

Erwarte, Frau, hier keine Schmeichelei
Noch irgend Worte, die dem feigen Mann
Geziemen, der noch um sein Leben bangt.
Der alte Streit liegt nicht in meiner Schuld.
Ich wußte mich als dein Geschwisterkind,
Als Vetter deines Sohnes Herakles.
Hera, ein Gott, hat diesen Wahn in mich
Gepflanzt, ich mochte wollen oder nicht.
Als ich dann diese Feindschaft auf mich nahm
Und wußte, welcher Kampf zu kämpfen war,
Da dacht ich viele schwere Mühen aus
Und saß die Nacht und fand noch andere
Für meiner Feinde Tod und Untergang
Und für ein Leben ohne jede Furcht.
Ich weiß nicht, wieviel andere dein Sohn
Aufwog, nur dies: er war ein ganzer Mann;
Ich muß es sagen, ob er auch mein Feind.

κείνου δ' ἀπαλλαχθέντος οὐκ ἐχρῆν μ' ἄρα   1000
μισούμενον πρὸς τῶνδε καὶ ξυνειδότα
ἔχθραν πατρῴαν, πάντα κινῆσαι πέτρον,
κτείνοντα κἀκβάλλοντα καὶ τεχνώμενον;
τοιαῦτα δρῶντι τἄμ' ἐγίγνετ' ἀσφαλῆ,
οὔκουν σύ γ' ἀναλαβοῦσα τὰς ἐμὰς τύχας   1005
ἐχθροῦ λέοντος δυσγενῆ βλαστήματα
ἤλαυνες ἂν κακοῖσιν, ἀλλὰ σωφρόνως
εἴασας οἰκεῖν Ἄργος; οὔτιν' ἂν πίθοις.
νῦν οὖν ἐπειδή μ' οὐ διώλεσαν τότε
πρόθυμον ὄντα, τοῖσιν Ἑλλήνων νόμοις   1010
οὐχ ἁγνός εἰμι τῷ κτανόντι κατθανών·
πόλις τ' ἀφῆκε σωφρονοῦσα, τὸν θεὸν
μεῖζον τίουσα τῆς ἐμῆς ἔχθρας πολύ.
προσεῖπας, ἀντήκουσας· ἐντεῦθεν δὲ χρὴ
τὸν προστρόπαιον τόν τε γενναῖον καλεῖν.   1015
οὕτω γε μέντοι τἄμ' ἔχεις· θανεῖν μὲν οὐ
χρήζω, λιπὼν δ' ἂν οὐδὲν ἀχθοίμην βίον.
Χο παραινέσαι σοι σμικρόν, Ἀλκμήνη, θέλω,
τὸν ἄνδρ' ἀφεῖναι τόνδ', ἐπεὶ δοκεῖ πόλει.
Αλ τί δ', ἢν θάνῃ τε καὶ πόλει πιθώμεθα;   1020
Χο τὰ λῷστ' ἂν εἴη· πῶς τάδ' οὖν γενήσεται;
Αλ ἐγὼ διδάξω ῥᾳδίως· κτανοῦσα γὰρ
τόνδ' εἶτα νεκρὸν τοῖς μετελθοῦσιν φίλων
δώσω· τὸ γὰρ σῶμ' οὐκ ἀπιστήσω χθονί,
οὗτος δὲ δώσει τὴν δίκην θανὼν ἐμοί.   1025
Ευ κτεῖν', οὐ παραιτοῦμαί σε· τήνδε δὲ πτόλιν,
ἐπεί μ' ἀφῆκε καὶ κατῃδέσθη κτανεῖν,
χρησμῷ παλαιῷ Λοξίου δωρήσομαι,
ὃς ὠφελήσει μεῖζον ἢ δοκεῖν χρόνῳ.
θανόντα γάρ με θάψεθ' οὗ τὸ μόρσιμον,   1030
δίας πάροιθε παρθένου Παλληνίδος·
καὶ σοὶ μὲν εὔνους καὶ πόλει σωτήριος
μέτοικος αἰεὶ κείσομαι κατὰ χθονός,
τοῖς τῶνδε δ' ἐκγόνοισι πολεμιώτατος,
ὅταν μόλωσι δεῦρο σὺν πολλῇ χερὶ   1035

Als ich ihn los war und mich diese hier,
Ich sah es, mit des Vaters altem Haß
Verfolgten, mußt ich da nicht jeden Stein
Bewegen, Bann und Mord und jede List?
So tat ich und gewann mir Sicherheit.
O hättest du, wenns dir wie mir erging,
Die üble Brut des grimmen Löwen nicht
Mit allem heimgesucht? Sie zahmen Sinns
Zuhaus belassen? Keiner glaubt dir das.
Nun da ich draußen nicht gefallen bin,
Obwohl bereit, bin ich nach Griechenrecht
Kein reines Opfer für die Mörderhand.
Die Stadt war weise, gab mich frei und war
Des Gottes mehr als ihres Feinds gedenk.
Du frugst, ich sprach. Danach benenne mich
Als schuldbeladnen, als gerechten Mann.
So stehts mit mir: den Tod begehr ich nicht,
Dem Leben wein ich keine Träne nach.

Chf Darf ich, Alkmene, dich beraten? Laß
Den Mann hier ziehen, wie die Stadt es will.

Al Wie, wenn er stirbt und ihr der Stadt gehorcht?

Chf Das wär das Beste, aber wie geschiehts?

Al Nichts leichter! Wenn ich ihn getötet, geb
Ich denen, die ihn fordern, seinen Leib.
Den Leichnam gönn ich gern dem Erdenschoß,
Er selber aber zahlt mit seinem Tod.

Eu Schlag zu, ich bettle nicht. Doch dieser Stadt,
Die mir die Freiheit und das Leben gab,
Schenk ich Apollons alten Seherspruch,
Der einst ihr helfen wird, mehr als sie glaubt.
Begrabt mich, wo mein Unglückslos mich traf,
Vor eurer hohen Göttin Pallas Tor.
Da lieg ich, euer Freund und euer Gast,
In eurer Erde, Helfer eurer Stadt,
Den Kindern dieser Kinder schlimmster Feind,
Wenn sie bewaffnet ziehen gegen euch,

χάριν προδόντες τήνδε. τοιούτων ξένων
προύστητε. πῶς οὖν ταῦτ' ἐγὼ πεπυσμένος
δεῦρ' ἦλθον, ἀλλ' οὐ χρησμὸν ἠ3όμην θεοῦ;
"Ηραν νομί3ων θεσφάτων κρείσσω πολὺ
κοὐκ ἂν προδοῦναί μ'. ἀλλὰ μήτε μοι χοὰς   1040
μήθ' αἷμ' ἐάσῃς εἰς ἐμὸν στάξαι τόπον.
κακὸν γὰρ αὐτοῖς νόστον ἀντὶ τῶνδ' ἐγὼ
δώσω · διπλοῦν δὲ κέρδος ἕξετ' ἐξ ἐμοῦ,
ὑμᾶς τ' ὀνήσω τούσδε τε βλάψω θανών.

Αλ τί δῆτα μέλλετ', εἰ πόλει σωτηρίαν   1045
κατεργάσασθαι τοῖσί τ' ἐξ ἡμῶν χρεών,
κτείνειν τὸν ἄνδρα τόνδ', ἀκούοντες τάδε;
δείκνυσι γὰρ κέλευθον ἀσφαλεστάτην ·
ἐχθρὸς μὲν ἀνήρ, ὠφελεῖ δὲ κατθανών.
κομί3ετ' αὐτόν, δμῶες · εἶτα χρὴ κυσὶν   1050
δοῦναι κτανόντας · μὴ γὰρ ἐλπίσῃς ὅπως
αὖθις πατρῴας 3ῶν ἔμ' ἐκβαλεῖς χθονός.

Χο ταῦτὰ δοκεῖ μοι. στείχετ', ὀπαδοί.   an⁴
τὰ γὰρ ἐξ ἡμῶν
καθαρῶς ἔσται βασιλεῦσιν.   1055

Des Danks vergessend. Solche habt ihr hier
Beherbergt! Warum wußt ich das und kam
Hieher und fragte nichts nach diesem Spruch?
Ich traute Hera größre Kräfte zu
Und treue Hilfe. Spendet auf mein Grab
Nicht Weihegüsse und kein Opferblut!
Mit schlimmer Heimkehr will ich ihnen dann
Vergelten, euch mit doppeltem Gewinn:
Mein Tod ist euer Segen, ihr Verlust.

Al *an den Chor*
Was säumt ihr noch, den Mann zu töten, wenn
Ihr hört, wie reich sein Sterben euch beschenkt
Und noch den Enkeln seine Hilfe bringt?
Er zeigt euch selbst den Weg der Sicherheit:
Im Leben Feind – im Tode bester Freund.
Hinaus mit ihm, ihr Knechte! Werft den Leib
Des Toten vor die Hunde! Hoffe nicht,
Daß du mich nochmals aus der Heimat jagst!

Chor

Abzugslied

Nie soll dies geschehn. Kommt, Freunde, hinweg!
Was an uns noch liegt,
Soll nie unsre Herrscher beflecken!

HEKABE

ΕΚΑΒΗ

Τὰ τοῦ δράματος πρόσωπα

Πολυδώρου εἴδωλον · Ἑκάβη · Χορός · Πολυξένη
Ὀδυσσεύς · Ταλθύβιος · Θεράπαινα · Ἀγαμέμνων
Πολυμήστωρ · (Παῖδες)

Πολυδώρου εἴδωλον

Ἥκω νεκρῶν κευθμῶνα καὶ σκότου πύλας
λιπών, ἵν' Ἅιδης χωρὶς ᾤκισται θεῶν,
Πολύδωρος, Ἑκάβης παῖς γεγὼς τῆς Κισσέως
Πριάμου τε πατρός, ὅ‧ μ', ἐπεὶ Φρυγῶν πόλιν
κίνδυνος ἔσχε δορὶ πεσεῖν Ἑλληνικῷ,   5
δείσας ὑπεξέπεμψε Τρωικῆς χθονὸς
Πολυμήστορος πρὸς δῶμα Θρηκίου ξένου,
ὃς τήνδ' ἀρίστην Χερσονησίαν πλάκα
σπείρει, φίλιππον λαὸν εὐθύνων δορί.
πολὺν δὲ σὺν ἐμοὶ χρυσὸν ἐκπέμπει λάθρᾳ   10
πατήρ, ἵν', εἴ ποτ' Ἰλίου τείχη πέσοι,
τοῖς ζῶσιν εἴη παισὶ μὴ σπάνις βίου.
νεώτατος δ' ἦ Πριαμιδῶν, ὃ καί με γῆς
ὑπεξέπεμψεν· οὔτε γὰρ φέρειν ὅπλα
οὔτ' ἔγχος οἷός τ' ἦ νέῳ βραχίονι.   15

HEKABE

VORSZENE

Polydoros *als Geist*

Vom Ort der Toten komm ich, aus dem Tor
Der Nacht, wo Hades fern den Göttern thront;
Bin Polydoros, Sohn der Hekabe,
Sohn auch des Priamos, der seine Stadt
Vom Griechenspeer bedroht sah und geheim
Mich Polymestor sandte, seinem Freund
In Thrakien, reichstem Herrn der Chérsonés,
Speerführer eines rossefrohen Volks.

Auch gab er heimlich mir viel Goldes mit,
Daß, wer von seinen Kindern Trojas Fall
Noch überlebte, keinen Mangel säh.
Ich war sein Jüngster, darum ward ich so
Geheim geborgen, und mein Arm war auch
Zu schwach zum Waffendienst und Lanzenstoß.

ἕως μὲν οὖν γῆς ὄρθ' ἔκειθ' ὁρίσματα
πύργοι τ' ἄθραυστοι Τρωικῆς ἦσαν χθονός,
Ἕκτωρ τ' ἀδελφὸς οὑμὸς εὐτύχει δορί,
καλῶς παρ' ἀνδρὶ Θρηκὶ πατρῴῳ ξένῳ
τροφαῖσιν ὥς τις πτόρθος ηὐξόμην, τάλας ·   20
ἐπεὶ δὲ Τροία θ' Ἕκτορός τ' ἀπόλλυται
ψυχή, πατρῷα θ' ἑστία κατεσκάφη,
αὐτὸς δὲ βωμῷ πρὸς θεοδμήτῳ πίτνει
σφαγεὶς Ἀχιλλέως παιδὸς ἐκ μιαιφόνου,
κτείνει με χρυσοῦ τὸν ταλαίπωρον χάριν   25
ξένος πατρῷος καὶ κτανὼν ἐς οἶδμ' ἁλὸς
μεθῆχ', ἵν' αὐτὸς χρυσὸν ἐν δόμοις ἔχῃ.
κεῖμαι δ' ἐπ' ἀκταῖς, ἄλλοτ' ἐν πόντου σάλῳ,
πολλοῖς διαύλοις κυμάτων φορούμενος,
ἄκλαυτος ἄταφος · νῦν δ' ὑπὲρ μητρὸς φίλης   30
Ἑκάβης ἀίσσω, σῶμ' ἐρημώσας ἐμόν,
τριταῖον ἤδη φέγγος αἰωρούμενος,
ὅσονπερ ἐν γῇ τῇδε Χερσονησίᾳ
μήτηρ ἐμὴ δύστηνος ἐκ Τροίας πάρα.
πάντες δ' Ἀχαιοὶ ναῦς ἔχοντες ἥσυχοι   35
θάσσουσ' ἐπ' ἀκταῖς τῆσδε Θρηκίας χθονός ·
ὁ Πηλέως γὰρ παῖς ὑπὲρ τύμβου φανεὶς
κατέσχ' Ἀχιλλεὺς πᾶν στράτευμ' Ἑλληνικόν,
πρὸς οἶκον εὐθύνοντας ἐναλίαν πλάτην ·
αἰτεῖ δ' ἀδελφὴν τὴν ἐμὴν Πολυξένην   40
τύμβῳ φίλον πρόσφαγμα καὶ γέρας λαβεῖν.
καὶ τεύξεται τοῦδ', οὐδ' ἀδώρητος φίλων
ἔσται πρὸς ἀνδρῶν · ἡ πεπρωμένη δ' ἄγει
θανεῖν ἀδελφὴν τῷδ' ἐμὴν ἐν ἤματι.
δυοῖν δὲ παίδοιν δύο νεκρὼ κατόψεται   45
μήτηρ, ἐμοῦ τε τῆς τε δυστήνου κόρης.
φανήσομαι γάρ, ὡς τάφου τλήμων τύχω,
δούλης ποδῶν πάροιθεν ἐν κλυδωνίῳ.
τοὺς γὰρ κάτω σθένοντας ἐξῃτησάμην
τύμβου κυρῆσαι κἀς χέρας μητρὸς πεσεῖν.   50
τοὐμὸν μὲν οὖν ὅσονπερ ἤθελον τυχεῖν

Solang nun unsre Grenze unversehrt
Und unsre Feste unerschüttert stand
Dank meines Bruders Hektor starkem Speer,
Ward ich bei meines Vaters Thrakerfreund
Ganz wie ein zarter Sproß gehegt, genährt.
Dann aber, als die Stadt samt Hektor fiel,
Des Vaters Herd dahinsank und ihn selbst
An des Altares gottgefügtem Bau
Die Mordhand des Achilleussohnes traf,
Erschlug der Gastfreund um den reichen Schatz
Mich Ärmsten, übergab den Leib dem Meer
Und wurde Herr des mir geraubten Golds.
Ich liege, wie der Wellen Doppelsturz
Mich rollt, im Sand, im Gischt, ganz ohne Grab
Und Klage. Nun entfloh ich meinem Leib
Und flattre um die Mutter Hekabe,
Drei Tage schon, seit in die Chersones
Von Troja jammernd sie herüberkam.

Die Griechen alle sitzen hier am Strand
Der Thraker, und verschieben ihre Fahrt,
Weil Peleus' Sohn Achill auf seinem Grab
Erschien, der Griechenflotte, die den Kiel
Schon heimwärts wandte, jähen Halt gebot
Und meiner Schwester Polyxéne Blut
Als Opfertrank des Grabes forderte.
Das wird ihm werden, niemals weigern ihm
Die Freunde diesen Lohn, ihr Schicksal selbst
Schickt heute meine Schwester in den Tod.
Zwei Leichen zweier Kinder, meine und
Des armen Mädchens wird die Mutter schaun.
Denn meines Grabes harrend zeig ich mich
Im Gischt des Strands vor einer Sklavin Fuß;
Die untren Götter hab ich angefleht,
Daß meine eigne Mutter mich begräbt,
Und dieser letzte Wunsch wird mir gewährt. –

ἔσται · γεραιᾷ δ' ἐκποδὼν χωρήσομαι
Ἑκάβη · περᾷ γὰρ ἥδ' ὑπὸ σκηνῆς πόδα
Ἀγαμέμνονος, φάντασμα δειμαίνουσ' ἐμόν.
φεῦ ·
ὦ μῆτερ ἥτις ἐκ τυραννικῶν δόμων   55
δούλειον ἦμαρ εἶδες, ὡς πράσσεις κακῶς
ὅσονπερ εὖ ποτ' · ἀντισηκώσας δέ σε
φθείρει θεῶν τις τῆς πάροιθ' εὐπραξίας.

                        Ἑκάβη

ἄγετ', ὦ παῖδες, τὴν γραῦν πρὸ δόμων,   an⁴
ἄγετ' ὀρθοῦσαι τὴν ὁμόδουλον,   60
Τρῳάδες, ὑμῖν, πρόσθε δ' ἄνασσαν ·
λάβετε φέρετε πέμπετ' ἀείρετέ μου
γεραιᾶς χειρὸς προσλαζύμεναι ·

κἀγὼ σκολιῷ σκίπωνι χερὸς   65
διερειδομένα σπεύσω βραδύπουν
ἤλυσιν ἄρθρων προτιθεῖσα.
ὦ στεροπὰ Διός, ὦ σκοτία νύξ,
τί ποτ' αἴρομαι ἔννυχος οὕτω
δείμασι, φάσμασιν;   70

                ὦ πότνια Χθών,
μελανοπτερύγων μῆτερ ὀνείρων,
ἀποπέμπομαι ἔννυχον ὄψιν,
ἣν περὶ παιδὸς ἐμοῦ τοῦ σῳζομένου κατὰ Θρῄκην da⁶
ἀμφὶ Πολυξείνης τε φίλης θυγατρὸς   da⁴-   75
φοβερὰν ἐδάην.   an²
ὦ χθόνιοι θεοί, σώσατε παῖδ' ἐμόν,   an⁴
ὃς μόνος οἴκων ἄγκυρ' ἔτ' ἐμῶν   80
τὴν χιονώδη Θρῄκην κατέχει
ξείνου πατρίου φυλακαῖσιν.

Die alte Hékabe tritt aus dem Zelt
Des Agamemnon, aufgescheucht vom Bild
Des toten Sohns. Ich geh ihr aus dem Weg.

O wehe, Mutter, aus dem Herrscherschloß
In Sklavenlos gestürzt, aus höchstem Glück
Ins tiefste Elend! Grausam wiegt ein Gott
Dir alle deine stolzen Tage auf!

ab

Hekabe

Führt, ihr Mädchen, die Alte vors Zelt,
Stützt sie, trojanische Frauen,
Die Magd euresgleichen,
Die Fürstin von gestern!
Faßt mich, tragt mich,
Stützt mich, führt mich,
Helft dem gebrechlichen Arm!
Die Hand auf gebogenem Stock,
Befeur ich den schleppenden Schritt
Der müden Gebeine.
O Schreckstrahl des Zeus in der finsteren Nacht!
Was riß mich vom Lager empor?
Gespenster! Entsetzen!
Ehrwürdige Erde, du Mutter
Der schwärzlich gefiederten Träume,
Ich weise sie fort, diese Bilder der Nacht
Vom Sohn, den wir bargen im thrakischen Land,
Von der liebsten der Töchter, Polýxene, –
Furchtbares erfuhr ich.
Ihr unteren Götter, o laßt mir den Sohn,
Den einzigen Sohn,
Den Anker des Hauses,
Den im Schneeland der Thraker
Der Freund des Vaters behütet!

ἔσται τι νέον·
ἥξει τι μέλος γοερὸν γοεραῖς.
οὔποτ' ἐμὰ φρὴν ὧδ' ἀλίαστος   85
φρίσσει, ταρβεῖ.
ποῦ ποτε θείαν Ἑλένου ψυχὰν
καὶ Κασάνδραν ἐσίδω, Τρωάδες,
ὥς μοι κρίνωσιν ὀνείρους;
εἶδον γὰρ βαλιὰν ἔλαφον λύκου αἵμονι χαλᾷ   daˢ 90
σφαζομέναν, ἀπ' ἐμῶν γονάτων σπασθεῖσαν ἀνοίκτως.
καὶ τόδε δεῖμά μοι· ἦλθ' ὑπὲρ ἄκρας   anˢ
τύμβου κορυφᾶς
φάντασμ' Ἀχιλέως· ᾔτει δὲ γέρας
τῶν πολυμόχθων τινὰ Τρωιάδων.   95
ἀπ' ἐμᾶς ἀπ' ἐμᾶς οὖν τόδε παιδὸς
πέμψατε, δαίμονες, ἱκετεύω.

Χορός

Ἑκάβη, σπουδῇ πρός σ' ἐλιάσθην   anˢ
τὰς δεσποσύνους σκηνὰς προλιποῦσ',
ἵν' ἐκληρώθην καὶ προσετάχθην   100
δούλη, πόλεως ἀπελαυνομένη
τῆς Ἰλιάδος, λόγχης αἰχμῇ
δοριθήρατος πρὸς Ἀχαιῶν,
οὐδὲν παθέων ἀποκουφίζουσ',
ἀλλ' ἀγγελίας βάρος ἀραμένη   105
μέγα σοί τε, γύναι, κῆρυξ ἀχέων.
ἐν γὰρ Ἀχαιῶν πλήρει ξυνόδῳ
λέγεται δόξαι σὴν παῖδ' Ἀχιλεῖ
σφάγιον θέσθαι· τύμβου δ' ἐπιβὰς
οἶσθ' ὅτε χρυσέοις ἐφάνη σὺν ὅπλοις,   110

Es steht mir ein Neues bevor,
Ein Klaglied folgt meinem Klaglied nach,
Noch nie hat mein Herz
So unablässig geschaudert, gebangt
Wo find ich des Hélenos göttliche Seele,
Wo find ich Kassandra, ihr troischen Fraun,
Die Träume zu deuten?
Ich sah eine scheckige Hindin, des Wolfes blutige Klaue
Riß sie aus meinem Schoß, hat mitleidlos sie geschlachtet.
Noch ein andres erschreckt mich.
Hoch auf dem Hügel des Grabes erschien
Achilleus' Geist,
Heischte als Gabe
Eine der gramgebeugten troischen Frauen.
Von meinem, ach meinem Kind
Lenkt ferne dies Los,
Ihr himmlischen Geister!
Erhöret mein Flehen!

EINZUGSLIED

Chor

Hekábe, voll Eifer
Schleichen wir her zu dir.
Wir verließen die Zelte der neuen Herrn,
Das Los hat uns ihnen zu Mägden bestimmt,
Treibt uns fort vom heimischen Ilion,
Von den Griechen erbeutet mit Lanzengewalt.
Was wir bringen, lindert die Leiden nicht,
Ist schwerste Last deiner Schultern, o Frau,
Wir kommen als Boten der Schmerzen.
Man sagt, im Rat der Achäer erging
Der Beschluß, dem Achill
Deine Tochter zu opfern. Du weißt, er entstieg
Dem Hügel des Grabs in der goldenen Wehr,

τὰς ποντοπόρους δ' ἔσχε σχεδίας
λαίφη προτόνοις ἐπερειδομένας,
τάδε θωΰσσων ·
Ποῖ δή, Δαναοί, τὸν ἐμὸν τύμβον
στέλλεσθ' ἀγέραστον ἀφέντες;   115
πολλῆς δ' ἔριδος συνέπαισε κλύδων,
δόξα δ' ἐχώρει δίχ' ἀν' Ἑλλήνων
στρατὸν αἰχμητήν, τοῖς μὲν διδόναι
τύμβῳ σφάγιον, τοῖς δ' οὐχὶ δοκοῦν.
ἦν δ' ὁ τὸ μὲν σὸν σπεύδων ἀγαθὸν   120
τῆς μαντιπόλου Βάκχης ἀνέχων
λέκτρ' Ἀγαμέμνων ·
τὼ Θησείδα δ', ὄζω Ἀθηνῶν,
δισσῶν μύθων ῥήτορες ἦσαν ·
γνώμῃ δὲ μιᾷ συνεχωρείτην,   125
τὸν Ἀχίλλειον τύμβον στεφανοῦν
αἵματι χλωρῷ, τὰ δὲ Κασάνδρας
λέκτρ' οὐκ ἐφάτην τῆς Ἀχιλείας
πρόσθεν θήσειν ποτὲ λόγχης.
σπουδαὶ δὲ λόγων κατατεινομένων   130
ἦσαν ἴσαι πως, πρὶν ὁ ποικιλόφρων
κόπις ἡδυλόγος δημοχαριστὴς
Λαερτιάδης πείθει στρατιὰν
μὴ τὸν ἄριστον Δαναῶν πάντων
δούλων σφαγίων εἵνεκ' ἀπωθεῖν,   135
μηδέ τιν' εἰπεῖν παρὰ Φερσεφόνῃ
στάντα φθιμένων
ὡς ἀχάριστοι Δαναοὶ Δαναοῖς
τοῖς οἰχομένοις ὑπὲρ Ἑλλήνων
Τροίας πεδίων ἀπέβησαν.   140
ἥξει δ' Ὀδυσεὺς ὅσον οὐκ ἤδη,
πῶλον ἀφέλξων σῶν ἀπὸ μαστῶν
ἔκ τε γεραιᾶς χερὸς ὁρμήσων.
ἀλλ' ἴθι ναούς, ἴθι πρὸς βωμούς,
ἵζ' Ἀγαμέμνονος ἱκέτις γονάτων,   145
κήρυσσε θεοὺς τούς τ' οὐρανίδας

Bot Einhalt den Schiffen, den Segeln, die schon
Der Fahrwind drängte ans Haltetau,
Und rief mit schallender Stimme:
„Wohin segelt ihr Griechen und habt doch mein Grab
Noch nicht würdig geehrt?"
Da erhob sich gewaltig die Woge des Streits,
Gespaltene Meinung zerteilte das Heer
Ob des blutigen Opfers am Grabe.

Agamemnon, der Bettherr der Seherin,
Deines schwärmenden Kinds, tat alles für dich.
Von den Theseussöhnen, den Sprossen Athens,
Gab jeder die Meinung, doch gleichen Entscheids:
Den Hügel zu ehren mit sprossendem Blut,
Und sie sagten, es stünde Kassandras Bett
Doch nicht höher im Wert als die Lanze Achills.

So stand dann die Waage des Ja und des Nein
Auf Gleich, da bewies der verschlagene Sohn
Des Laërtes, der Gleisner, der Zungenheld,
Spitzfindig dem Heer, man dürfe doch nicht
Eine Sklavin verschonen zum Schaden des Manns,
Der allen voranstand im Griechenheer;
Sonst könnte gar leicht vor Persephones Thron,
Ein Toter des Kriegs uns verklagen bei ihr:
„Diese Griechen, sie brechen von Troja auf
Und vergessen die Griechen, die blieben."

Im Nu steht er selbst, steht Odysseus vor dir,
Entreißt der Stute das Fohlen,
Den Armen der alten Mutter das Kind.
Zu den Tempeln flieh, zu den Stufen des Heils!
Agamemnons Kniee umfasse und fleh
Und rufe die Götter des Himmels an

τούς θ' ὑπὸ γαῖαν.
ἢ γάρ σε λιταὶ διακωλύσουσ'
ὀρφανὸν εἶναι παιδὸς μελέας,
ἢ δεῖ σ' ἐπιδεῖν τύμβου προπετῆ   150
φοινισσομένην αἵματι παρθένον
ἐκ χρυσοφόρου
δειρῆς νασμῷ μελαναυγεῖ.

Εκ οἳ ἐγὼ μελέα, τί ποτ' ἀπύσω;   an⁴   στρ.
     ποίαν ἀχώ, ποῖον ὀδυρμόν,   155
     δειλαία δειλαίου γήρως,
     δουλείας τᾶς οὐ τλατᾶς,
     τᾶς οὐ φερτᾶς; οἴμοι.   an³
     τίς ἀμύνει μοι; ποία γέννα,   an⁴
     ποία δὲ πόλις; φροῦδος πρέσβυς,   160
     φροῦδοι παῖδες.
     ποίαν ἢ ταύταν ἢ κείναν
     στείχω; ποῦ τις θεῶν   do
     ἢ δαίμων ἐπαρωγός;   an³
     ὢ κάκ' ἐνεγκοῦσαι,   do   165
     Τρῳάδες ὢ κάκ' ἐνεγκοῦσαι   an⁴ˏ
     πήματ', ἀπωλέσατ' ὠλέσατ'· οὐκέτι μοι βίος   da⁵
     ἀγαστὸς ἐν φάει.   ia² baˏ
     ὢ τλάμων ἄγησαί μοι πούς,   an⁴
     ἄγησαι τᾷ γηραιᾷ   170
     πρὸς τάνδ' αὐλάν· ὢ τέκνον, ὢ παῖ,
     δυστανοτάτας — ἔξελθ' ἔξελθ'
     οἴκων — ἄιε ματέρος αὐδάν.

     τέκνον ὡς εἰδῇς οἵαν οἵαν   175
     ἄιω φάμαν περὶ σᾶς ψυχᾶς.

Und alle die Geister der Tiefe!
Noch verhüten vielleicht deine Bitten, daß du
Die Tochter verlierst,
Sonst schaust du sie, über den Hügel gekrümmt,
Gerötet vom dunkelflutenden Quell
Aus der goldbebänderten Kehle.

WECHSELGESANG

Strophe

He Ich elendes Weib!
    Was stimm ich noch an?
    Dumpfe Rufe, leises Gewimmer!
    Ein klägliches Weib,
    Kläglichen Alters,
    Untragbar geknechtet,
    Unsagbar gekettet!
    Welches Geschlecht, welche Stadt,
    Hilft mir noch? Tot ist der Alte,
    Tot alle Kinder!
    Welchen Pfad soll ich gehn?
    Den rechten, den linken? Wo find ich
    Noch rettende Geister?
    Ach bösen, ach bösen Bericht
    Habt ihr Frauen verkündet!
    Ihr habt mich vernichtet, vernichtet!
    Nie mehr erfreut mich
    Das Leben im Lichte.
    Schleppe, o schleppe, mein Fuß
    Die Alte zum Zelte!
    Laß doch dein Lager, mein Kind,
    O hör die unseligste Mutter!
    Wisse, was alles geschieht!
    Es wird um dein Leben gespielt!

Πολυξένη

Ιώ·
μᾶτερ μᾶτερ τί βοᾷς; τί νέον
καρύξασ' οἴκων μ' ὥστ' ὄρνιν
θάμβει τῷδ' ἐξέπταξας;
Εκ οἴμοι τέκνον.   180
Πλ τί με δυσφημεῖς; φροίμιά μοι κακά.

Εκ αἰαῖ σᾶς ψυχᾶς.   do
Πλ ἔξαυδα· μὴ κρύψῃς δαρόν.   an⁴
    δειμαίνω δειμαίνω, μᾶτερ,
    τί ποτ' ἀναστένεις.   do   185
Εκ τέκνον τέκνον μελέας ματρός.   an⁴
Πλ τί τόδ' ἀγγέλλεις;
Εκ σφάξαι σ' 'Αργείων κοινὰ
    συντείνει πρὸς τύμβον γνώμα
    Πηλείᾳ γέννᾳ.   do   190

Πλ οἴμοι μᾶτερ, πῶς φθέγγῃ   an⁴⌃
    ἀμέγαρτα κακῶν; μάνυσόν μοι,   an⁴
    μάνυσον, μᾶτερ.   do

Εκ αὐδῶ, παῖ, δυσφήμους φήμας·   an⁴
    ἀγγέλλουσ' 'Αργείων δόξαι   195
    ψήφῳ τᾶς σᾶς περί μοι ψυχᾶς.

Πλ ὦ δεινὰ παθοῦσ', ὦ παντλάμων,   ἀντ.
    ὦ δυστάνου μᾶτερ βιοτᾶς
    οἵαν οἵαν αὖ σοι λώβαν
    ἐχθίσταν ἀρρήταν τ'   an³   200

Polyxene

stürzt aus Hekabes Zelt

Mutter, Mutter, was ist?
Du scheuchst mich mit plötzlichem Lärm aus dem Zelt
Wie den Vogel vom Nest.

He O weh, mein Kind!
Pl Was bringst du für Unheil!
    O schlimmer Beginn!
He Weh um dein Leben!
Pl Sprich und verhehle nicht lang!
    Ich fürchte mich, fürchte mich, Mutter!
    Dein Stöhnen …
He Kind, Kind unseliger Mutter!
Pl Was ist deine Botschaft?
He Dich zu schlachten, erging der Beschluß
    Des Griechenrats,
    Zu schlachten am Grab
    Des Peleussohnes.
Pl O weh mir, Mutter!
    Entsetzlich, entsetzlich!
    Wie kommst du dazu?
    Sag mehr, sag mehr, meine Mutter!
He Ich hörte, mein Kind,
    Worte, unsagbare Worte,
    Kunde, daß das Griechenheer
    Mit dem Stimmstein dein Leben entschied.

Gegenstrophe

Pl Die Schwerstes ertrug,
    Die alles erfuhr,
    O du Mutter kläglichsten Endes!
    O seht, welche Schmach,
    Bittre Beschimpfung
    Unsagbare Feindschaft

ὦρσέν τις δαίμων;   do
οὐκέτι σοι παῖς ἄδ' οὐκέτι δὴ   an⁴
γήρᾳ δειλαίῳ δειλαία
συνδουλεύσω.
σκύμνον γάρ μ' ὥστ' οὐριθρέπταν,   205
μόσχον δειλαία δειλαίαν
εἰσόψῃ, χειρὸς ἀναρπαστὰν
σᾶς ἄπο λαιμότομόν τ' Ἀίδᾳ
γᾶς ὑποπεμπομέναν σκότον, ἔνθα νεκρῶν μέτα   da⁵
τάλαινα κείσομαι.   ia² ba∧   210
καὶ σοῦ μέν, μᾶτερ, δυστάνου   an⁴
κλαίω πανδύρτοις θρήνοις,
τὸν ἐμὸν δὲ βίον λώβαν λύμαν τ'
οὐ μετακλαίομαι, ἀλλὰ θανεῖν μοι
ξυντυχία κρείσσων ἐκύρησεν.   215

Χο καὶ μὴν Ὀδυσσεὺς ἔρχεται σπουδῇ ποδός,
    Ἑκάβη, νέον τι πρὸς σὲ σημανῶν ἔπος.

Ὀδυσσεύς

    γύναι, δοκῶ μέν σ' εἰδέναι γνώμην στρατοῦ
    ψῆφόν τε τὴν κρανθεῖσαν · ἀλλ' ὅμως φράσω.
    ἔδοξ' Ἀχαιοῖς παῖδα σὴν Πολυξένην   220
    σφάξαι πρὸς ὀρθὸν χῶμ' Ἀχιλλείου τάφου.
    ἡμᾶς δὲ πομπούς καὶ κομιστῆρας κόρης
    τάσσουσιν εἶναι · θύματος δ' ἐπιστάτης
    ἱερεύς τ' ἐπέσται τοῦδε παῖς Ἀχιλλέως.
    οἶσθ' οὖν ὃ δρᾶσον; μήτ' ἀποσπασθῇς βίᾳ   225

Verhing dir ein Dämon!
Nicht darf die Tochter fortan
Kläglich der kläglichen Greisin
Sklavenlos teilen!
Wie das Rehlein des Bergs,
Das Kälbchen der Höhlen, so wirst du
Mich Ärmste erblicken:
Sie reißen mich dir aus dem Arm,
Sie durchschneiden die Kehle,
Man schickt mich ins Dunkel des Hades.
Wo unter Toten
Ich Arme mich bette.
Dir nur, o Mutter, vergieß
Ich all meine Tränen,
Doch meiner eigenen Schmach,
Dem Leben in Schmach und in Schande,
Wein ich nicht nach! Dieser Tod,
Er wurde mein bessres Geschick.

ERSTE HAUPTSZENE

Chorführerin

Sieh hier Odysseus, dessen schneller Schritt
Dir neue Botschaft von den Griechen bringt!

Odysseus

Du weißt schon, Hekabe, den Spruch des Heers.
Noch einmal höre, wie der Stimmstein fiel:
Beschlossen ist, dein Kind Polyxene
Zu schlachten an Achilleus' hohem Grab.
Sie dorthin abzuholen, hat man mich
Bestimmt, die Opferhandlung selber lenkt
Mit priesterlicher Hand der Sohn Achills.
Du weißt, was sein muß. Such nicht mit Gewalt

μήτ' ἐς χερῶν ἅμιλλαν ἐξέλθῃς ἐμοί·
γίγνωσκε δ' ἀλκὴν καὶ παρουσίαν κακῶν
τῶν σῶν. σοφόν τοι κἄν κακοῖς ἃ δεῖ φρονεῖν.

Εκ αἰαῖ· παρέστηχ', ὡς ἔοικ', ἀγὼν μέγας,
πλήρης στεναγμῶν οὐδὲ δακρύων κενός.   230
κἄγωγ' ἄρ' οὐκ ἔθνησκον οὗ μ' ἐχρῆν θανεῖν,
οὐδ' ὤλεσέν με Ζεύς, τρέφει δ', ὅπως ὁρῶ
κακῶν κάκ' ἄλλα μείζον' ἡ τάλαιν' ἐγώ.

εἰ δ' ἔστι τοῖς δούλοισι τοὺς ἐλευθέρους
μὴ λυπρὰ μηδὲ καρδίας δηκτήρια   235
ἐξιστορῆσαι, σοὶ μὲν εἰρῆσθαι χρεών,
ἡμᾶς δ' ἀκοῦσαι τοὺς ἐρωτῶντας τάδε.
Οδ ἔξεστ', ἐρώτα· τοῦ χρόνου γὰρ οὐ φθονῶ.
Εκ οἶσθ' ἡνίκ' ἦλθες Ἰλίου κατάσκοπος,
δυσχλαινίᾳ τ' ἄμορφος, ὀμμάτων τ' ἄπο   240
φόνου σταλαγμοὶ σὴν κατέσταζον γένυν;
Οδ οἶδ'· οὐ γὰρ ἄκρας καρδίας ἔψαυσέ μου.
Εκ ἔγνω δέ σ' Ἑλένη καὶ μόνῃ κατεῖπ' ἐμοί;
Οδ μεμνήμεθ' ἐς κίνδυνον ἐλθόντες μέγαν.
Εκ ἥψω δὲ γονάτων τῶν ἐμῶν ταπεινὸς ὤν;   245
Οδ ὥστ' ἐνθανεῖν γε σοῖς πέπλοισι χεῖρ' ἐμήν.
Εκ ἔσωσα δῆτά σ' ἐξέπεμψά τε χθονός;
Οδ ὥστ' εἰσορᾶν γε φέγγος ἡλίου τόδε.
Εκ τί δῆτ' ἔλεξας δοῦλος ὤν ἐμὸς τότε;
Οδ πολλῶν λόγων εὑρήμαθ', ὥστε μὴ θανεῖν.   250
Εκ οὔκουν κακύνῃ τοῖσδε τοῖς βουλεύμασιν,
ὃς ἐξ ἐμοῦ μὲν ἔπαθες οἷα φῂς παθεῖν,
δρᾷς δ' οὐδὲν ἡμᾶς εὖ, κακῶς δ' ὅσον δύνῃ;
ἀχάριστον ὑμῶν σπέρμ', ὅσοι δημηγόρους
ζηλοῦτε τιμάς· μηδὲ γιγνώσκοισθέ μοι,   255
οἳ τοὺς φίλους βλάπτοντες οὐ φροντίζετε,
ἢν τοῖσι πολλοῖς πρὸς χάριν λέγητέ τι.
ἀτὰρ τί δὴ σόφισμα τοῦθ' ἡγούμενοι

Sie zu entreißen, laß die Hand vom Kampf.
Begreife, wo die Macht, die Ohnmacht ist,
Der Kluge tut das Rechte, – auch im Leid.

He *für sich*
O weh, ein harter Kampf steht hier bevor,
An Seufzern reich, an Tränenflut nicht arm!
Ich starb nicht, als es Zeit zum Sterben war.
Zeus wollt es nicht, er hat mich aufgespart
Für neue Leiden und für schwerere!

zu Odysseus

Wenn wir, die Sklaven, dich, den freien Mann,
Nach etwas fragen dürfen, das dich nicht
Verletzt und kränkt, und du gesprochen hast,
So hör uns arme Fragesteller an!

Od Frag immer zu! Die Zeit ist dir gegönnt.
He Du kamst doch einst als Späher in die Stadt,
zerlumpt, entstellt, und aus den Augen rann
Der Tränen Blutstrom über dein Gesicht?
Od Ich weiß es wohl, es schnitt mir tief ins Herz.
He Hélena sah dich und verriet es mir.
Od Noch denk ich an die äußerste Gefahr.
He Und du hast flehentlich mein Knie berührt?
Od Die Hand erstarrte mir an deinem Kleid.
He Ich ließ dich leben, schickte dich davon?
Od So daß ich heute noch am Leben bin.
He Was sprachst du du, als du mein Gefangner warst?
Od Viel schlaue Worte in der Todesangst.
He Macht dich das Heute nicht zum schlechten Mann?
Für meine Guttat, deren du gedacht,
Zahlst du nur Böses, und aus voller Kraft.
Der Schwätzer, der im Rat nach oben schielt –
Und Dank? O hätt ich solche nie gesehn!
Was kümmert euch Verrat an eurem Freund,
Wenn ihr der Menge nach dem Munde sprecht?
Ist dieses eurer Weisheit Meisterstück,

ἐς τήνδε παῖδα ψῆφον ὥρισαν φόνου;
πότερα τὸ χρῆν σφ' ἐπήγαγ' ἀνθρωποσφαγεῖν   260
πρὸς τύμβον, ἔνθα βουθυτεῖν μᾶλλον πρέπει;
ἢ τοὺς κτανόντας ἀνταποκτεῖναι θέλων
ἐς τήνδ' Ἀχιλλεὺς ἐνδίκως τείνει φόνον;
ἀλλ' οὐδὲν αὐτὸν ἥδε γ' εἴργασται κακόν.
Ἑλένην νιν αἰτεῖν χρῆν τάφῳ προσφάγματα·   265
κείνη γὰρ ὤλεσέν νιν ἐς Τροίαν τ' ἄγει.
εἰ δ' αἰχμαλώτων χρή τιν' ἔκκριτον θανεῖν
κάλλει θ' ὑπερφέρουσαν, οὐχ ἡμῶν τόδε·
ἡ Τυνδαρὶς γὰρ εἶδος ἐκπρεπεστάτη,
ἀδικοῦσά θ' ἡμῶν οὐδὲν ἧσσον ηὑρέθη.   270
τῷ μὲν δικαίῳ τόνδ' ἀμιλλῶμαι λόγον·
ἃ δ' ἀντιδοῦναι δεῖ σ' ἀπαιτούσης ἐμοῦ,
ἄκουσον. ἥψω τῆς ἐμῆς, ὡς φής, χερὸς
καὶ τῆσδε γραίας προσπίτνων παρηίδος·
ἀνθάπτομαί σου τῶνδε τῶν αὐτῶν ἐγὼ   275
χάριν τ' ἀπαιτῶ τὴν τόθ' ἱκετεύω τέ σε,
μή μου τὸ τέκνον ἐκ χερῶν ἀποσπάσῃς,
μηδὲ κτάνητε· τῶν τεθνηκότων ἅλις.
ταύτῃ γέγηθα κἀπιλήθομαι κακῶν·
ἥδ' ἀντὶ πολλῶν ἐστί μοι παραψυχή,   280
πόλις, τιθήνη, βάκτρον, ἡγεμὼν ὁδοῦ.
οὐ τοὺς κρατοῦντας χρὴ κρατεῖν ἃ μὴ χρεών,
οὐδ' εὐτυχοῦντας εὖ δοκεῖν πράξειν ἀεί·
κἀγὼ γὰρ ἦ ποτ', ἀλλὰ νῦν οὐκ εἴμ' ἔτι,
τὸν πάντα δ' ὄλβον ἦμαρ ἕν μ' ἀφείλετο.   285
ἀλλ', ὦ φίλον γένειον, αἰδέσθητί με,
οἴκτιρον· ἐλθὼν δ' εἰς Ἀχαιικὸν στρατὸν
παρηγόρησον, ὡς ἀποκτείνειν φθόνος
γυναῖκας, ἃς τὸ πρῶτον οὐκ ἐκτείνατε
βωμῶν ἀποσπάσαντες, ἀλλ' ᾠκτίρατε,   290
νόμος δ' ἐν ὑμῖν τοῖς τ' ἐλευθέροις ἴσος
καὶ τοῖσι δούλοις αἵματος κεῖται πέρι.
τὸ δ' ἀξίωμα, κἂν κακῶς λέγῃ, τὸ σὸν
πείσει· λόγος γὰρ ἔκ τ' ἀδοξούντων ἰὼν

Daß ihr ein Kind durchs Los zum Tod bestimmt?
Zwingt euch ein fester Brauch zum Menschenmord
Am Grab, wo sonst nur Blut der Tiere fließt?
Wenn sich Achill am Mörder rächen will,
Nach welchem Recht heischt er des Mädchens Tod,
Das niemals ihm ein Leides angetan?
Sein Grab schreit nach dem Blut der Helena,
Sie führte ihn nach Troja in den Tod.
Daß der Gefangnen Allerschönste nur
Den Tod erleiden muß, berührt uns nicht:
Die Tyndarstochter ist das schönste Weib
Und steht als Übeltäter obenan. –
Mit diesen Worten kämpf ich für mein Recht;
Nun höre, was ich fordre als Entgelt.
Du weißt, du hast einst meine Hand gefaßt
Und diese alte Wange angerührt:
So rühr ich heute deine beiden an
Und fordre Dank für damals. Und ich fleh:
O reiße nicht dies Kind aus meinem Arm!
Bringt sie nicht um! Des Blutes floß genug.
Sie ist die Freude, sie vertreibt das Leid;
Für alles, was ich ließ, ist sie mein Trost,
Ist Heimat, Amme, Führerin und Stab.
Der Mächtige mißbrauche nicht die Macht,
Im Glück vergiß nicht die Vergänglichkeit!
Ich stand so hoch und sank ins tiefe Nichts.
Ein einzger Tag hat alles weggerafft.
O liebe Wange! – Habe Scheu vor mir
Und Mitleid! Tritt vor das Achäerheer,
Sag ihnen, daß man Fraun nicht töten darf,
Die man zuerst von den Altären riß
Und dann verschonte und am Leben ließ,
Und daß bei euch das gleiche Blutgesetz
Für Freie und für Sklaven gilt. Auch wenn
Dein Wort sie nicht beredet, tut es doch
Die Würde. Anders wirkt das gleiche Wort

κἀκ τῶν δοκούντων αὐτὸς οὐ ταὐτὸν σθένει.　295
Χο οὐκ ἔστιν οὕτω στερρὸς ἀνθρώπου φύσις,
ἥτις γόων σῶν καὶ μακρῶν ὀδυρμάτων
κλύουσα θρήνους οὐκ ἂν ἐκβάλοι δάκρυ.
Οδ Ἑκάβη, διδάσκου, μηδὲ τῷ θυμουμένῳ
τὸν εὖ λέγοντα δυσμενῆ ποιοῦ φρενός.　300
ἐγὼ τὸ μὲν σὸν σῶμ' ὑφ' οὗπερ εὐτύχουν
σῴζειν ἕτοιμός εἰμι κοὐκ ἄλλως λέγω ·
ἃ δ' εἶπον εἰς ἅπαντας οὐκ ἀρνήσομαι,
Τροίας ἁλούσης ἀνδρὶ τῷ πρώτῳ στρατοῦ
σὴν παῖδα δοῦναι σφάγιον ἐξαιτουμένῳ.　305
ἐν τῷδε γὰρ κάμνουσιν αἱ πολλαὶ πόλεις,
ὅταν τις ἐσθλὸς καὶ πρόθυμος ὢν ἀνὴρ
μηδὲν φέρηται τῶν κακιόνων πλέον.
ἡμῖν δ' Ἀχιλλεὺς ἄξιος τιμῆς, γύναι,
θανὼν ὑπὲρ γῆς Ἑλλάδος κάλλιστ' ἀνήρ.　310
οὔκουν τόδ' αἰσχρόν, εἰ βλέποντι μὲν φίλῳ
χρώμεσθ', ἐπεὶ δ' ὄλωλε, μὴ χρώμεσθ' ἔτι;
εἶεν · τί δῆτ' ἐρεῖ τις, ἤν τις αὖ φανῇ
στρατοῦ τ' ἄθροισις πολεμίων τ' ἀγωνία;
πότερα μαχούμεθ' ἢ φιλοψυχήσομεν,　315
τὸν κατθανόνθ' ὁρῶντες οὐ τιμώμενον;
καὶ μὴν ἔμοιγε ζῶντι μέν, καθ' ἡμέραν
κεἰ σμίκρ' ἔχοιμι, πάντ' ἂν ἀρκούντως ἔχοι ·
τύμβον δὲ βουλοίμην ἂν ἀξιούμενον
τὸν ἐμὸν ὁρᾶσθαι · διὰ μακροῦ γὰρ ἡ χάρις.　320
εἰ δ' οἰκτρὰ πάσχειν φής, τάδ' ἀντάκουέ μου ·
εἰσὶν παρ' ἡμῖν οὐδὲν ἧσσον ἄθλιαι
γραῖαι γυναῖκες ἠδὲ πρεσβῦται σέθεν,
νύμφαι τ' ἀρίστων νυμφίων τητώμεναι,
ὧν ἥδε κεύθει σώματ' Ἰδαία κόνις.　325
τόλμα τάδ'. ἡμεῖς δ', εἰ κακῶς νομίζομεν
τιμᾶν τὸν ἐσθλόν, ἀμαθίαν ὀφλήσομεν ·
οἱ βάρβαροι δὲ μήτε τοὺς φίλους φίλους
ἡγεῖσθε, μήτε τοὺς καλῶς τεθνηκότας
θαυμάζεθ', ὡς ἂν ἡ μὲν Ἑλλὰς εὐτυχῇ,　330

Aus hohem Munde als aus niederem.
Chf Kein Mensch, der dieses lange Klagelied
Des Leids vernahm, kann so verhärtet sein,
Daß er nicht selber bittre Tränen weint.
Od Besinn dich, Hékabe, und halte nicht
Im Zorn den guten Warner für den Feind!
Ich will dich selber, der ich dankbar bin,
Beschützen und ich steh zu diesem Wort.
Doch nie verleugn ich, was dem Heer ich riet:
Dem besten Mann soll nun, da Troja fiel,
Das Opfer fallen, das er forderte.
Es ist ein Fehler, wenn so manche Stadt
Dem Besten, Eifrigsten des ganzen Volks
Kein Vorrecht gibt vor den Geringeren.
Achilleus hat die Ehre hoch verdient:
Der größte Held starb für sein Griechenland.
Der Lebende war unser großer Stolz;
O Schande, wenn der Tote nichts mehr gilt!
Was wird man sagen, wenn sich noch einmal
Das Heer versammelt in der Kriegsgefahr?
Setzt einer noch sein Leben auf das Spiel,
Wenn er die Toten ohne Ehren sieht?
Mein Leben lang will ich zufrieden sein,
Wenn jeder Tag mir gönnt, was er bedarf.
Doch muß mein Hügel hoch in Ehren stehn,
Denn dieser Dank reicht in die Ewigkeit.
Du klagst dein Elend, aber sei gedenk:
Wir haben Greise, haben alte Fraun,
Unglückliche nicht weniger als du,
Und junge Witwen, deren tapfren Mann
Der Staub von Ilion als Leiche deckt.
So trag es! Einen Würdigen im Tod
Verkürzen, gilt bei uns als Unverstand.
Mögt ihr Barbaren eure Freunde nicht
Als Freunde achten, die Gefallenen
Vergessen – Hellas wird es wohl ergehn

υμεῖς δ' ἔχηθ' ὅμοια τοῖς βουλεύμασιν.
Χο αἰαῖ· τὸ δοῦλον ὡς κακὸν πέφυκ' ἀεὶ
τολμᾷ θ' ἃ μὴ χρή, τῇ βίᾳ νικώμενον.

Εκ ὦ θύγατερ, οὑμοὶ μὲν λόγοι πρὸς αἰθέρα
φροῦδοι μάτην ῥιφέντες ἀμφὶ σοῦ φόνου·   335
σὺ δ', εἴ τι μείζω δύναμιν ἢ μήτηρ ἔχεις,
σπούδαζε πάσας ὥστ' ἀηδόνος στόμα
φθογγὰς ἱεῖσα, μὴ στερηθῆναι βίου.
πρόσπιπτε δ' οἰκτρῶς τοῦδ' Ὀδυσσέως γόνυ
καὶ πεῖθ' – ἔχεις δὲ πρόφασιν· ἔστι γὰρ τέκνα   340
καὶ τῷδε – τὴν σὴν ὥστ' ἐποικτῖραι τύχην.
ΠΛ ὁρῶ σ', Ὀδυσσεῦ, δεξιὰν ὑφ' εἵματος
κρύπτοντα χεῖρα καὶ πρόσωπον ἔμπαλιν
στρέφοντα, μή σου προσθίγω γενειάδος.
θάρσει· πέφευγας τὸν ἐμὸν Ἱκέσιον Δία·   345
ὡς ἕψομαί γε τοῦ τ' ἀναγκαίου χάριν
θανεῖν τε χρῄζουσ'· εἰ δὲ μὴ βουλήσομαι,
κακὴ φανοῦμαι καὶ φιλόψυχος γυνή.
τί γάρ με δεῖ ζῆν; ᾗ πατὴρ μὲν ἦν ἄναξ
Φρυγῶν ἁπάντων· τοῦτό μοι πρῶτον βίου·   350
ἔπειτ' ἐθρέφθην ἐλπίδων καλῶν ὕπο
βασιλεῦσι νύμφη, ζῆλον οὐ σμικρὸν γάμων
ἔχουσ', ὅτου δῶμ' ἑστίαν τ' ἀφίξομαι·
δέσποινα δ' ἡ δύστηνος Ἰδαίαισιν ἦ
γυναιξί, παρθένοις τ' ἀπόβλεπτος μέτα,   355
ἴση θεοῖσι πλὴν τὸ κατθανεῖν μόνον·
νῦν δ' εἰμὶ δούλη. πρῶτα μέν με τοὔνομα
θανεῖν ἐρᾶν τίθησιν οὐκ εἰωθὸς ὄν·
ἔπειτ' ἴσως ἂν δεσποτῶν ὠμῶν φρένας
τύχοιμ' ἄν, ὅστις ἀργύρου μ' ὠνήσεται,   360
τὴν Ἕκτορός τε χἁτέρων πολλῶν κάσιν,
προσθεὶς δ' ἀνάγκην σιτοποιὸν ἐν δόμοις,
σαίρειν τε δῶμα κερκίσιν τ' ἐφεστάναι
λυπρὰν ἄγουσαν ἡμέραν μ' ἀναγκάσει·

Und euch, wie eure Torheit es verdient.

Chf O Sklavenlos! Im Joche der Gewalt
Muß auch das Schlimmste noch ertragen sein!

He *zu Polyxene*

Ein jedes Wort aus meinem Mund für dich
Zerflattert, Tochter, in die leere Luft.
Vermagst du mehr als deine Mutter kann,
Laß wie die Nachtigall kein süßes Lied
Zur Rettung deines Lebens unversucht!
Wirf dich vor diesem Manne auf die Knie,
Bestürm ihn, jammre! Sag ihm, daß er selbst
Auch Kinder hat. Vielleicht erbarmt er sich.

Pl Ich seh, Odysseus, wie du deine Hand
Im Kleid versteckst und dein Gesicht verbirgst,
Daß ich die Wange nicht berühren soll.
Getrost: mein hoher Schutzgott Zeus ereilt
Dich nicht! Ich werde folgen, weil ich m u ß
Und weil ich w i l l. Wenn ichs verweigere,
Bin ich die Feige, die am Leben hängt.
Wozu noch leben? War mein Vater nicht
Der Phrygerkönig? So begann mein Weg.
Dann wuchs ich auf und sah mich schon vermählt
Mit Königen, ich hatte stolze Wahl,
Es lockte mancher Thron und mancher Herd.
Im Kreis der Frauen hieß ich Königin.
Ja, sterblich, glich ich einer Himmlischen.

Nun bin ich Sklavin. Schon der Name macht
Mich sterben, nie gewöhn ich mich an ihn.
Vielleicht verfall ich einem rohen Herrn,
Der mich für seine Silberlinge kauft,
Die Schwester Hektors und der ganzen Schar!
Er zwingt mich, Brot zu backen für das Haus,
Ich kehre Stuben, steh am Weberschiff,
Er macht mir jeden Tag zur neuen Qual.

λέχη δὲ τἀμὰ δοῦλος ὠνητός ποθεν   365
χρανεῖ, τυράννων πρόσθεν ἠξιωμένα.
οὐ δῆτ'· ἀφίημ' ὀμμάτων ἐλευθέρων
φέγγος τόδ', Ἅιδῃ προστιθεῖσ' ἐμὸν δέμας.
ἄγου μ', Ὀδυσσεῦ, καὶ διέργασαί μ' ἄγων·
οὔτ' ἐλπίδος γὰρ οὔτε του δόξης ὁρῶ   370
θάρσος παρ' ἡμῖν ὥς ποτ' εὖ πρᾶξαί με χρή.
μῆτερ, σὺ δ' ἡμῖν μηδὲν ἐμποδὼν γένῃ,
λέγουσα μηδὲ δρῶσα· συμβούλου δέ μοι
θανεῖν πρὶν αἰσχρῶν μὴ κατ' ἀξίαν τυχεῖν.
ὅστις γὰρ οὐκ εἴωθε γεύεσθαι κακῶν,   375
φέρει μέν, ἀλγεῖ δ' αὐχέν' ἐντιθεὶς ζυγῷ·
θανὼν δ' ἂν εἴη μᾶλλον εὐτυχέστερος
ἢ ζῶν· τὸ γὰρ ζῆν μὴ καλῶς μέγας πόνος.
Χο δεινὸς χαρακτὴρ κἀπίσημος ἐν βροτοῖς
ἐσθλῶν γενέσθαι, κἀπὶ μεῖζον ἔρχεται   380
τῆς εὐγενείας ὄνομα τοῖσιν ἀξίοις.
Εκ καλῶς μὲν εἶπας, θύγατερ, ἀλλὰ τῷ καλῷ
λύπη πρόσεστιν. εἰ δὲ δεῖ τῷ Πηλέως
χάριν γενέσθαι παιδὶ καὶ ψόγον φυγεῖν
ὑμᾶς, Ὀδυσσεῦ, τήνδε μὲν μὴ κτείνετε,   385
ἡμᾶς δ' ἄγοντες πρὸς πυρὰν Ἀχιλλέως
κεντεῖτε, μὴ φείδεσθ'· ἐγὼ 'τεκον Πάριν,
ὃς παῖδα Θέτιδος ὤλεσεν τόξοις βαλών.
Οδ οὐ σ', ὦ γεραιά, κατθανεῖν Ἀχιλλέως
φάντασμ' Ἀχαιούς, ἀλλὰ τήνδ', ᾐτήσατο.   390
Εκ ὑμεῖς δέ μ' ἀλλὰ θυγατρὶ συμφονεύσατε,
καὶ δὶς τόσον πῶμ' αἵματος γενήσεται
γαίᾳ νεκρῷ τε τῷ τάδ' ἐξαιτουμένῳ.
Οδ ἅλις κόρης σῆς θάνατος, οὐ προσοιστέος
ἄλλος πρὸς ἄλλῳ· μηδὲ τόνδ' ὠφείλομεν.   395
Εκ πολλή γ' ἀνάγκη θυγατρὶ συνθανεῖν ἐμέ.
Οδ πῶς; οὐ γὰρ οἶδα δεσπότας κεκτημένος.
Εκ ὁποῖα κισσὸς δρυός, ὅπως τῆσδ' ἕξομαι.
Οδ οὔκ, ἤν γε πείθῃ τοῖσι σοῦ σοφωτέροις.
Εκ ὡς τῆσδ' ἑκοῦσα παιδὸς οὐ μεθήσομαι.   400

Mein Bett besudelt ein gekaufter Knecht,
Umarmt die Frau, die Königen gebührt.
Niemals! Mit freien Augen scheid ich selbst
Vom Licht, und übergebe mich der Nacht.
Führ mich, Odysseus, führ mich in den Tod.
Kein Glaube, keine Hoffnung blieb uns mehr,
Kein froher Tag wird mir beschieden sein.
Ach Mutter, halte mich mit Wort, mit Tat
Nicht auf! Bekenne: dieser Weg erspart
Ein Leben ohne Würde, ohne Wert.
Wer Elend noch nicht kennt, er lernt es zwar,
Doch blutet ihm der Nacken unterm Joch;
Und süßer ist ihm doch ein rascher Tod
Als langes bittres Leben voller Schmach.

Chf Ein starker Prägstock, weithin leuchtend, ist
Der edle Name, doch noch höhern Glanz
Gewinnt er durch des Trägers Würdigkeit.

He Schön war dein Wort, Kind, doch das Schöne war
Zu schmerzhaft. Wenn Achill ihr euren Dank
Abzahlen und den Tadel fliehen wollt,
Odysseus, schont das Kind und schleppt mich selbst
Auf des Peliden Scheiterstoß. O trefft
Mich ohne Mitleid, ich gebar den Mann,
Der Thetis' Sohn mit seinem Pfeil erschoß.

Od Nicht dich, o Alte, hieß Achilleus' Geist
Am Grabe töten, sondern dieses Kind.

He So mordet mich zusammen doch mit ihr!
Ein doppelt Maß des Blutes kostet dann
Die Erde und der Tote, der es heischt.

Od Ihr Blut genügt. Wir dürfen Mord auf Mord
Nicht häufen. Schon der eine ist zuviel.

He Ich teile ihren Tod. Es muß geschehn!

Od Seit wann gebieten meine Sklaven mir?

He Als Efeu wind ich mich um diesen Stamm.

Od Du tust es nicht, wenn du dir raten läßt.

He Nie laß ich selber diese Tochter los!

Οδ ἀλλ' οὐδ' ἐγὼ μὴν τήνδ' ἄπειμ' αὐτοῦ λιπών.
Πλ μῆτερ, πιθοῦ μοι · καὶ σύ, παῖ Λαερτίου,
χάλα τοκεῦσιν εἰκότως θυμουμένοις,
σύ τ', ὦ τάλαινα, τοῖς κρατοῦσι μὴ μάχου.
βούλῃ πεσεῖν πρὸς οὖδας ἑλκῶσαί τε σὸν   405
γέροντα χρῶτα πρὸς βίαν ὠθουμένη,
ἀσχημονῆσαί τ' ἐκ νέου βραχίονος
σπασθεῖσ', ἃ πείσῃ; μὴ σύ γ' · οὐ γὰρ ἄξιον.
ἀλλ', ὦ φίλη μοι μῆτερ, ἡδίστην χέρα
δὸς καὶ παρειὰν προσβαλεῖν παρηίδι ·   410
ὡς οὔποτ' αὖθις, ἀλλὰ νῦν πανύστατον
ἀκτῖνα κύκλον θ' ἡλίου προσόψομαι.
τέλος δέχῃ δὴ τῶν ἐμῶν προσφθεγμάτων.
ὦ μῆτερ, ὦ τεκοῦσ', ἄπειμι δὴ κάτω.
Εκ ὦ θύγατερ, ἡμεῖς δ' ἐν φάει δουλεύσομεν.   415
Πλ ἄνυμφος ἀνυμέναιος ὦν μ' ἐχρῆν τυχεῖν.
Εκ οἰκτρὰ σύ, τέκνον, ἀθλία δ' ἐγὼ γυνή.
Πλ ἐκεῖ δ' ἐν Ἅιδου κείσομαι χωρὶς σέθεν.
Εκ οἴμοι · τί δράσω; ποῖ τελευτήσω βίον;
Πλ δούλη θανοῦμαι, πατρὸς οὖσ' ἐλευθέρου.   420
Εκ ἡμεῖς δὲ πεντήκοντά γ' ἄμμοροι τέκνων.
Πλ τί σοι πρὸς Ἕκτορ' ἢ γέροντ' εἴπω πόσιν;
Εκ ἄγγελλε πασῶν ἀθλιωτάτην ἐμέ.
Πλ ὦ στέρνα μαστοί θ', οἵ μ' ἐθρέψαθ' ἡδέως.
Εκ ὦ τῆς ἀώρου θύγατερ ἀθλίας τύχης.   425
Πλ χαῖρ', ὦ τεκοῦσα, χαῖρε Κασάνδρα τ' ἐμοί,
Εκ χαίρουσιν ἄλλοι, μητρὶ δ' οὐκ ἔστιν τόδε.
Πλ ὅ τ' ἐν φιλίπποις Θρῃξὶ Πολύδωρος κάσις.
Εκ εἰ ζῇ γ' · ἀπιστῶ δ' · ὧδε πάντα δυστυχῶ.
Πλ ζῇ καὶ θανούσης ὄμμα συγκλήσει τὸ σόν.   430
Εκ τέθνηκ' ἔγωγε πρὶν θανεῖν κακῶν ὕπο.
Πλ κόμιζ', 'Οδυσσεῦ, μ' ἀμφιθεὶς κάρα πέπλοις
ὡς πρὶν σφαγῆναί γ' ἐκτέτηκα καρδίαν
θρήνοισι μητρὸς τήνδε τ' ἐκτήκω γόοις.
ὦ φῶς · προσειπεῖν γὰρ σὸν ὄνομ' ἔξεστί μοι,   435
μέτεστι δ' οὐδὲν πλὴν ὅσον χρόνον ξίφους

Od Und nie verlaß ich ohne sie den Platz!
Pl So hört mich beide! Du, Laértes' Sohn,
    Verzeih dem Mutterherzen seinen Zorn,
    Und du, Unselge, beuge dich der Macht!
    Sollst du am Boden liegen, rohe Faust
    Dich stoßen, zerren an dem welken Leib?
    O gräßlich Bild, wenn dich ein junger Arm
    Wegschleppt! So kommt es. Nein, nie darf es sein!
    Komm, Mutter, reich mir deine süße Hand!
    Laß deine Wange auf der meinen ruhn.
    Nie wieder, jetzt zum allerletztenmal,
    Schau ich der Sonne hellen Strahlenkreis.

    Ach Mutter, liebste, schon geh ich hinab ...
He Und ich bleib leben - in der Sklaverei!
Pl Bevor das Hochzeitslied mein Los erfüllt!
He Bejammernswert die Mutter und das Kind!
Pl Im Hades bett ich mich! So fern von dir!
He Was fang ich an? Wo endet sich mein Lauf!
Pl Als Sklavin sterb ich, freien Mannes Kind!
He Der fünfzig Söhne hat man mich beraubt.
Pl Was sag ich Hektor, was dem Priamos?
He Daß meine Leiden keines übersteigt.
Pl O Mutterbrust, die mich so lieb genährt!
He O Tochter, vor der Zeit an ihrem Ziel!
Pl Leb, Mutter, wohl! Kassandra, lebe wohl!
He Die andern leben wohl, die Mutter nicht.
Pl Und du, mein ferner Bruder Polydor!
He Kaum lebt er noch, denn alles schlug mir fehl.
Pl Er lebt und schließt der Mutter einst ihr Aug.
He Ich sterbe lang vor meinem letzten Tod!
Pl Nun auf, Odysseus, und verhüll mein Haupt,
    Schon vor der Opfrung hat ihr Klagelied
    Die Mutter und die Tochter aufgezehrt.
    O Licht, noch einmal grüß ich dich, ich hab
    Noch teil an dir, die kurze Spanne Zeit

βαίνω μεταξὺ καὶ πυρᾶς ᾿Αχιλλέως.
Εκ   οἲ 'γώ, προλείπω· λύεται δέ μου μέλη.
ὦ θύγατερ, ἅψαι μητρός, ἔκτεινον χέρα,
δός· μὴ λίπῃς μ' ἄπαιδ'. ἀπωλόμην, φίλαι.   440
ὡς τὴν Λάκαιναν σύγγονον Διοσκόροιν
῾Ελένην ἴδοιμι· διὰ καλῶν γὰρ ὀμμάτων
αἴσχιστα Τροίαν εἷλε τὴν εὐδαίμονα.

Χο   αὔρα, ποντιὰς αὔρα,   gl∧   στρ.
ἅτε ποντοπόρους κομί-   gl   445
ζεις θοὰς ἀκάτους ἐπ' οἶδμα λίμνας,   gl ba
ποῖ με τὰν μελέαν πορεύ-   gl
σεις; τῷ δουλόσυνος πρὸς οἶκον   gl-
κτηθεῖσ' ἀφίξομαι; ἢ   -gl∧∧
Δωρίδος ὅρμον αἴας;   ch ba   450
ἢ Φθιάδος, ἔνθα τὸν   ∧gl
καλλίστων ὑδάτων πατέρα   gl
φασὶν ᾿Απιδανὸν γύας λιπαίνειν;   gl ba

ἢ νάσων, ἁλιήρει   ἀντ.
κώπᾳ πεμπομέναν τάλαι-   456
ναν, οἰκτρὰν βιοτὰν ἔχουσαν οἴκοις,
ἔνθα πρωτόγονός τε φοῖ-
νιξ δάφνα θ' ἱερούς ἀνέσχε
πτόρθους Λατοῖ φίλα ὠ-   460
δῖνος ἄγαλμα Δίας;
σὺν Δηλιάσιν τε κού-

Des Weges unterm Beil zum Grab Achills.
He Ich wanke! Meine Glieder lösen sich!
O halte mich, mein Kind, streck aus die Hand,
Gib her! Laß mich nicht einsam! Frauen helft!
O könnt ich so das Weib aus Sparta sehn,
Der Dioskuren Schwester Helena!
Sie hat allein mit ihrer Augen Schein
Das stolze Troja schmählich umgestürzt.

ERSTES STANDLIED

Chor

Strophe

Windhauch, Windhauch des Meers, du trägst
Schnellhinsegelnde Schiffe ans Ziel,
Trägst sie dahin auf den Wogen der Flut;
    Wohin fährst du mich elendes Weib?
    Wem verbringst du des Hauses Bedienerin,
    Die am Markt er käuflich erwarb?
Land ich drüben am Dorischen Strand?
In Phthia,
Wo, wie es heißt, der Vater der schönsten
Gewässer, der Flußgott Apídanos,
Alle Felder befruchtet?

Gegenstrophe

Trägt der sprühende Ruderschlag
Kläglich frönende Sklaven vielleicht
Hin an die Länder des Inselmeers,
    Wo der Palmbaum, der Lorbeer entsproß,
    Wo beschützend sie hielten ihr heilig Laub
    Über Letos liebe Gestalt,
Als von Zeus sie in Schmerzen gebar?
Dort muß ich,

ραισιν Ἀρτέμιδος θεᾶς
χρυσέαν ἄμπυκα τόξα τ' εὐλογήσω;   465

ἢ Παλλάδος ἐν πόλει   ∧gl   στρ.
τὰς καλλιδίφρους Ἀθα-   ∧gl
ναίας ἐν κροκέῳ πέπλῳ   gl
ζεύξομαι ἆρα πώλους ἐν   ch ba-
δαιδαλέαισι ποικίλλουσ'   ch ba-
ἀνθοκρόκοισι πήναις, ἢ   ch ba-   470
Τιτάνων γενεὰν   gl∧∧
τὰν Ζεὺς ἀμφιπύρῳ κοιμί-   gl
ζει φλογμῷ Κρονίδας;   gl∧∧

ὤ μοι τεκέων ἐμῶν,   ἀντ.
ὤ μοι πατέρων χθονός θ',   475
ἃ καπνῷ κατερείπεται,
τυφομένα, δορίκτητος
Ἀργείων· ἐγὼ δ' ἐν ξεί-
νᾳ χθονὶ δὴ κέκλημαι δού-   480
λα, λιποῦσ' Ἀσίαν,
Εὐρώπας θεραπνᾶν ἀλλά-
ξασ' Ἅιδα θαλάμους.

        Ταλθύβιος

ποῦ τὴν ἄνασσαν δή ποτ' οὖσαν Ἰλίου
Ἑκάβην ἂν ἐξεύροιμι, Τρωάδες κόραι;   485
Χο αὕτη πέλας σου νῶτ' ἔχουσ' ἐπὶ χθονί,
   Ταλθύβιε, κεῖται ξυγκεκλημένη πέπλοις.
Τα ὦ Ζεῦ, τί λέξω; πότερά σ' ἀνθρώπους ὁρᾶν;
   ἢ δόξαν ἄλλως τήνδε κεκτῆσθαι μάτην,   489
   ─────────
   ψευδῆ, δοκοῦντας δαιμόνων εἶναι γένος   490

Dienend im Reigen der delischen Mädchen
Den Goldkranz der göttlichen Artemis,
Ihre Pfeile besingen.

Zweite Strophe

Werd ich, wo Pallas Athene thront,
Ihr Krokusgewand
Schmücken mit schönen Gespannen,
Bunt, aus farbigen Fäden?
Web ich Titanen hinein,
Die Zeus, der Kronide,
Mit doppeltem Blitzstrahl
Zur Erde bettet?

Gegenstrophe

Ach, unsre Kinder! die Väter! Stadt
Der Trümmer im Qualm,
Rauchendes Speergut der Griechen!
Sklavin heiß ich der Fremde.
Asien laß ich zurück.
Europiens Knechtschaft –
Sie wiegt mir dasselbe
Wie Hades' Kammern.

ZWEITE HAUPTSZENE

Talthybios

Wo find ich, Troermädchen, jene Frau,
Hekábe, Trojas alte Königin?
Chf Sie liegt vor dir, zur Erde hingestreckt,
In ihre Kleider völlig eingehüllt.
Ta O Zeus, ich frage, siehst du deine Welt?
Ist dein Allmacht nur ein leerer Wahn

τύχην δὲ πάντα τἀν βροτοῖς ἐπισκοπεῖν·   491
οὐχ ἥδ' ἄνασσα τῶν πολυχρύσων Φρυγῶν,
οὐχ ἥδε Πριάμου τοῦ μέγ' ὀλβίου δάμαρ;
καὶ νῦν πόλις μὲν πᾶσ' ἀνέστηκεν δορί,
αὐτὴ δὲ δούλη γραῦς ἄπαις ἐπὶ χθονὶ   495
κεῖται, κόνει φύρουσα δύστηνον κάρα.
φεῦ φεῦ· γέρων μέν εἰμ', ὅμως δέ μοι θανεῖν
εἴη πρὶν αἰσχρᾷ περιπεσεῖν τύχῃ τινί.

ἀνίστασ', ὦ δύστηνε, καὶ μετάρσιον
πλευρὰν ἔπαιρε καὶ τὸ πάλλευκον κάρα.   500
Εκ   ἔα· τίς οὗτος σῶμα τοὐμὸν οὐκ ἐᾷ
κεῖσθαι; τί κινεῖς μ', ὅστις εἶ, λυπουμένην;
Τα   Ταλθύβιος ἥκω Δαναϊδῶν ὑπηρέτης,
Ἀγαμέμνονος πέμψαντος, ὦ γύναι, μέτα.
Εκ   ὦ φίλτατ', ἆρα κἄμ' ἐπισφάξαι τάφῳ   505
δοκοῦν Ἀχαιοῖς ἦλθες; ὡς φίλ' ἂν λέγοις.
σπεύδωμεν, ἐγκονῶμεν· ἡγοῦ μοι, γέρον.
Τα   σὴν παῖδα κατθανοῦσαν ὡς θάψῃς, γύναι,
ἥκω μεταστείχων σε· πέμπουσιν δέ με
δισσοί τ' Ἀτρεῖδαι καὶ λεὼς Ἀχαιικός.   510
Εκ   οἴμοι, τί λέξεις; οὐκ ἄρ' ὡς θανουμένους
μετῆλθες ἡμᾶς, ἀλλὰ σημανῶν κακά;
ὄλωλας, ὦ παῖ, μητρὸς ἁρπασθεῖσ' ἄπο·
ἡμεῖς δ' ἄτεκνοι τοὐπὶ σ'· ὦ τάλαιν' ἐγώ.
πῶς καί νιν ἐξεπράξατ'; ἆρ' αἰδούμενοι;   515
ἢ πρὸς τὸ δεινὸν ἤλθεθ' ὡς ἐχθράν, γέρον,
κτείνοντες; εἰπέ, καίπερ οὐ λέξων φίλα.
Τα   διπλᾶ με χρῄζεις δάκρυα κερδᾶναι, γύναι,
σῆς παιδὸς οἴκτῳ· νῦν τε γὰρ λέγων κακὰ
τέγξω τόδ' ὄμμα, πρὸς τάφῳ θ' ὅτ' ὤλλυτο.   520
παρῆν μὲν ὄχλος πᾶς Ἀχαιικοῦ στρατοῦ
πλήρης πρὸ τύμβου σῆς κόρης ἐπὶ σφαγάς·
λαβὼν δ' Ἀχιλλέως παῖς Πολυξένην χερὸς
ἔστησ' ἐπ' ἄκρου χώματος, πέλας δ' ἐγώ·

Und blindes Schicksal führt das Regiment?
Hat sie der Phryger goldnes Reich beherrscht? '
War Priamos, der Stolze, ihr Gemahl?
Nun ist ihr ganzes Land vom Speer zerstört,
Sie liegt als kinderloses Sklavenweib
Am Boden, wälzt ihr graues Haupt im Staub.
Ich bin schon alt, doch lieber schnellen Tod
Als solchen Sturz in die Erbärmlichkeit! –

er faßt Hekabe an

Steh auf, Unselge, hebe deinen Leib
Vom Boden und dies schneebedeckte Haupt!
He Was ist? Wer gönnt mir diesen Boden nicht
Und rüttelt diesen schmerzerschöpften Leib?
Ta Der Griechenherold ists, Talthybios,
Und Agamemnon hat mich hergesandt.
He O Freund, so will der Griechen Rat auch mich
Am Grabe opfern? Süßes Botenwort!
Nur schnell! Geschwinde! Alter, geh voran!
Ta Ich soll dich holen, daß das tote Kind
Du nun bestattest. Das Atridenpaar,
Das ganze Heer der Griechen schickt mich her.
He O weh, du kamst nicht als der Totenvogt
Zu mir! Du bringst nur neues Schreckenswort.
Vom Mutterarm gerissen fand sie schon
Den Tod, und wieder klag ich um ein Kind?
Wie habt ihrs ausgeführt? In edler Scheu?
Als wilde Feinde? Sag nur, was geschah!

Ta Den zweiten Tränenzoll erhebst du, Frau,
Mein Auge strömt beim kläglichen Bericht
Und strömte schon am Grab bei ihrem Tod.
Versammelt war das ganze Griechenheer
Zur Opferung. Da nahm der Sohn Achills
Die Hand Polýxenés und führte sie
Hoch auf den Hügel. Ich stand nah bei ihm

λεκτοί τ' 'Αχαιῶν ἔκκριτοι νεανίαι,   525
σκίρτημα μόσχου σῆς καθέξοντες χεροῖν,
ἔσποντο. πλῆρες δ' ἐν χεροῖν λαβὼν δέπας
πάγχρυσον αἴρει χειρὶ παῖς 'Αχιλλέως
χοὰς θανόντι πατρί· σημαίνει δέ μοι
σιγὴν 'Αχαιῶν παντὶ κηρῦξαι στρατῷ.   530
κἀγὼ καταστὰς εἶπον ἐν μέσοις τάδε·
Σιγᾶτ', 'Αχαιοί, σῖγα πᾶς ἔστω λεώς,
σῖγα σιώπα· νήνεμον δ' ἔστησ' ὄχλον.
ὁ δ' εἶπεν· Ὦ παῖ Πηλέως, πατὴρ δ' ἐμός,
δέξαι χοάς μοι τάσδε κηλητηρίους,   535
νεκρῶν ἀγωγούς· ἐλθὲ δ', ὡς πίῃς μέλαν
κόρης ἀκραιφνὲς αἷμ', ὅ σοι δωρούμεθα
στρατός τε κἀγώ· πρευμενὴς δ' ἡμῖν γενοῦ
λῦσαί τε πρύμνας καὶ χαλινωτήρια
νεῶν δὸς ἡμῖν πρευμενοῦς τ' ἀπ' 'Ιλίου   540
νόστου τυχόντας πάντας ἐς πάτραν μολεῖν.
τοσαῦτ' ἔλεξε, πᾶς δ' ἐπηύξατο στρατός.
εἶτ' ἀμφίχρυσον φάσγανον κώπης λαβὼν
ἐξεῖλκε κολεοῦ, λογάσι δ' 'Αργείων στρατοῦ
νεανίαις ἔνευσε παρθένον λαβεῖν.   545
ἡ δ', ὡς ἐφράσθη, τόνδ' ἐσήμηνεν λόγον·
Ὦ τὴν ἐμὴν πέρσαντες 'Αργεῖοι πόλιν,
ἑκοῦσα θνῄσκω· μή τις ἅψηται χροὸς
τοὐμοῦ· παρέξω γὰρ δέρην εὐκαρδίως.
ἐλευθέραν δέ μ', ὡς ἐλευθέρα θάνω,   550
πρὸς θεῶν, μεθέντες κτείνατ'· ἐν νεκροῖσι γὰρ
δούλη κεκλῆσθαι βασιλὶς οὖσ' αἰσχύνομαι.
λαοὶ δ' ἐπερρόθησαν, 'Αγαμέμνων τ' ἄναξ
εἶπεν μεθεῖναι παρθένον νεανίαις.   554
κἀπεὶ τόδ' εἰσήκουσε δεσποτῶν ἔπος,   557
λαβοῦσα πέπλους ἐξ ἄκρας ἐπωμίδος
ἔρρηξε λαγόνας ἐς μέσας παρ' ὀμφαλόν,

οἱ δ', ὡς τάχιστ' ἤκουσαν ὑστάτην ὄπα,   555
μεθῆκαν, οὗπερ καὶ μέγιστον ἦν κράτος.

Und auserlesne junge Griechenschar
Gab auf die Sprünge deines Kälbchens acht.
Der Sohn Achills ergriff den Goldpokal
Voll Weines und er spendete daraus
Dem toten Vater. Dann gab er den Wink,
Ich sollte Schweigen bieten allem Volk.
Ich trat vors Heer und sagte: „Stille jetzt,
Ihr Griechen, Stille herrsche rings umher
Und tiefes Schweigen!" Alles wurde stumm.
Er sagte: „Lieber Vater, Peleus' Sohn,
Nimm an die Güsse, aller Toten Trost
Und Lockung! Komm herauf und labe dich
Am frischen dunklen Blut des Mädchens, das
Mein Heer und ich dir weihen. Steh uns bei,
Daß jedes Schiff die Ankertaue löst,
Und wir mit gutem Wind von Ilion
Heimfahren jeder in sein Vaterland."
So sprach er und wir alle flehten mit.
Dann faßte er den Griff des goldnen Schwerts,
Zogs aus der Scheide und er nickte jenen zu,
Die Hand zu legen an den Leib des Kinds.
Kaum ers gebot, rief sie den Griechen zu:
„Hört, die ihr meine Vaterstadt begrubt,
Ich sterbe gern! Man rühre mich nicht an!
Ich biete gerne meinen Nacken dar.
Laßt mich, ich bitt euch, frei, dann tötet mich!
Frei will ich sterben, will als Königskind
Dort unten, nicht als Magd, empfangen sein."
Man rief ihr Beifall, Agamemnon hieß
Die Jünglingsschar, die Hände abzuziehn;
Und als sie dieses Herrscherwort vernahm,
Nahm sie das Kleid am Schulterrand, zerriß
Es bis zur Hüfte, bis zum Nabel und

μαστούς τ' ἔδειξε στέρνα θ' ὡς ἀγάλματος 560
κάλλιστα, καὶ καθεῖσα πρὸς γαῖαν γόνυ
ἔλεξε πάντων τλημονέστατον λόγον·
'Ἰδού, τόδ', εἰ μὲν στέρνον, ὦ νεανία,
παίειν προθυμῇ, παῖσον, εἰ δ' ὑπ' αὐχένα
χρήζεις, πάρεστι λαιμὸς εὐτρεπὴς ὅδε. 565
ὁ δ' οὐ θέλων τε καὶ θέλων οἴκτῳ κόρης,
τέμνει σιδήρῳ πνεύματος διαρροάς·
κρουνοὶ δ' ἐχώρουν. ἡ δὲ καὶ θνῄσκουσ' ὅμως
πολλὴν πρόνοιαν εἶχεν εὐσχήμων πεσεῖν,
κρύπτουσ' ἃ κρύπτειν ὄμματ' ἀρσένων χρεών. 570
ἐπεὶ δ' ἀφῆκε πνεῦμα θανασίμῳ σφαγῇ,
οὐδεὶς τὸν αὐτὸν εἶχεν Ἀργείων πόνον·
ἀλλ' οἱ μὲν αὐτῶν τὴν θανοῦσαν ἐκ χερῶν
φύλλοις ἔβαλλον, οἱ δὲ πληροῦσιν πυρὰν
κορμοὺς φέροντες πευκίνους, ὁ δ' οὐ φέρων 575
πρὸς τοῦ φέροντος τοιάδ' ἤκουεν κακά·
'Ἕστηκας, ὦ κάκιστε, τῇ νεάνιδι
οὐ πέπλον οὐδὲ κόσμον ἐν χεροῖν ἔχων;
οὐκ εἶ τι δώσων τῇ περίσσ' εὐκαρδίῳ
ψυχήν τ' ἀρίστῃ; τοιάδ' ἀμφὶ σῆς λέγων 580
παιδὸς θανούσης, εὐτεκνωτάτην τέ σε
πασῶν γυναικῶν δυστυχεστάτην θ' ὁρῶ.
Χο δεινόν τι πῆμα Πριαμίδαις ἐπέζεσεν
πόλει τε τῇ μῇ θεῶν ἀνάγκαισιν τόδε.
Εκ ὦ θύγατερ, οὐκ οἶδ' εἰς ὅ τι βλέψω κακῶν, 585
πολλῶν παρόντων· ἢν γὰρ ἅψωμαί τινος,
τόδ' οὐκ ἐᾷ με, παρακαλεῖ δ' ἐκεῖθεν αὖ
λύπη τις ἄλλη διάδοχος κακῶν κακοῖς.
καὶ νῦν τὸ μὲν σὸν ὥστε μὴ στένειν πάθος
οὐκ ἂν δυναίμην ἐξαλείψασθαι φρενός· 590
τὸ δ' αὖ λίαν παρεῖλες ἀγγελθεῖσά μοι
γενναῖος. οὔκουν δεινόν, εἰ γῆ μὲν κακὴ
τυχοῦσα καιροῦ θεόθεν εὖ στάχυν φέρει,
χρηστὴ δ' ἁμαρτοῦσ' ὧν χρεὼν αὐτὴν τυχεῖν
κακὸν δίδωσι καρπόν, ἀνθρώποις δ' ἀεὶ 595

Entblößte Brüste, wie sie Meisterhand
Nicht edler formt, sank nieder auf das Knie
Und sprach das Wort der höchsten Dulderin:
„Sieh, Jüngling, diese Brust! Schlag immer zu,
Wenn du sie treffen willst. Hier ist mein Hals:
Wenn du es lieber willst, er wartet schon."
Er ward vom Mitleid hin und her bewegt,
Doch schnitt er ihr des Atems Wege durch,
Und Ströme rannen. Sie, im Tode noch,
Bedachte ihres Sturzes Züchtigkeit
Und deckte, was vor Männern man bedeckt.
Beim letzten Atemzug des Todesstreichs,
Griff jeder Grieche, jeder anders, zu:
Die einen deckten sie mit frischem Zweig,
Die andern schleppten Fichtenklötze an
Für ihren Scheiterstoß, und wer nicht half,
Vernahm vom Fleißigen manch böses Wort:
„Stehst du beiseite, schamlos, bringst dem Kind
Kein Stückchen Kleid, kein kleines Angebind?
Ist dir die große Seele, solch ein Herz
Kein Scherflein wert?" Wer so berichten muß,
Der preist dich über jede andre Frau,
Beklagt dich über jedes andre Weib.
Chf Furchtbar entlud sich nach der Götter Rat
    Das Leid dem Königshaus und unsrer Stadt.
He Ich weiß nicht, Tochter, welche ich beklag
    Von meinen Nöten. Rühr ich eine an,
    So ruft die nächste schon und zieht mich fort,
    Schmerz folgt dem Schmerz und Leid dem alten Leid.
    Doch wenn ich auch dein bittres Todeslos
    Nicht aus dem wunden Herzen löschen kann,
    Hat mir dein tapfres Herz das Übermaß
    Erspart. Wie seltsam: schlechter Boden, wenn
    Die Götter helfen, trägt oft gute Frucht –
    Ein guter, dem die rechte Pflege fehlt,
    Trägt schlechte; doch ganz anders ist der Mensch:

ὁ μὲν πονηρὸς οὐδὲν ἄλλο πλὴν κακός,
ὁ δ' ἐσθλὸς ἐσθλός, οὐδὲ συμφορᾶς ὕπο
φύσιν διέφθειρ', ἀλλὰ χρηστός ἐστ' ἀεί;
ἆρ' οἱ τεκόντες διαφέρουσιν ἢ τροφαί;
ἔχει γε μέντοι καὶ τὸ θρεφθῆναι καλῶς   600
δίδαξιν ἐσθλοῦ · τοῦτο δ' ἢν τις εὖ μάθῃ,
οἶδεν τό γ' αἰσχρόν, κανόνι τοῦ καλοῦ μαθών.
καὶ ταῦτα μὲν δὴ νοῦς ἐτόξευσεν μάτην ·
σὺ δ' ἐλθὲ καὶ σήμηνον Ἀργείοις τάδε,
μὴ θιγγάνειν μοι μηδέν', ἀλλ' εἴργειν ὄχλον,   605
τῆς παιδός. ἐν τοι μυρίῳ στρατεύματι
ἀκόλαστος ὄχλος ναυτική τ' ἀναρχία
κρείσσων πυρός, κακὸς δ' ὁ μή τι δρῶν κακόν.
σὺ δ' αὖ λαβοῦσα τεῦχος, ἀρχαία λάτρι,
βάψασ' ἔνεγκε δεῦρο ποντίας ἀλός,   610
ὡς παῖδα λουτροῖς τοῖς πανυστάτοις ἐμήν,
νύμφην τ' ἄνυμφον παρθένον τ' ἀπάρθενον,
λούσω προθῶμαί θ' – ὡς μὲν ἀξία, πόθεν;
οὐκ ἂν δυναίμην · ὡς δ' ἔχω – τί γὰρ πάθω; –
κόσμον τ' ἀγείρασ' αἰχμαλωτίδων πάρα,   615
αἵ μοι πάρεδροι τῶνδ' ἔσω σκηνωμάτων
ναίουσιν, εἴ τις τοὺς νεωστὶ δεσπότας
λαθοῦσ' ἔχει τι κλέμμα τῶν αὑτῆς δόμων.
ὦ σχήματ' οἴκων, ὦ ποτ' εὐτυχεῖς δόμοι,
ὦ πλεῖστ' ἔχων κάλλιστά τ', εὐτεκνώτατε   620
Πρίαμε, γεραιά θ' ἥδ' ἐγὼ μήτηρ τέκνων,
ὡς ἐς τὸ μηδὲν ἥκομεν, φρονήματος
τοῦ πρὶν στερέντες. εἶτα δῆτ' ὀγκούμεθα,
ὁ μέν τις ἡμῶν πλουσίοις ἐν δώμασιν,
ὁ δ' ἐν πολίταις τίμιος κεκλημένος.   625
τὰ δ' οὐδὲν ἄλλως, φροντίδων βουλεύματα
γλώσσης τε κόμποι. κεῖνος ὀλβιώτατος,
ὅτῳ κατ' ἦμαρ τυγχάνει μηδὲν κακόν.

Der schlechte kann nicht anders sein als schlecht,
Der edle gut, und auch das schlimmste Los
Verdirbt ihm nie die alte Trefflichkeit.
Stammt sie von Eltern? Rührt sie von der Zucht?
Erziehung ist gewiß ein hohes Gut:
Sie lehrt das Edle; wer es früh erfährt,
Hat auch das Maß für die gemeine Art. –
Doch ohne Ziel verirrt sich mein Geschoß:
Geh hin und sag den Griechen, daß kein Mensch
Das Kind berühr, die Menge bleibe fern.
In einem Riesenheer gibts rohes Volk,
Das, wild wie Feuer, Ordnung untergräbt.

Geh, alte Magd, und nimm dir einen Krug,
Füll ihn mit Wasser aus dem Meer, daß ich
Mein Kind noch wasche mit dem letzten Bad,
Dem Brautbad eines unvermählten Kinds.
Aufbahren kann ich sie nur schlecht und recht,
Nicht nach Gebühr. Was kann mir noch geschehn,
Wenn ich mir Schmuck erbettle von den Fraun,
Die hier im Zelt gleich mir gefangen sind,
Und eine heimlich vor den neuen Herrn
Ein altes Kleinod ihres Hauses barg!
Glanz des Palastes, altes edles Haus,
Fürst Priamos, an Gold und Söhnen reich,
Ich altes Weib, das alle sie gebar:
Wir sanken in das Nichts mit unserm Stolz.
Da prahlt der eine noch mit seinem Gold,
Der andre mit der Huldigung des Volks:
Dahinter nichts, nur Träume des Gehirns
Und leere Worte. Höchstes Glück besitzt,
Wer glimpflich seinen Alltag übersteht.

ab ins Zelt

Χο ἐμοὶ χρῆν συμφοράν,   ba cr   στρ.
    ἐμοὶ χρῆν πημονὰν γενέσθαι,   ba cr ba   630
    Ἰδαίαν ὅτε πρῶτον ὕλαν   gl-
    Ἀλέξανδρος εἰλατίναν   ba‿ch
    ἐτάμεθ᾽, ἅλιον ἐπ᾽ οἶδμα ναυστολήσων   ia⁴ ba
    Ἑλένας ἐπὶ λέκτρα, τὰν καλ-   an² ba   635
    λίσταν ὁ χρυσοφαὴς   an³
    Ἅλιος αὐγάζει.   -an²

    πόνοι γὰρ καὶ πόνων   ἀντ.
    ἀνάγκαι κρείσσονες κυκλοῦνται ·   640
    κοινὸν δ᾽ ἐξ ἰδίας ἀνοίας
    κακὸν τᾷ Σιμουντίδι γᾷ
    ὀλέθριον ἔμολε συμφορά τ᾽ ἀπ᾽ ἄλλων.
    ἐκρίθη δ᾽ ἔρις, ἃν ἐν Ἴδᾳ
    κρίνει τρισσὰς μακάρων   645
    παῖδας ἀνὴρ βούτας,

    ἐπὶ δορὶ καὶ φόνῳ καὶ ἐμῶν μελάθρων λώβᾳ · ‿‿‿ia² an³
    στένει δὲ καί τις ἀμφὶ τὸν εὔροον Εὐρώταν ‿-ia² an³ 650
    Λάκαινα πολυδάκρυτος ἐν δόμοις κόρα,   ia⁶
    πολιάν τ᾽ ἐπὶ κρᾶτα μάτηρ   an² ba
    τέκνων θανόντων   reiz
    τίθεται χέρα δρύπτεταί τε παρειάν,   an²‿ch- 655
    δίαιμον ὄνυχα τιθεμένα σπαραγμοῖς.   ia⁴ ba

ZWEITES STANDLIED

Chor

Strophe

Uns war schweres Mißgeschick,
Uns war schwerstes Leid verhängt,
Schon als Alexándros einst
Die Tanne fällte am Ida,
Übers Salzmeer zu fahren
Zu Hélenas Lagern, auf die
Als die Schönste Helios' Leuchte
Im Goldglanz herabschaut.

Gegenstrophe

Uns umwirbelt lang der Schmerz,
Not, die jeden Schmerz beschämt.
Tödlich kam das Unheil einst
Ins Land aus eigener Torheit
Und aus Fügung der andern.
Drei Göttinnen brachten den Streit
Vor den Rinderhirten des Ida,
Er wurde geschlichtet ...

Schlußstrophe

Durch Lanze und Mord,
Durch den schmachvollen Sturz unsrer Häuser.
Es seufzen auch drüben
Am stillen Eurotas
Lakonische Mädchen und weinen im Haus,
Die Mütter gefallener Söhne
Schlagen das Haupt und schürfen die Wange,
Zerreißen mit blutenden Nägeln
Die Haut.

Θεράπαινα

γυναῖκες, Ἑκάβη ποῦ ποθ' ἡ παναθλία,
ἡ πάντα νικῶσ' ἄνδρα καὶ θῆλυν σποράν
κακοῖσιν; οὐδεὶς στέφανον ἀνθαιρήσεται.   660
Χο τί δ', ὦ τάλαινα σῆς κακογλώσσου βοῆς;
ὡς οὔποθ' εὔδει λυπρά σου κηρύγματα.
Θε Ἑκάβη φέρω τόδ' ἄλγος· ἐν κακοῖσι δὲ
οὐ ῥάδιον βροτοῖσιν εὐφημεῖν στόμα.
Χο καὶ μὴν περῶσα τυγχάνει δόμων ὕπο   665
ἥδ', ἐς δὲ καιρὸν σοῖσι φαίνεται λόγοις.
Θε ὦ παντάλαινα κἄτι μᾶλλον ἢ λέγω,
δέσποιν', ὄλωλας κοὐκέτ' εἶ, βλέπουσα φῶς,
ἄπαις ἄνανδρος ἄπολις ἐξεφθαρμένη.
Εκ οὐ καινὸν εἶπας, εἰδόσιν δ' ὠνείδισας.   670
ἀτὰρ τί νεκρὸν τόνδε μοι Πολυξένης
ἥκεις κομίζουσ', ἧς ἀπηγγέλθη τάφος
πάντων 'Αχαιῶν διὰ χερὸς σπουδὴν ἔχειν;
Θε ἥδ' οὐδὲν οἶδεν, ἀλλά μοι Πολυξένην
θρηνεῖ, νέων δὲ πημάτων οὐχ ἅπτεται.   675
Εκ οἲ 'γὼ τάλαινα· μῶν τὸ βακχεῖον κάρα
τῆς θεσπιῳδοῦ δεῦρο Κασάνδρας φέρεις;
Θε ζῶσαν λέλακας, τὸν θανόντα δ' οὐ στένεις
τόνδ'· ἀλλ' ἄθρησον σῶμα γυμνωθὲν νεκροῦ,
εἴ σοι φανεῖται θαῦμα καὶ παρ' ἐλπίδας.   680
Εκ οἴμοι, βλέπω δὴ παῖδ' ἐμὸν τεθνηκότα,
Πολύδωρον, ὅν μοι Θρῇξ ἔσῳζ' οἴκοις ἀνήρ.
ἀπωλόμην δύστηνος, οὐκέτ' εἰμὶ δή.
ὦ τέκνον τέκνον,   do
αἰαῖ, κατάρχομαι γόων,   ia⁴   685
βακχεῖον ἐξ ἀλάστορος   ia⁴
ἀρτιμαθῆ νόμον.   do

DRITTE HAUPTSZENE

Dienerin

kommt mit der verhüllten Leiche des Polydoros

Wo ist die ganz unselge Hékabe,
Die Mann und Frau an Leiden übersteigt,
So daß ihr keiner diesen Kranz entführt?
Chf Was krächzt schon wieder dein unselger Mund?
Die Unglücksraben sind heut groß am Werk!
Die Mein Ruf gilt Hekabe, kein Mund der Welt
Singt solches Jammerlied mit schönem Laut!
Chf Da tritt sie wie gerufen aus dem Zelt,
Gerade recht für deine Neuigkeit.
Die O Unglücksweib und Schlimmeres als dies,
O Herrin, lebend bist du ausgelöscht,
Kindlose Witwe, heimatloses Nichts!
He Du sagst nichts Neues, Altes bauschst du auf.
Doch warum bringst du Polyxénes Leib
Zu mir? Es hieß, das ganze Griechenheer
Wetteifert im Begräbnis meines Kinds!
Die Sie ahnt nichts, klagt nur um Polýxena,
Die neuen Leiden drangen nicht hierher.
He O weh, du bringst doch nicht das trunkne Haupt
Kassandras her, des Gottes Seherin?
Die Du klagst um Lebende, den Toten hier
Vergißt du. Sieh den nackten Leichnam an,
Ein nie geahntes Schrecknis deckst du auf.
He Was seh ich! Meines Polydoros Leib,
Des Sohnes, den der Thraker übernahm!
Ich Ärmste bin am Ende, bin nicht mehr!
Mein Kind, mein Kind,
Ach, höre die Klage,
Höre die rasende Weise,
Die mein Fluchgeist
Mich eben gelehrt!

Θε   ἔγνως γὰρ ἄτην παιδός, ὦ δύστηνε σύ;   ia⁶
Εκ   ἄπιστ' ἄπιστα, καινὰ καινὰ δέρκομαι.   ia⁶
  ἕτερα δ' ἀφ' ἑτέρων κακὰ κακῶν κυρεῖ ·   do²   690
  οὐδέ ποτ' ἀστένακτος ἀδάκρυτος ἁ-   do²
  μέρα ἐπισχήσει.   do

Χο   δείν', ὦ τάλαινα, δεινὰ πάσχομεν κακά.   ia⁶
Εκ   ὦ τέκνον τέκνον ταλαίνας ματρός,   do²
  τίνι μόρῳ θνῄσκεις,   do   695
  τίνι πότμῳ κεῖσαι;   do
  πρὸς τίνος ἀνθρώπων;   do

Θε   οὐκ οἶδ'· ἐπ' ἀκταῖς νιν κυρῶ θαλασσίαις.   ia⁶
Εκ   ἔκβλητον, ἢ πέσημα φοινίου δορός,   ia⁶
  ἐν ψαμάθῳ λευρᾷ;   do   700
Θε   πόντου νιν ἐξήνεγκε πελάγιος κλύδων.   ia⁶
Εκ   ὤμοι, αἰαῖ, ἔμαθον ἔνυπνον ὀμμάτων   do²
  ἐμῶν ὄψιν· οὔ με παρέβα   du cr
  φάσμα μελανόπτερον, τὰν ἐσεῖδον ἀμφὶ σέ,   cr³ ia²   705
  ὦ τέκνον, οὐκέτ' ὄντα Διὸς ἐν φάει.   do²

Χο   τίς γάρ νιν ἔκτειν'; οἶσθ' ὀνειρόφρων φράσαι;   ia⁶
Εκ   ἐμὸς ἐμὸς ξένος, Θρήκιος ἱππότας,   do²   710
  ἵν' ὁ γέρων πατὴρ ἔθετό νιν κρύψας.   do²

Χο   οἴμοι, τί λέξεις; χρυσὸν ὡς ἔχοι κτανών;   ia⁶
Εκ   ἄρρητ' ἀνωνόμαστα, θαυμάτων πέρα,   ia⁶
  οὐχ ὅσι' οὐδ' ἀνεκτά. ποῦ δίκα ξένων;   do ia² ba⌄ 715
  ὦ κατάρατ' ἀνδρῶν, ὡς διεμοιράσω   do²
  χρόα, σιδαρέῳ τεμὼν φασγάνῳ   do²
  μέλεα τοῦδε παιδὸς οὐδ' ᾤκτισας.   do²   720

Die Begreifst du Ärmste, was dem Kind geschah?
He Nichts, nichts! Nur Neues! Neues, unerhört!
　　Andres kam zum andren,
　　Schmerzlichstes zum Schmerz!
　　Ohne Klagen, ohne Tränen
　　Endet mir kein Tag!
Chf Ach, Bergeslasten sind uns aufgelegt!
He 　O Kind, o Kind
　　Unselger Mutter!
　　Welch Todlos nahm dich hinweg?
　　Welch Schicksal streckte dich nieder?
　　Traf dich Tod von Menschenhand?
Die Ich weiß nichts, fand ihn hier am Strand des Meers –
He Gestrandet oder Opfer blutgen Speers?
　　Im offnen Sand?
Die Des Meeres Brandung spülte ihn hinaus.
He 　O weh, o Graus,
　　Nun begreif ich das nächtliche Bild!
　　Nicht betrog meine Augen
　Das schwarzbeschwingte Gleichnis deiner selbst,
　　Mein Sohn, das nicht
　　Im Lichte mehr weilte!
Chf Wer war der Mörder? Sahst du ihn im Traum?
He 　Mein eigener, eigener Gastfreund,
　　Der thrakische Ritter,
　　Bei dem sein alter Vater
　　Ihn heimlich verbarg.
Chf O schwere Tat! Verlockte ihn das Gold?
He Kein Wort, kein Name, kein Gedankenbild
　　Kennt solchen Frevel,
　　Solche untragbare Tat.
　　Wo bleibt das Gastrecht?
　　O verfluchtester Mann,
　　Der die Haut dieses Knaben zerschnitt
　　Mit der eisernen Klinge
　　Und nicht sich erbarmte!

Χο ὦ τλῆμον, ὡς σε πολυπονωτάτην βροτῶν
δαίμων ἔθηκεν ὅστις ἐστί σοι βαρύς.
ἀλλ' εἰσορῶ γὰρ τοῦδε δεσπότου δέμας
'Αγαμέμνονος, τοὐνθένδε σιγῶμεν, φίλαι.   725

'Αγαμέμνων

'Εκάβη, τί μέλλεις παῖδα σὴν κρύπτειν τάφῳ
ἐλθοῦσ', ἐφ' οἷσπερ Ταλθύβιος ἤγγειλέ μοι
μὴ θιγγάνειν σῆς μηδέν' 'Αργείων κόρης;
ἡμεῖς μὲν οὖν εἰῶμεν οὐδ' ἐψαύομεν·
σὺ δὲ σχολάζεις, ὥστε θαυμάζειν ἐμέ.   730
ἥκω δ' ἀποστελῶν σε· τἀκεῖθεν γὰρ εὖ
πεπραγμέν' ἐστίν – εἴ τι τῶνδ' ἐστὶν καλῶς.
ἔα· τίν' ἄνδρα τόνδ' ἐπὶ σκηναῖς ὁρῶ
θανόντα Τρώων; οὐ γὰρ 'Αργεῖον πέπλοι
δέμας περιπτύσσοντες ἀγγέλλουσί μοι.   735

Εκ δύστην', ἐμαυτὴν γὰρ λέγω λέγουσα σέ,
'Εκάβη, τί δράσω; πότερα προσπέσω γόνυ
'Αγαμέμνονος τοῦδ' ἢ φέρω σιγῇ κακά;

Αγ τί μοι προσώπῳ νῶτον ἐγκλίνασα σὸν
δύρῃ, τὸ πραχθὲν δ' οὐ λέγεις; τίς ἔσθ' ὅδε;   740

Εκ ἀλλ', εἴ με δούλην πολεμίαν θ' ἡγούμενος
γονάτων ἀπώσαιτ', ἄλγος ἂν προσθείμεθ' ἄν.

Αγ οὔτοι πέφυκα μάντις, ὥστε μὴ κλύων
ἐξιστορῆσαι σῶν ὁδὸν βουλευμάτων.

Εκ ἆρ' ἐκλογίζομαί γε πρὸς τὸ δυσμενὲς   745
μᾶλλον φρένας τοῦδ', ὄντος οὐχὶ δυσμενοῦς;

Αγ εἴ τοί με βούλῃ τῶνδε μηδὲν εἰδέναι,
ἐς ταὐτὸν ἥκεις· καὶ γὰρ οὐδ' ἐγὼ κλύειν.

Εκ οὐκ ἂν δυναίμην τοῦδε τιμωρεῖν ἄτερ
τέκνοισι τοῖς ἐμοῖσι. τί στρέφω τάδε;   750
τολμᾶν ἀνάγκη, κἂν τύχω κἂν μὴ τύχω. –

Chf O Frau, ein Dämon, der dich jäh befiel,
   Hat dich zum Gipfel allen Leids gemacht! –
   Da seh ich Agamemnon, unsern Herrn,
   Des Anblick plötzlich uns verstummen muß.

                   Agamemnon

   Warum begrubst du deine Tochter nicht,
   Hekábe, wo der Herold uns bestellt,
   Daß kein Argiver sie berühren darf?
   Wir ließen sie und keiner nahte ihr.
   Du bliebst so lange, daß ich staunen muß.
   Ich will dich holen. Dort steht alles gut,
   Wenn solches Leid als gut bestehen kann.
   Doch wie? Ein toter Troer vor dem Zelt?
   Er ist in kein achäisch Kleid gehüllt.

He *für sich*
   Unselge (mit mir selber red ich so),
   Was tun, Hekábe? Fall ich auf mein Knie
   Vor Agamemnon oder klag ich stumm?

Ag Du wendest meinem Aug den Rücken zu
   Und klagst! Was ist geschehn? Wer ist der Mann?

He *zu sich*
   Stieß er die Sklavin rauh von seinem Knie,
   Zu neuem Gipfel stieg mein hohes Leid!

Ag Ich bin kein Seher. Öffne deinen Mund
   Und sag, wonach dir deine Seele steht.

He *zu sich*
   Vielleicht denk ich zu Unrecht mir den Mann
   Voll Haß und Feindschaft – und er ist es nicht.

Ag Wenn du nicht willst, daß ich es wissen soll,
   Es ist dasselbe. Mir ist beides recht.

He *zu sich*
   Wenn ich die eignen Kinder rächen will,
   Dann nur durch ihn! Was wend ichs hin und her?
   Es sei gewagt! Geschehe, was da will!
                        sie kniet

Ἀγάμεμνον, ἱκετεύω σε τῶνδε γουνάτων
καὶ σοῦ γενείου δεξιᾶς τ' εὐδαίμονος.

Αγ τί χρῆμα μαστεύουσα; μῶν ἐλεύθερον
αἰῶνα θέσθαι; ῥᾴδιον γάρ ἐστί σοι. 755

Εκ οὐ δῆτα· τοὺς κακοὺς δὲ τιμωρουμένη
αἰῶνα τὸν σύμπαντα δουλεύειν θέλω.

Αγ καὶ δὴ τίν' ἡμᾶς εἰς ἐπάρκεσιν καλεῖς;

Εκ οὐδέν τι τούτων ὧν σὺ δοξάζεις, ἄναξ. –
ὁρᾷς νεκρὸν τόνδ', οὗ καταστάζω δάκρυ; 760

Αγ ὁρῶ· τὸ μέντοι μέλλον οὐκ ἔχω μαθεῖν.

Εκ τοῦτόν ποτ' ἔτεκον κἄφερον ζώνης ὕπο.

Αγ ἔστιν δὲ τίς σῶν οὗτος, ὦ τλῆμον, τέκνων;

Εκ οὐ τῶν θανόντων Πριαμιδῶν ὑπ' Ἰλίῳ.

Αγ ἦ γάρ τιν' ἄλλον ἔτεκες ἢ κείνους, γύναι; 765

Εκ ἀνόνητά γ', ὡς ἔοικε, τόνδ' ὃν εἰσορᾷς.

Αγ ποῦ δ' ὢν ἐτύγχαν', ἡνίκ' ὤλλυτο πτόλις;

Εκ πατήρ νιν ἐξέπεμψεν ὀρρωδῶν θανεῖν.

Αγ ποῖ τῶν τότ' ὄντων χωρίσας τέκνων μόνον;

Εκ ἐς τήνδε χώραν, οὗπερ ηὑρέθη θανών. 770

Αγ πρὸς ἄνδρ' ὃς ἄρχει τῆσδε Πολυμήστωρ χθονός;

Εκ ἐνταῦθ' ἐπέμφθη πικροτάτου χρυσοῦ φύλαξ.

Αγ θνῄσκει δὲ πρὸς τοῦ καὶ τίνος πότμου τυχών;

Εκ τίνος γ' ὑπ' ἄλλου; Θρῇξ νιν ὤλεσε ξένος.

Αγ ὦ τλῆμον· ἦ που χρυσὸν ἠράσθη λαβεῖν; 775

Εκ τοιαῦτ', ἐπειδὴ συμφορὰν ἔγνω Φρυγῶν.

Αγ ηὗρες δὲ ποῦ νιν; ἢ τίς ἤνεγκεν νεκρόν;

Εκ ἥδ', ἐντυχοῦσα ποντίας ἀκτῆς ἔπι.

Αγ τοῦτον ματεύουσ' ἢ πονοῦσ' ἄλλον πόνον;

Εκ λούτρ' ᾤχετ' οἴσουσ' ἐξ ἁλὸς Πολυξένη. 780

Αγ κτανών νιν, ὡς ἔοικεν, ἐκβάλλει ξένος.

Εκ θαλασσόπλαγκτόν γ', ὧδε διατεμὼν χρόα.

Αγ ὦ σχετλία σὺ τῶν ἀμετρήτων πόνων.

Εκ ὄλωλα κοὐδὲν λοιπόν, Ἀγάμεμνον, κακῶν.

Αγ φεῦ φεῦ· τίς οὕτω δυστυχὴς ἔφυ γυνή; 785

Εκ οὐκ ἔστιν, εἰ μὴ τὴν Τύχην αὐτὴν λέγοις.
ἀλλ' ὧνπερ οὕνεκ' ἀμφὶ σὸν πίπτω γόνυ

Bei deinen Knien, Agamemnon, fleh
Ich, bei den Wangen, bei der mächtigen Hand ...
Ag Sag, was begehrst du? Wenns die Freiheit ist,
So ist der Wunsch im Augenblick erfüllt.
He Das ist es nicht. Doch einen Bösewicht
Zu strafen, will ich ewig Sklave sein.
Ag So sag, zu welchem Beistand du mich rufst.
He Mein Fürst, du kannst nicht ahnen, was geschah.
Siehst du den Toten, den mein Aug beweint?
Ag Ich seh ihn, doch das Weitre weiß ich nicht.
He Mein Sohn ists, den ich unterm Gürtel trug.
Ag Und welcher deiner Söhne liegt vor dir?
He Kein Priamide, der vor Troja fiel.
Ag Gebarst du außer ihnen einen Sohn?
He Und ganz umsonst! Der eine liegt vor dir.
Ag Wo war er, als die Veste unterging?
He Der Vater hatte ängstlich ihn versteckt.
Ag Wohin hat er den Einzigen geschickt?
He In dieses Land, wo sich die Leiche fand.
Ag Zu Polymestor, dem dies Land gehört?
He Zu ihm, als Wächter auch des bösen Golds.
Ag Von wem und wie erlitt er diesen Tod?
He Der Thrakerfreund erschlug ihn. Wer denn sonst?
Ag Der Schurke gierte nach dem vielen Gold?
He Sobald er Trojas Untergang erfuhr!
Ag Fandst du die Leiche? Hat man sie gebracht?
He Die Alte las sie an der Brandung auf.
Ag Sie suchend oder tat sie andern Dienst?
He Sie ging um Wasser für Polýxena.
Ag Es scheint, der Mörder hat ihn weggeschafft.
He Zerstückelt gab er ihn den Wogen preis.
Ag O Frau der Schmerzen! Ungezählten Leids!
He Ich bin am Ende. Leid ist ausgeschöpft.
Ag Hat je ein jammervollres Weib gelebt?
He Kein Mensch, nur Tyche, die die Lose warf.
Vernimm, was ich zu deinen Füßen will:

ἄκουσον. εἰ μὲν ὅσιά σοι παθεῖν δοκῶ,
στέργοιμ' ἄν· εἰ δὲ τοὐμπαλιν, σύ μοι γενοῦ
τιμωρὸς ἀνδρός, ἀνοσιωτάτου ξένου,   790
ὃς οὔτε τοὺς γῆς νέρθεν οὔτε τοὺς ἄνω
δείσας δέδρακεν ἔργον ἀνοσιώτατον,
κοινῆς τραπέζης πολλάκις τυχὼν ἐμοί,
ξενίας τ' ἀριθμῷ πρῶτα τῶν ἐμῶν φίλων,
τυχὼν δ' ὅσων δεῖ καὶ λαβὼν προμηθίαν   795
ἔκτεινε· τύμβου δ', εἰ κτανεῖν ἐβούλετο,
οὐκ ἠξίωσεν, ἀλλ' ἀφῆκε πόντιον.
ἡμεῖς μὲν οὖν δοῦλοί τε κἀσθενεῖς ἴσως·
ἀλλ' οἱ θεοὶ σθένουσι χὠ κείνων κρατῶν
νόμος· νόμῳ γὰρ τοὺς θεοὺς ἡγούμεθα   800
καὶ ζῶμεν ἄδικα καὶ δίκαι' ὡρισμένοι·
ὃς ἐς σ' ἀνελθὼν εἰ διαφθαρήσεται,
καὶ μὴ δίκην δώσουσιν οἵτινες ξένους
κτείνουσιν ἢ θεῶν ἱερὰ τολμῶσιν φέρειν,
οὐκ ἔστιν οὐδὲν τῶν ἐν ἀνθρώποις ἴσον.   805
ταῦτ' οὖν ἐν αἰσχρῷ θέμενος αἰδέσθητί με·
οἴκτιρον ἡμᾶς, ὡς γραφεύς τ' ἀποσταθεὶς
ἰδοῦ με κἀνάθρησον οἷ' ἔχω κακά.
τύραννος ἦ ποτ', ἀλλὰ νῦν δούλη σέθεν,
εὔπαις ποτ' οὖσα, νῦν δὲ γραῦς ἄπαις θ' ἅμα,   810
ἄπολις ἔρημος, ἀθλιωτάτη βροτῶν.
οἴμοι τάλαινα, ποῖ μ' ὑπεξάγεις πόδα;
ἔοικα πράξειν οὐδέν· ὢ τάλαιν' ἐγώ.
τί δῆτα θνητοὶ τἆλλα μὲν μαθήματα
μοχθοῦμεν ὡς χρὴ πάντα καὶ ματεύομεν,   815
Πειθὼ δὲ τὴν τύραννον ἀνθρώποις μόνην
οὐδέν τι μᾶλλον ἐς τέλος σπουδάζομεν
μισθοὺς διδόντες μανθάνειν, ἵν' ἦν ποτε
πείθειν ἅ τις βούλοιτο τυγχάνειν θ' ἅμα;
πῶς οὖν ἔτ' ἄν τις ἐλπίσαι πράξειν καλῶς;   820
οἱ μὲν γὰρ ὄντες παῖδες οὐκέτ' εἰσί μοι,
αὐτὴ δ' ἐπ' αἰσχροῖς αἰχμάλωτος οἴχομαι·
καπνὸν δὲ πόλεως τόνδ' ὑπερθρῴσκονθ' ὁρῶ.

Bist du des Glaubens, mir sei Recht geschehn,
So nehm ichs hin; wenn nicht, so räche mich
An einem Mann, der jedes Gastrecht brach,
Der keine untre, keine obre Welt
Gescheut hat, als er schwerste Tat beging;
Der oft mit mir am gleichen Tische saß,
Als Gast geehrt, als nächster Freund gezählt,
Der reichen Lohns die Pflege übernahm
Und ihn erschlug, und wenn er es schon tat,
Ihn ohne Grab dem Meere überließ.
Wir sind wohl schwache Sklaven, doch es gibt
Auch starke Götter, ein noch stärkres Recht,
Ein Recht, das uns den Götterglauben schenkt
Und Gut und Böse klar erkennen läßt.
Du bist sein Hüter. Kommt es je zu Fall,
Wird nicht bestraft, wer seinen Gast erdolcht,
Sich an der Götter Heiligtum vergreift,
Gibts unter Menschen nie ein gleiches Maß.
Entgeh der Schande! Achte auf mein Wort!
Hab Mitleid! Wie ein Rechner stell dich hin
Und wäge meine Mängel Zug um Zug.
Einst Königin - und heute deine Magd,
Einst kinderreich - nun alt und ohne Kind,
Nun einsam, ohne Dach, ein Jammerbild. -
Du wendest deinen Fuß von mir? Wohin?
So hab ich nichts vermocht, ich armes Weib!
Warum erlernt der Mensch mit großer Not
So vieles, jagt so manchem Wissen nach,
Die Herrin Peitho aber, die die Welt
Regiert, erscheint uns wenig Mühe wert;
Sie zu erlernen, zahlt man wenig Gold,
Wo nur durch sie sich jeder Wunsch erfüllt!
Was hoff ich noch auf einen bessren Tag?
Die Kinder, die ich hatte, hab ich nicht,
Ich selbst bin Kriegerbeute und ein Nichts,
Aus meinem Troja drüben steigt der Rauch. -

καὶ μὴν ἴσως μὲν τοῦ λόγου κενὸν τόδε,
Κύπριν προβάλλειν· ἀλλ' ὅμως εἰρήσεται·   825
πρὸς σοῖσι πλευροῖς παῖς ἐμὴ κοιμίζεται
ἡ φοιβάς, ἢν καλοῦσι Κασάνδραν Φρύγες.
ποῦ τὰς φίλας δῆτ' εὐφρόνας δείξεις, ἄναξ,
ἢ τῶν ἐν εὐνῇ φιλτάτων ἀσπασμάτων
χάριν τίν' ἕξει παῖς ἐμή, κείνης δ' ἐγώ;   830
ἄκουε δή νυν· τὸν θανόντα τόνδ' ὁρᾷς;   833
τοῦτον καλῶς δρῶν ὄντα κηδεστὴν σέθεν
δράσεις. ἑνός μοι μῦθος ἐνδεὴς ἔτι.   835
εἴ μοι γένοιτο φθόγγος ἐν βραχίοσι
καὶ χερσὶ καὶ κόμαισι καὶ ποδῶν βάσει
ἢ Δαιδάλου τέχναισιν ἢ θεῶν τινος,
ὡς πάνθ' ὁμαρτῇ σῶν ἔχοιντο γουνάτων
κλαίοντ', ἐπισκήπτοντα παντοίους λόγους.   840
ὦ δέσποτ', ὦ μέγιστον Ἕλλησιν φάος,
πιθοῦ, παράσχες χεῖρα τῇ πρεσβύτιδι
τιμωρόν, εἰ καὶ μηδέν ἐστιν, ἀλλ' ὅμως.
ἐσθλοῦ γὰρ ἀνδρὸς τῇ δίκῃ θ' ὑπηρετεῖν
καὶ τοὺς κακοὺς δρᾶν πανταχοῦ κακῶς ἀεί.   845
Χο δεινόν γε, θνητοῖς ὡς ἅπαντα συμπίτνει,
καὶ τὰς ἀνάγκας οἱ νόμοι διώρισαν,
φίλους τιθέντες τούς γε πολεμιωτάτους
ἐχθρούς τε τοὺς πρὶν εὐμενεῖς ποιούμενοι.
Αγ ἐγώ σὲ καὶ σὸν παῖδα καὶ τύχας σέθεν,   850
Ἑκάβη, δι' οἴκτου χεῖρά θ' ἱκεσίαν ἔχω,
καὶ βούλομαι θεῶν θ' οὕνεκ' ἀνόσιον ξένον
καὶ τοῦ δικαίου τήνδε σοι δοῦναι δίκην,
εἴ πως φανείη γ' ὥστε σοί τ' ἔχειν καλῶς,
στρατῷ τε μὴ δόξαιμι Κασάνδρας χάριν   855
Θρήκης ἄνακτι τόνδε βουλεῦσαι φόνον.
ἔστιν γὰρ ᾗ ταραγμὸς ἐμπέπτωκέ μοι·
τὸν ἄνδρα τοῦτον φίλιον ἡγεῖται στρατος,

———

ἐκ τοῦ σκότου τε τῶν τε νυκτερησίων   831
φίλτρων μεγίστη γίγνεται βροτοῖς χάρις.

Soll ich noch Kypris wägen? Ihr Gewicht
Ist freilich leicht; und dennoch seis gesagt!
In deinen Armen schläft die Seherin,
Mein Kind Kassandra, wie sie Troja nennt.
Sind diese Nächte nicht des Königs wert?
Verdient das süße Glück des Lagers nicht
Des Mädchens Lohn und meinen Lohn durch sie?
So höre: was du diesem Toten tust,
Tust du dem Engstverwandten deines Betts.
Zuletzt noch dieses: hätten dieses Haar,
Die Arme hier, die Hände, dieses Paar
Der Füße Menschenlaut durch Daidals Kunst:
Ein einzig Klaglied strömte um dein Knie,
Einmütig legtens alle an dein Herz:
„O Herr, du hellstes Licht in Griechenland,
Gib nach und leihe deinen Rächerarm
Der alten Frau, und ist sie auch ein Nichts.
Der edle Mann steht im Gefolg des Rechts,
Bekämpft die Übertreter, wo er kann.

Chf O Wunder, was in uns zusammenstößt!
Die Bräuche setzen die Notwendigkeit,
Der grimme Feind wird unser bester Freund
Und alte Eintracht wandelt sich in Haß!
Ag Du und dein Kind, dein Schicksal und die Hand,
Die du erhebst, Hekábe, jammern mich,
Und um der Götter willen und des Rechts
Soll dieser Frevler büßen, was er tat,
Wenn dus als eignes Ziel erreichst und nicht
Das Heer sagt, um Kassandras willen hätt
Ich diesen Thrakerfürsten umgebracht.
Dies macht mir Sorge: daß in diesem Mann
Das Heer den Freund sieht, in dem toten Kind

τὸν κατθανόντα δ' ἐχθρόν· εἰ δὲ σοὶ φίλος
ὅδ' ἐστί, χωρὶς τοῦτο κοὐ κοινὸν στρατῷ.   860
πρὸς ταῦτα φρόντιζ'· ὡς θέλοντα μέν μ' ἔχεις
σοὶ ξυμπονῆσαι καὶ ταχὺν προσαρκέσαι,
βραδὺν δ', Ἀχαιοῖς εἰ διαβληθήσομαι.
Εκ φεῦ.
οὐκ ἔστι θνητῶν ὅστις ἔστ' ἐλεύθερος·
ἢ χρημάτων γὰρ δοῦλός ἐστιν ἢ τύχης,   865
ἢ πλῆθος αὐτὸν πόλεος ἢ νόμων γραφαὶ
εἴργουσι χρῆσθαι μὴ κατὰ γνώμην τρόποις.
ἐπεὶ δὲ ταρβεῖς τῷ τ' ὄχλῳ πλέον νέμεις,
ἐγώ σε θήσω τοῦδ' ἐλεύθερον φόβου.
σύνισθι μὲν γάρ, ἤν τι βουλεύσω κακὸν   870
τῷ τόνδ' ἀποκτείναντι, συνδράσῃς δὲ μή.
ἢν δ' ἐξ Ἀχαιῶν θόρυβος ἢ 'πικουρία
πάσχοντος ἀνδρὸς Θρῃκὸς οἷα πείσεται
φανῇ τις, εἶργε μὴ δοκῶν ἐμὴν χάριν.
τὰ δ' ἄλλα – θάρσει – πάντ' ἐγὼ θήσω καλῶς.   875
Αγ πῶς οὖν; τί δράσεις; πότερα φάσγανον χερὶ
λαβοῦσα γραίᾳ φῶτα βάρβαρον κτενεῖς,
ἢ φαρμάκοισιν ἢ 'πικουρίᾳ τινί;
τίς σοι ξυνέσται χείρ; πόθεν κτήσῃ φίλους;
Εκ στέγαι κεκεύθασ' αἵδε Τρῳάδων ὄχλον.   880
Αγ τὰς αἰχμαλώτους εἶπας, Ἑλλήνων ἄγραν;
Εκ σὺν ταῖσδε τὸν ἐμὸν φονέα τιμωρήσομαι.
Αγ καὶ πῶς γυναιξὶν ἀρσένων ἔσται κράτος;
Εκ δεινὸν τὸ πλῆθος σὺν δόλῳ τε δύσμαχον.
Αγ δεινόν· τὸ μέντοι θῆλυ μέμφομαι γένος.   885
Εκ τί δ'; οὐ γυναῖκες εἷλον Αἰγύπτου τέκνα
καὶ Λῆμνον ἄρδην ἀρσένων ἐξῴκισαν;
ἀλλ' ὡς γενέσθω· τόνδε μὲν μέθες λόγον,
πέμψον δέ μοι τήνδ' ἀσφαλῶς διὰ στρατοῦ
γυναῖκα.   890

καὶ σὺ Θρῃκὶ πλαθεῖσα ξένῳ

Den Feind. Daß du ihn liebst, das steht für sich
Und kümmert keinen Griechen. Dies bedenk:
Wenn ich dir helfen soll, so tu ichs gern
Und bin ein rascher Beistand, aber träg,
Wenn es mir üblen Ruf im Heere bringt.

He So ist kein Mensch auf dieser Erde frei!
Man dient dem Gelde, ist der Knecht des Glücks.
Des Volkes Menge, das geschriebne Recht
Läßt keinen leben nach der eignen Art.
Des Volkes Stimme kümmert dich zu viel,
So mach ich dich von dieser Sorge frei:
In meiner Rache an dem Mörder sollst
Du nicht der Täter, nur der Wisser sein!
Wenn dieser Thraker leidet, was er muß,
Und Lärm und Beistand kommt vom Griechenheer,
So schreite, ganz von deiner Seite, ein.
Das andre leist ich selber, sei getrost!

Ag Was willst du tun? Bringst du als alte Frau
Den Thraker mit gezückter Waffe um?
Hast du ein Gift? Gehilfen deiner Tat?
Wer hilft dir und wo nimmst du Freunde her?

He Das Zelt birgt eine Menge unsrer Fraun.

Ag Die Griechenbeute, die Gefangenen?

He Der Mörder wird von ihrer Hand bestraft.

Ag Wohnt Männerkraft in dieser Frauen Arm?

He Die Menge hilft den Frauen und die List.

Ag Gefährlich sind sie, Weiber immerhin!

He Fiel nicht Aigyptos' Stamm durch Weiberhand?
Das ganze Lemnos wurde männerleer!
Es wird geschehen. Sorge dich nicht mehr
Und gib der Frau durchs Lager frei Geleit. –

zur Dienerin

Du gehst zu meinem Thrakerfreund und sagst:

λέξον · Καλεῖ σ' ἄνασσα δή ποτ' Ἰλίου
Ἑκάβη, σὸν οὐκ ἔλασσον ἢ κείνης χρέος,
καὶ παῖδας · ὡς δεῖ καὶ τέκν' εἰδέναι λόγους
τοὺς ἐξ ἐκείνης.

τὸν δὲ τῆς νεοσφαγοῦς
Πολυξένης ἐπίσχες, Ἀγάμεμνον, τάφον,   895
ὡς τώδ' ἀδελφὼ πλησίον μιᾷ φλογί,
δισσὴ μέριμνα μητρί, κρυφθῆτον χθονί.
Αγ ἔσται τάδ' οὕτω · καὶ γὰρ εἰ μὲν ἦν στρατῷ
πλοῦς, οὐκ ἂν εἶχον τήνδε σοι δοῦναι χάριν ·
νῦν δ', οὐ γὰρ ἵησ' οὐρίους πνοὰς θεός,   900
μένειν ἀνάγκη πλοῦν ὁρῶντας ἥσυχον.
γένοιτο δ' εὖ πως · πᾶσι γὰρ κοινὸν τόδε,
ἰδίᾳ θ' ἑκάστῳ καὶ πόλει, τὸν μὲν κακὸν
κακόν τι πάσχειν, τὸν δὲ χρηστὸν εὐτυχεῖν.

Χο σὺ μέν, ὦ πατρὶς Ἰλιάς,	an² ba⌃	στρ.
τῶν ἀπορθήτων πόλις οὐκέτι λέξῃ ·	cr-hem-	906
τοῖον Ἑλλάνων νέφος ἀμφί σε κρύπτει	cr-hem-	
δορὶ δὴ δορὶ πέρσαν.	an² ×	
ἀπὸ δὲ στεφάναν κέκαρσαι	an² ba	910
πύργων, κατὰ δ' αἰθάλου κη-	⌃gl-	
λῖδ' οἰκτροτάταν κέχρωσαι ·	⌃gl-	
τάλαιν', οὐκέτι σ' ἐμβατεύσω.	∪-ch ba	

„Hekábe, Trojas alte Königin,
Lädt dich, um beider willen, in ihr Zelt,
Auch deine Söhne sollen Zeugen sein."

Dienerin ab, zu Agamemnon

Du, Agamemnon, schiebst Polýxenas,
Der frischgeopferten, Begräbnis auf.
Ein einzger Brand bestatte beider Leib,
Zwiefache Glut verzehrt der Mutter Herz.
Ag Es sei gewährt und kann auch nur geschehn,
Weil unser Heer noch wartet auf die Fahrt.
Uns ist der rechte Wind noch nicht beschert,
So harren wir geduldig, bis er kommt.
Mögs euch gelingen! Unser aller Wohl,
Der Stadt, des Bürgers, will des Frevlers Fall,
Will aller Gutgesinnten Wohlergehn.

ab

DRITTES STANDLIED

Chor

Strophe

Troja, du Stadt meiner Väter,
Rühme dich nicht, daß du heil
Bleibst im Dunkel der Wetternacht,
Die der Grieche mit tödlicher Lanze verhing!
    Den Kranz der Türme
    Schor er hinweg, und der Ruß
    Deckt mit häßlichen Flecken den Rest.
Du Ärmste,
Nie mehr betritt dich mein Fuß.

μεσονύκτιος ὠλλύμαν,   ἀντ.
ἦμος ἐκ δείπνων ὕπνος ἡδὺς ἐπ' ὄσσοις   915
σκίδναται, μολπᾶν δ' ἄπο καὶ χοροποιῶν
θυσιᾶν καταπαύσας
πόσις ἐν θαλάμοις ἔκειτο,
ξυστὸν δ' ἐπὶ πασσάλῳ, ναύ-   920
ταν οὐκέθ' ὁρῶν ὅμιλον
Τροίαν 'Ιλιάδ' ἐμβεβῶτα.   gl-

ἐγὼ δὲ πλόκαμον ἀναδέτοις   ia⁴   στρ.
μίτραισιν ἐρρυθμιζόμαν   ia⁴
χρυσέων ἐνόπτρων   ia²-   925
λεύσσουσ' ἀτέρμονας εἰς αὐγάς,   -gl
ἐπιδέμνιος ὡς πέσοιμ' ἐς εὐνάν.   an² ia²-
ἀνὰ δὲ κέλαδος ἔμολε πόλιν ·   ia⁴
κέλευσμα δ' ἦν κατ' ἄστυ Τροί-   ia⁴
ας τόδ' · 'Ω παῖδες 'Ελλά-   cr²-
νων, πότε δὴ πότε τὰν   hem   930
'Ιλιάδα σκοπιὰν   hem
πέρσαντες ἥξετ' οἴκους;   ia² ba

λέχη δὲ φίλια μονόπεπλος   ἀντ.
λιποῦσα, Δωρὶς ὡς κόρα,
σεμνὰν προσίζουσ'   935
οὐκ ἤνυσ' 'Άρτεμιν ἁ τλάμων ·
ἄγομαι δὲ θανόντ' ἰδοῦσ' ἀκοίταν
τὸν ἐμὸν ἅλιον ἐπὶ πέλαγος,

Gegenstrophe

Mitternacht brachte das Ende
Als nach dem Mahl süßer Schlaf
Sich auf meine Augen goß
Als ich Reigen und Lieder des Festes vergaß.
   Den Speer am Pflocke
   Liegt der Gemahl im Gemach
   Sieht den Haufen des Schiffsvolks nicht mehr,
   Das einstmals
   Trojas Gefilde betrat.

Zweite Strophe

Meine Locken ordnend.
Band ich die Haare zum Scheitel.
Taucht ich das Auge
In goldenen Spiegels
   Tiefschimmernden Glanz.
Dann streckt ich die Glieder aufs Bett.
Plötzlich ertönt
In den Gassen ein Lärm,
Kriegsruf lief durch die Stadt.
Von Troja man rief:
„Söhne der Griechen, wann endlich
Zerstört ihr die ilische Warte,
Wann fahrt ihr nachhause?“

Gegenstrophe

   Wie ein Dorermädchen
   Sprang ich im Hemde vom Lager
   Schutz mir zu suchen
   In Artemis' Tempel,
   Es war schon zu spät,
Im Anblick des toten Gemahls
Schleppt man mich fort
Zu dem Salzstrand des Meers,

πόλιν τ' ἀποσκοποῦσ', ἐπεὶ
νόστιμον ναῦς ἐκίνη-
σεν πόδα καί μ' ἀπὸ γᾶς
ὥρισεν Ἰλιάδος ·
τάλαιν', ἀπεῖπον ἄλγει,   940

τὰν τοῖν Διοσκού-   ia²-
ροιν Ἑλέναν κάσιν Ἰ-   hem
δαῖόν τε βούταν   ia²-
αἰνόπαριν κατάρᾳ   hem   945
διδοῦσ', ἐπεί με γᾶς ἐκ   ia² ba
πατρῴας ἀπώλεσεν   ba ia²
ἐξῴκισέν τ' οἴ-   ia²-
κων γάμος, οὐ γάμος ἀλλ'   hem
ἀλάστορός τις οἰζύς ·   ia² ba
ἂν μήτε πέλαγος ἅλιον ἀπαγάγοι πάλιν,   ia⁶   950
μήτε πατρῷον ἵκοιτ' ἐς οἶκον.   hem ba

Πολυμήστωρ

ὦ φίλτατ' ἀνδρῶν Πρίαμε, φιλτάτη δὲ σύ,
Ἑκάβη, δακρύω σ' εἰσορῶν πόλιν τε σὴν
τήν τ' ἀρτίως θανοῦσαν ἔκγονον σέθεν.   955
φεῦ ·
οὐκ ἔστι πιστὸν οὐδέν, οὔτ' εὐδοξία
οὔτ' αὖ καλῶς πράσσοντα μὴ πράξειν κακῶς.
φύρουσι δ' αὐτοὶ θεοὶ πάλιν τε καὶ πρόσω
ταραγμὸν ἐντιθέντες, ὡς ἀγνωσίᾳ
σέβωμεν αὐτούς. ἀλλὰ ταῦτα μὲν τί δεῖ   960

Nochmals schau ich zur Stadt
Der Väter und schon
Lichtet das Schiff seinen Anker,
Mich Ilions Land zu entführen;
Ich trag es nicht länger,

Schlußstrophe

Ich verfluche die Schwester
Der Dioskuren, Helena,
Und verfluche die Hirten der Rinder,
Den Unglücks-Paris des Ida.
Ja, dieser beiden Bund
Tilgte mich aus von der Heimat,
Stieß mich vom Haus,
Ein Bund, der kein Bund war,
Ein Jammer der Hölle.
Ach brächte nie wieder
Das salzige Meer sie zur Heimat,
Ach sähe sie nie
Das Haus ihrer Väter!

VIERTE HAUPTSZENE

Polymestor

mit Begleitern

O liebster Priamos! Ach Hekabe!
O dieses Troja! Wie bewein ich euch
Und deine Tochter, die dir heute starb!
Ja, wehe!
Was bleibt uns sicher? Aller Ruhm vergeht
Und jedes Glück verkehrt sich in ein Leid!
Die Götter selber rühren alles um,
Verwirren uns, so daß wir ganz bestürzt
Sie ehren müssen. Doch was klag ich noch,

θρηνεῖν, προκόπτοντ' οὐδὲν ἐς πρόσθεν κακῶν·
σὺ δ', εἴ τι μέμφῃ τῆς ἐμῆς ἀπουσίας,
σχές· τυγχάνω γὰρ ἐν μέσοις Θρῄκης ὅροις
ἀπών, ὅτ' ἦλθες δεῦρ'· ἐπεὶ δ' ἀφικόμην,
ἤδη πόδ' ἔξω δωμάτων αἴροντί μοι   965
ἐς ταὐτὸν ἦδε συμπίτνει δμωὶς σέθεν
λέγουσα μύθους, ὧν κλύων ἀφικόμην.

Εκ αἰσχύνομαί σε προσβλέπειν ἐναντίον,
Πολυμῆστορ, ἐν τοιοῖσδε κειμένη κακοῖς.
ὅτῳ γὰρ ὤφθην εὐτυχοῦσ', αἰδώς μ' ἔχει   970
ἐν τῷδε πότμῳ τυγχάνουσ' ἵν' εἰμὶ νῦν
κοὐκ ἂν δυναίμην προσβλέπειν ὀρθαῖς κόραις.
ἀλλ' αὐτὸ μὴ δύσνοιαν ἡγήσῃ σέθεν,
Πολυμῆστορ· ἄλλως δ' αἴτιόν τι καὶ νόμος,
γυναῖκας ἀνδρῶν μὴ βλέπειν ἐναντίον.   975
Πλ καὶ θαῦμά γ' οὐδέν. ἀλλὰ τίς χρεία σ' ἐμοῦ;
τί χρῆμ' ἐπέμψω τὸν ἐμὸν ἐκ δόμων πόδα·
Εκ ἴδιον ἐμαυτῆς δή τι πρὸς σὲ βούλομαι
καὶ παῖδας εἰπεῖν σούς· ὀπάονας δέ μοι
χωρὶς κέλευσον τῶνδ' ἀποστῆναι δόμων.   980
Πλ χωρεῖτ'· ἐν ἀσφαλεῖ γὰρ ἥδ' ἐρημία.
φίλη μὲν εἶ σύ, προσφιλὲς δέ μοι τόδε
στράτευμ' Ἀχαιῶν. ἀλλὰ σημαίνειν σὲ χρῆν·
τί χρὴ τὸν εὖ πράσσοντα μὴ πράσσουσιν εὖ
φίλοις ἐπαρκεῖν; ὡς ἕτοιμός εἰμ' ἐγώ.   985
Εκ πρῶτον μὲν εἰπὲ παῖδ' ὃν ἐξ ἐμῆς χερὸς
Πολύδωρον ἔκ τε πατρὸς ἐν δόμοις ἔχεις,
εἰ ζῇ· τὰ δ' ἄλλα δεύτερόν σ' ἐρήσομαι.
Πλ μάλιστα· τοὐκείνου μὲν εὐτυχεῖς μέρος.
Εκ ὦ φίλταθ', ὡς εὖ κἀξίως λέγεις σέθεν.   990
Πλ τί δῆτα βούλῃ δεύτερον μαθεῖν ἐμοῦ;
Εκ εἰ τῆς τεκούσης τῆσδε μέμνηταί τί μου;
Πλ καὶ δεῦρό γ' ὡς σὲ κρύφιος ἐζήτει μολεῖν.
Εκ χρυσὸς δὲ σῶς ὃν ἦλθεν ἐκ Τροίας ἔχων;
Πλ σῶς, ἐν δόμοις γε τοῖς ἐμοῖς φρουρούμενος.   995

Die Klage bringt uns keinen Schritt nach vorn.
Verzeihe, daß ich nicht schon früher kam.
Ich war im fernen innern Thrakien,
Als du hieherkamst. Nach der Wiederkehr
War ich schon auf dem ersten Weg zu dir,
Als deine Sklavin mir entgegentrat
Mit deiner Botschaft, und so bin ich da.

He *verhüllt sich*
Ich schäme mich, dir in das Aug zu sehn,
Polyméstor, ja, so tief sank ich hinab.
Du sahst mich einst im Glück, so muß ich jetzt
Im Unglück bergen meinen freien Blick.
Ich bitte, leg es nicht als Feindschaft aus,
Wo doch die Sitte jeder Frau verwehrt,
Den Männern offen in das Aug zu sehn.

Po Kein Vorwurf trifft dich. Sag, was du begehrst,
Warum du meinen Fuß hieher beschiedst!
He Was ich dir sagen muß, das geht nur dich
Und deine Söhne an. Laß dein Geleit
Inzwischen sich entfernen vom Gezelt!
Po Geht nur! Hier bin ich sicher, rings kein Feind,
Da du und alle Griechen Freunde sind!
Eröffne jetzt: wie kann ich Glücklicher
Der alten Freundin, die im Unglück ist,
Zur Seite stehen? Gern bin ich bereit!
He Vor allem: lebt mein kleiner Polydór,
Den seine Eltern einstmals in dein Haus
Entsandten? Andres frag ich hinterher.
Po Er lebt und seinethalben sei getrost!
He Ein frohes Wort und gänzlich deiner wert.
Po Und welches soll die zweite Antwort sein?
He Ob er noch manchmal an die Mutter denkt?
Po Er wollt dich sehen, heimlich brach er auf.
Hc Und ist der Schatz, mit dem er kam, noch heil?
Po Ganz heil, in meinem Hause gut verwahrt.

Εκ σῶσόν νυν αὐτὸν μηδ' ἔρα τῶν πλησίον.
Πλ ἥκιστ' · ὀναίμην τοῦ παρόντος, ὦ γύναι.
Εκ οἶσθ' οὖν ἃ λέξαι σοί τε καὶ παισὶν θέλω;
Πλ οὐκ οἶδα · τῷ σῷ τοῦτο σημανεῖς λόγῳ.
Εκ ἔστ', ὦ φιληθεὶς ὡς σὺ νῦν ἐμοὶ φιλῇ,   1000
Πλ τί χρῆμ' ὃ κάμὲ καὶ τέκν' εἰδέναι χρεών;
Εκ χρυσοῦ παλαιαὶ Πριαμιδῶν κατώρυχες.
Πλ ταῦτ' ἔσθ' ἃ βούλῃ παιδὶ σημῆναι σέθεν;
Εκ μάλιστα, διὰ σοῦ γ' · εἰ γὰρ εὐσεβὴς ἀνήρ.
Πλ τί δῆτα τέκνων τῶνδε δεῖ παρουσίας;   1005
Εκ ἄμεινον, ἢν σὺ κατθάνῃς, τούσδ' εἰδέναι.
Πλ καλῶς ἔλεξας · τῇδε καὶ σοφώτερον.
Εκ οἶσθ' οὖν 'Αθάνας 'Ιλίας ἵνα στέγαι;
Πλ ἐνταῦθ' ὁ χρυσός ἐστι; σημεῖον δὲ τί;
Εκ μέλαινα πέτρα γῆς ὑπερτέλλουσ' ἄνω.   1010
Πλ ἔτ' οὖν τι βούλῃ τῶν ἐκεῖ φράζειν ἐμοί;
Εκ σῶσαί σε χρήμαθ' οἷς συνεξῆλθον θέλω.
Πλ ποῦ δῆτα; πέπλων ἐντὸς ἢ κρύψασ' ἔχεις;
Εκ σκύλων ἐν ὄχλῳ ταῖσδε σῴζεται στέγαις.
Πλ ποῦ δ'; αἵδ' 'Αχαιῶν ναύλοχοι περιπτυχαί.   1015
Εκ ἰδίᾳ γυναικῶν αἰχμαλωτίδων στέγαι.
Πλ τἄνδον δὲ πιστὰ κἀρσένων ἐρημία;
Εκ οὐδεὶς 'Αχαιῶν ἔνδον, ἀλλ' ἡμεῖς μόναι.
    ἀλλ' ἕρπ' ἐς οἴκους · καὶ γὰρ 'Αργεῖοι νεῶν
    λῦσαι ποθοῦσιν οἴκαδ' ἐκ Τροίας πόδα ·   1020
    ὡς πάντα πράξας ὧν σε δεῖ στείχῃς πάλιν
    ξὺν παισὶν οὗπερ τὸν ἐμὸν ᾤκισας γόνον.

Χο οὔπω δέδωκας, ἀλλ' ἴσως δώσεις δίκην ·   ia⁶
    ἀλίμενόν τις ὡς εἰς ἄντλον πεσών   do²   1025
    λέχριος ἐκπεσῇ φίλας καρδίας,   do²
    ἀμέρσας βίοτον. τὸ γὰρ ὑπέγγυον   do²
    Δίκᾳ καὶ θεοῖσιν οὐ συμπίτνει ·   do²

He Behüt es gut und strebe nicht danach!
Po Wie sollt ich? Ist das meine nicht genug?
He Und ahnst du, was ich euch enthüllen will?
Po Nichts weiß ich, halte länger nicht zurück!
He Es ist ... so wahr wir engste Freunde sind ...
Po Was spielt um meine Söhne und um mich?
He Vergrabnes Gold des Königs Priamos!
Po Und das ist deine Botschaft an den Sohn?
He Und nur durch dich, den ehrenhaften Mann!
Po Und wozu riefst du meine Söhne her?
He Sie solltens wissen, wenn du jäh verstirbst.
Po Ein gutes Wort und weise vorbedacht.
He Kennst du Athenas Haus in Ilion?
Po Dort liegt das Gold? Wie findet man den Platz?
He Ein schwarzer Stein hebt sich vom Boden ab.
Po Was gibt es sonst, was du noch sagen willst?
He Verwahre mir mein mitgenommnes Gold!
Po Wo ists? Vergraben? Im Gewand versteckt?
He Im Zelt verbarg ichs, unter Beutekram.
Po Hier dehnt sich rings der Griechen Ankerplatz.
He Doch sind die Frauenzelte wohlgetrennt.
Po Ist man dort sicher? Ist kein Mann im Zelt?
He Kein Grieche steckt dort, wir sind ganz allein.
　Geh rasch hinein! Die Sieger streben schon
　Nachhause, jeder rüstet schnell sein Schiff.
　Verrichte, was du brauchst, dann ziehe heim
　Mit deinen Knaben, heim zu meinem Sohn.

beide gehen hinein

Chf Du hast noch Schulden, bald sind sie bezahlt.
Ch 　Wen der Sturm fern vom Hafen ereilt,
　　Den wirft er breitseits hinaus,
　Er trennt dich vom Herzschlag,
　Er endet dein Leben.
　Dikes Macht und der Götter
　Geht nicht unter,

ὀλέθριον ὀλέθριον κακόν. ia⁴ 1080
ψεύσει σ' ὁδοῦ τῆσδ' ἐλπὶς ἥ σ' ἐπήγαγεν ia⁶
θανάσιμον πρὸς Ἅιδαν, ἰὼ τάλας· do²
ἀπολέμῳ δὲ χειρὶ λείψεις βίον. do²

Πλ ὤμοι, τυφλοῦμαι φέγγος ὀμμάτων τάλας. 1035
Χο ἠκούσατ' ἀνδρὸς Θρηκὸς οἰμωγήν, φίλαι;
Πλ ὤμοι μάλ' αὖθις, τέκνα, δυστήνου σφαγῆς.

Χο φίλαι, πέπρακται καίν' ἔσω δόμων κακά.

Πλ ἀλλ' οὔτι μὴ φύγητε λαιψηρῷ ποδί·
βάλλων γὰρ οἴκων τῶνδ' ἀναρρήξω μυχούς. 1040
Χο ἰδού, βαρείας χειρὸς ὁρμᾶται βέλος.
βούλεσθ' ἐπεσπέσωμεν; ὡς ἀκμὴ καλεῖ
Ἑκάβῃ παρεῖναι Τρῳάσιν τε συμμάχους.

Εκ ἄρασσε, φείδου μηδέν, ἐκβάλλων πύλας·
οὐ γάρ ποτ' ὄμμα λαμπρὸν ἐνθήσεις κόραις, 1045
οὐ παῖδας ὄψῃ ζῶντας οὓς ἔκτειν' ἐγώ.
Χο ἦ γὰρ καθεῖλες Θρῇκα καὶ κρατεῖς ξένου,
δέσποινα, καὶ δέδρακας οἷάπερ λέγεις;
Εκ ὄψῃ νιν αὐτίκ' ὄντα δωμάτων πάρος
τυφλὸν τυφλῷ στείχοντα παραφόρῳ ποδί, 1050

Doch das Böse
Ist dem Verderben, Verderben geweiht.
Chf Die Hoffnung deines Gangs ist trügerisch.
Ch Er führt dich hinab
Zum tödlichen Hades, du Tor.
Von wehrloser Hand
Läßt du das Leben.

SCHLUSSZENE

Polymestor

innen

O weh, sie stechen mir die Augen aus!
Chf Habt ihr des Thrakers Weheschrei gehört?
Po *innen*
Ja, wehe! Kinder! Schauderhafter Mord!
Chf Ihr Lieben, wieder neue, schwere Tat!
Po *innen*
Kein leichter Fuß, der hier entrinnen kann!
Den tiefsten Winkel trifft mein Wurfgeschoß.
Ch Frau *innen*
Seht dies Geschoß aus seiner starken Hand!
Zweite *außen*
Gehn wir hinein, uns ruft der Augenblick,
Der Fürstin und den Frauen beizustehn!

Hekabe *kommt heraus und schließt zu*

Ja, hämmre, tobe, reiß die Türen aus,
Du setzt dir keine neuen Augen ein,
Siehst nie die Söhne, die ich dir erschlug!
Chf Bist wirklich du des falschen Thrakers Herr
Und hast ihm dieses alles angetan?
He Sogleich erscheint er hier vor diesem Zelt,
Ein Blinder mit des Blinden Taumelfuß!

παίδων τε δισσῶν σώμαθ', οὓς ἔκτειν' ἐγὼ
σὺν ταῖς ἀρίσταις Τρωάσιν· δίκην δέ μοι
δέδωκε. χωρεῖ δ', ὡς ὁρᾷς, ὅδ' ἐκ δόμων.
ἀλλ' ἐκποδὼν ἄπειμι κἀποστήσομαι
θυμῷ ῥέοντι Θρηκὶ δυσμαχωτάτῳ.   1055

ΠΛ ὤμοι ἐγώ, πᾷ βῶ   do
   πᾷ στῶ, πᾷ κέλσω;   do
   τετράποδος βάσιν θηρὸς ὀρεστέρου   do²
   τιθέμενος ἐπὶ ποδὶ κατ' ἴχνος χέρα;   do²

   ποίαν ἢ ταύταν ἢ τάνδ'   do an   1060
   ἐξαλλάξω, τὰς   do
   ἀνδροφόνους μάρψαι χρῄζων 'Ιλιάδας,   do²
   αἵ με διώλεσαν;   do
   τάλαιναι κόραι τάλαιναι Φρυγῶν,   do²

   ὦ κατάρατοι,   an²   1065
   ποῖ καί με φυγᾷ πτώσσουσι μυχῶν;   an⁴
   εἴθε μοι ὀμμάτων αἱματόεν βλέφαρον   do²
   ἀκέσαι· ἀκέσαιο τυφλόν, Ἅλιε,   an² do
   φέγγος ἐπαλλάξας.   do

   ἃ ἅ,
   σίγα· κρυπτὰν βάσιν αἰσθάνομαι   an⁴   1070
   τάνδε γυναικῶν. πᾷ πόδ' ἐπάξας   an⁴
   σαρκῶν ὀστέων τ' ἐμπλησθῶ,   an⁴ᴧ
   θοίναν ἀγρίων θηρῶν τιθέμενος,   an⁴
   ἀρνύμενος λώβαν   do
   λύμας ἀντίποιν' ἐμᾶς; ὦ τάλας.   do²   1075
   ποῖ πᾷ φέρομαι τέκν' ἔρημα λιπὼν   an⁴
   Βάκχαις Ἅιδου διαμοιρᾶσαι,   an⁴
   σφακτά, κυσίν τε φοινίαν δαῖτ' ἀνή-   do²
   μερον τ' οὐρείαν ἐκβολάν;   do cr

Und seiner Söhne Paar, das ich erschlug
Mit diesen besten Frauen Trojas. Recht
Ist ihm geschehen. Seht, er kommt heraus!
Ich will dem Thraker aus dem Wege gehn.
Er schäumt vor Wut und rast vor Rachbegier.

Polymestor *kriecht heraus*

Weh mir, wo Schritt,
Wo Stand, wo Ziel!
Folg ich mit Hand, mit Fuß
Vierfüßigem Schritt
Des wilden Tiers?
Wind ich die Richtung
Hierhin und dorthin,
Gierig zu fassen
Die troischen Mörder,
Die mich vernichtet?
Elende, elende Töchter der Phryger,
Ihr dreimal verfluchten,
In welche Löcher
Seid ihr gekrochen?
O kannst du das blutige Lid meiner Augen
Nicht heilen, nicht heilen,
Helios, Helios,
Bringe mir wieder das Licht!
Oh! Oh!
Still, da hör ich gedämpften Schritt
Jener Weiber. Wohin tu ich den Sprung,
Satt zu werden von Knochen, von Fleisch,
Vom Mahl wilder Tiere,
Doch auch satt von der Rache der Schmach?
Ich Armer! Wohin nur, wo treib ich?
Laß ich die Kinder zurück,
Festmahl der Bacchen des Hades,
Geschlachtet, das blutige Mahl aller Hunde,
Wild in die Wildnis gestreut.

πᾷ στῶ, πᾷ κάμψω, πᾷ βῶ,   do an   1080
ναῦς ὅπως ποντίοις   cr²
πείσμασιν, λινόκροκον   cr²
φᾶρος στέλλων, ἐπὶ τάνδε συθεὶς   an⁴
τέκνων ἐμῶν φύλαξ ὀλέθριον κοίταν;   ◡hyp do

Χο ὦ τλῆμον, ὡς σοι δύσφορ' εἴργασται κακά ·   ia⁶   1085
    δράσαντι δ' αἰσχρὰ δεινὰ τἀπιτίμια.   ia⁶   1086
Πλ αἰαῖ, ἰὼ Θρῄκης λογχοφόρον ἔνο-   do hyp 1088
    πλον εὔιππον Ἄρει κάτοχον γένος.   do²   1090

ἰὼ Ἀχαιοί, ἰὼ Ἀτρεῖδαι ·   cr- cr-
βοὰν βοὰν αὐτῶ, βοάν ·   ia² do
ὦ ἴτε · μόλετε πρὸς θεῶν.   do
κλύει τις ἢ οὐδεὶς ἀρκέσει; τί μέλλετε;   ia⁶

γυναῖκες ὤλεσάν με,   ia² ba   1095
γυναῖκες αἰχμαλωτίδες ·   ia⁴
δεινὰ δεινὰ πεπόνθαμεν.   –◡do
ὤμοι ἐμᾶς λώβας.   do

ποῖ τράπωμαι, ποῖ πορευθῶ;   cr- cr-
αἰθέρ' ἀμπτάμενος οὐράνιον   cr do   1100
ὑψιπετὲς ἐς μέλαθρον,   cr²
Ὠαρίων ἢ Σεί-   do
ριος ἔνθα πυρὸς φλογέας ἀφίη-   an⁴
σιν ὄσσων αὐγάς, ἢ τὸν ἐς Ἀΐδα   do²   1105
μελάγχρωτα πορθμὸν ᾄξω τάλας;   do²

Χο συγγνώσθ', ὅταν τις κρείσσον' ἢ φέρειν κακὰ   ia⁶
    πάθῃ, ταλαίνης ἐξαπαλλάξαι ζόης.

————————

δαίμων ἔδωκεν ὅστις ἐστί σοι βαρύς.   1087

Weh mir, wo Schritt,
Wo Stand, wo Ruh?
Wie ein Schiff seine Segel am Tau,
Möcht ich mein linnenes Kleid
Breiten als Wächter
Vor das Todbett der Kinder.

Chf O Täter einer ungeheuren Tat,
Du bist mit gleichem schwerem Mord bezahlt.

Po Ach ach!
O Thrakerstamm,
Der Lanzen, Waffen, Pferde alter Stamm!
Du Land des Ares!
Hört, ihr Achäer!
Hört, ihr Atriden!
Ich schreie, schreie, schreie einen Schrei!
Hieher, hieher, bei allen Göttern, schnell!
Hört keiner, hilft mir keiner, ungesäumt?
Weiber erschlugen mich,
Erbeutete Weiber,
Schlimmstes, Schlimmstes erlitt ich,
O Schmach, o Schmach!
Wo ein Weg?
Wo ein Ziel?
Flieg ich hinauf in des Himmels,
Des Himmels hochragende Häuser,
Wo Sirius, wo der Orion
Aus feurigem Aug
Seine funkelnden Strahlen entsendet?
Stürm ich hinab
Zu der schwärzlichen Fähre,
Hinunter zu Hades' Reich?

Chf Wer Leiden trägt, die niemand tragen kann,
Was sucht er sonst als seiner Tage Ziel?

Αγ κραυγῆς ἀκούσας ἦλθον · οὐ γὰρ ἥσυχος
πέτρας ὀρείας παῖς λέλακ' ἀνὰ στρατὸν 1110
Ἠχὼ διδοῦσα θόρυβον · εἰ δὲ μὴ Φρυγῶν
πύργους πεσόντας ᾖσμεν Ἑλλήνων δορί,
φόβον παρέσχεν οὐ μέσως ὅδε κτύπος.
Πλ ὦ φίλτατ' · ᾐσθόμην γάρ, Ἀγάμεμνον, σέθεν
φωνῆς ἀκούσας · εἰσορᾷς ἃ πάσχομεν; 1115
Αγ ἔα ·
Πολυμῆστορ · ὦ δύστηνε, τίς σ' ἀπώλεσεν;
τίς ὄμμ' ἔθηκε τυφλὸν αἱμάξας κόρας,
παῖδάς τε τούσδ' ἔκτεινεν; ἦ μέγαν χόλον
σοὶ καὶ τέκνοισιν εἶχεν ὅστις ἦν ἄρα.
Πλ Ἑκάβη με σὺν γυναιξὶν αἰχμαλωτίσιν 1120
ἀπώλεσ' – οὐκ ἀπώλεσ', ἀλλὰ μειζόνως.
Αγ τί φής; σὺ τοὔργον εἴργασαι τόδ', ὡς λέγει;
σὺ τόλμαν, Ἑκάβη, τήνδ' ἔτλης ἀμήχανον;
Πλ ὤμοι, τί λέξεις; ἦ γὰρ ἐγγύς ἐστί που;
σήμηνον, εἰπὲ ποῦ 'σθ', ἵν' ἁρπάσας χεροῖν 1125
διασπάσωμαι καὶ καθαιμάξω χρόα.
Αγ οὗτος, τί πάσχεις;
Πλ   πρὸς θεῶν σε λίσσομαι,
μέθες μ' ἐφεῖναι τῇδε μαργῶσαν χέρα.
Αγ ἴσχ' · ἐκβαλὼν δὲ καρδίας τὸ βάρβαρον
λέγ', ὡς ἀκούσας σοῦ τε τῆσδέ τ' ἐν μέρει 1130
κρίνω δικαίως ἀνθ' ὅτου πάσχεις τάδε.
Πλ λέγοιμ' ἄν. ἦν τις Πριαμιδῶν νεώτατος,
Πολύδωρος, Ἑκάβης παῖς, ὃν ἐκ Τροίας ἐμοὶ
πατὴρ δίδωσι Πρίαμος ἐν δόμοις τρέφειν,
ὕποπτος ὢν δὴ Τρωικῆς ἁλώσεως. 1135
τοῦτον κατέκτειν' · ἀνθ' ὅτου δ' ἔκτεινά νιν,
ἄκουσον, ὡς εὖ καὶ σοφῇ προμηθίᾳ.
ἔδεισα μή σοι πολέμιος λειφθεὶς ὁ παῖς
Τροίαν ἀθροίσῃ καὶ ξυνοικίσῃ πάλιν,
γνόντες δ' Ἀχαιοὶ ζῶντα Πριαμιδῶν τινα 1140
Φρυγῶν ἐς αἶαν αὖθις ἄρειαν στόλον,

Agamemnon *mit Gefolge*

Geschrei rief mich hieher. Unruhig gibt
Die Felsentochter Echo wilden Laut
Dem Heere weiter. Wüßte ich es nicht,
Daß Trojas Burg dem Griechenspeer erlag,
So hätte mich der Lärm zu Tod erschreckt.

Po Agamemnons Stimme! Mir so wohl bekannt!
Mein Lieber, siehst du, was man mir getan?

Ag Polyméstor, Armer, wessen Mörderhand
Hat deine Augen ihres Lichts beraubt?
Die Söhne umgebracht? Nur wilder Haß
Hat dir und ihnen dieses angetan!

Po Hekábe mit den Beutefrauen hat
Mich umgebracht und mehr als umgebracht!

Ag Was sagst du? Hast du wirklich, Hékabe,
Die Tat gewagt, die keine Tat mehr ist?

Po Was hör ich? Ist sie wirklich in der Näh?
Sag, wo sie steht, daß ich mit dieser Hand
Sie packen und in Stücke reißen kann!

Ag Was ist dir, Mensch?

Po   Bei allen Göttern! Laß
Die Hand austoben ihre Raserei!

Ag Halt ein und zähme dein Barbarenherz!
Ich höre dich und höre diese Frau
Und richte, ob dir Unrecht widerfuhr.

Po So höre. Polydoros, jüngster Sohn
Des Priamos und Hékabes, ward mir
Von ihm zur Pflege anvertraut, als er
Dem Untergang der Stadt entgegensah.
Ich schlug ihn tot, mit gutem Vorbedacht
Und vollem Recht. Ich sage dir, warum.
Er konnte hier im Lande als dein Feind
Die Troer sammeln, neu die Stadt erbaun,
Und wieder zöge, gegen Priams Sohn,
Der Griechen ganze Flotte in dies Land.

κᾆπειτα Θρῄκης πεδία τρίβοιεν τάδε
λεηλατοῦντες, γείτοσιν δ' εἴη κακὸν
Τρώων, ἐν ᾧπερ νῦν, ἄναξ, ἐκάμνομεν.
'Εκάβη δὲ παιδὸς γνοῦσα θανάσιμον μόρον   1145
λόγῳ με τοιῷδ' ἤγαγ', ὡς κεκρυμμένας
θήκας φράσουσα Πριαμιδῶν ἐν 'Ιλίῳ
χρυσοῦ· μόνον δὲ σὺν τέκνοισί μ' εἰσάγει
δόμους, ἵν' ἄλλος μή τις εἰδείη τάδε.
ἷζω δὲ κλίνης ἐν μέσῳ κάμψας γόνυ·   1150
πολλαὶ δὲ χεῖρες, αἱ μὲν ἐξ ἀριστερᾶς,
αἱ δ' ἔνθεν, ὡς δὴ παρὰ φίλῳ, Τρώων κόραι
θάκους ἔχουσαι, κερκίδ' Ἠδωνῆς χερὸς
ᾔνουν, ὑπ' αὐγὰς τούσδε λεύσσουσαι πέπλους·
ἄλλαι δὲ κάμακα Θρηκίαν θεώμεναι   1155
γυμνόν μ' ἔθηκαν διπτύχου στολίσματος.
ὅσαι δὲ τοκάδες ἦσαν, ἐκπαγλούμεναι
τέκν' ἐν χεροῖν ἔπαλλον, ὡς πρόσω πατρὸς
γένοιντο, διαδοχαῖς ἀμείβουσαι χερῶν·
κᾆτ' ἐκ γαληνῶν – πῶς δοκεῖς; – προσφθεγμάτων   1160
εὐθὺς λαβοῦσαι φάσγαν' ἐκ πέπλων ποθὲν
κεντοῦσι παῖδας, αἱ δὲ πολεμίων δίκην
ξυναρπάσασαι τὰς ἐμὰς εἶχον χέρας
καὶ κῶλα· παισὶ δ' ἀρκέσαι χρῄζων ἐμοῖς,
εἰ μὲν πρόσωπον ἐξανισταίην ἐμόν,   1165
κόμης κατεῖχον, εἰ δὲ κινοίην χέρας,
πλήθει γυναικῶν οὐδὲν ἤνυον τάλας.
τὸ λοίσθιον δέ, πῆμα πήματος πλέον,
ἐξειργάσαντο δείν'· ἐμῶν γὰρ ὀμμάτων,
πόρπας λαβοῦσαι, τὰς ταλαιπώρους κόρας   1170
κεντοῦσιν, αἱμάσσουσιν· εἶτ' ἀνὰ στέγας
φυγάδες ἔβησαν· ἐκ δὲ πηδήσας ἐγὼ
θὴρ ὣς διώκω τὰς μιαιφόνους κύνας,
ἅπαντ' ἐρευνῶν τοῖχον ὡς κυνηγέτης,
βάλλων ἀράσσων. τοιάδε σπεύδων χάριν   1175
πέπονθα τὴν σὴν πολέμιόν τε σὸν κτανών,
'Αγάμεμνον. ὡς δὲ μὴ μακροὺς τείνω λόγους,

Der Thraker Fluren würden wiederum
Geplündert, Trojas Nachbarn litten Not,
Wie schon, mein Fürst, in diesem Krieg geschah.
Hekabe hörte von des Sohnes Tod
Und brachte mich mit falschem Wort hieher:
In Troja sei das Gold des Priamos
Vergraben und zu finden. Ganz allein
Mit meinen Söhnen führt sie mich ins Zelt,
Daß keiner etwas höre, und ich ließ
Mich nieder auf des Polsters Ehrensitz,
Und vieler Troermädchen Hände, die
Sich rechts und links, wie um den besten Freund
Daneben setzten, prüften mein Gewand
Genauen Augs und lobten das Gespinst
Von Edon. Andere bewunderten
Den Lanzenschaft und stellten ihn beiseit.
Was Mütter waren, wiegten ganz entzückt
Die Knaben auf dem Arm und reichten sie
Von Hand zu Hand und trennten sie von mir.
Dann, mitten im Geplauder – unerhört! –
Aus Kleidern plötzlich Dolche, blutger Mord
An meinen Kindern, andre packen Arm
Und Bein und drosseln sie, ein ganzes Heer.
Wollt ich den Kindern helfen, wollt ich nur
Mein Haupt ein wenig heben, rissen sie
Am Haar und jede Regung meines Beins
Ward von der Weiberschar erdrückt.
Und schließlich taten sie die schwerste Tat,
Der Taten Untat, stießen in mein Aug
Die Spangen ihrer Kleider, füllten es
Mit Strömen Bluts – und stürmten schnell davon.
Wie wildes Tier sprang ich der Beute nach,
Der Jäger jagte ringsumher sein Wild,
Ich warf und hieb. Um deinetwillen litt
Ich alles: weil ich deinen Feind erschlug.

εἴ τις γυναῖκας τῶν πρὶν εἴρηκεν κακῶς
ἢ νῦν λέγων ἔστιν τις ἢ μέλλει λέγειν,
ἅπαντα ταῦτα συντεμὼν ἐγὼ φράσω ·   1180
γένος γὰρ οὔτε πόντος οὔτε γῆ τρέφει
τοιόνδ' · ὁ δ' αἰεὶ ξυντυχὼν ἐπίσταται.
Χο μηδὲν θρασύνου μηδὲ τοῖς σαυτοῦ κακοῖς
τὸ θῆλυ συνθεὶς ὧδε πᾶν μέμψῃ γένος.   1184
Εκ 'Αγάμεμνον, ἀνθρώποισιν οὐκ ἐχρῆν ποτε   1187
τῶν πραγμάτων τὴν γλῶσσαν ἰσχύειν πλέον ·
ἀλλ', εἴτε χρήστ' ἔδρασε, χρήστ' ἔδει λέγειν,
εἴτ' αὖ πονηρά, τοὺς λόγους εἶναι σαθρούς,   1190
καὶ μὴ δύνασθαι τἄδικ' εὖ λέγειν ποτέ.
σοφοὶ μὲν οὖν εἰσ' οἱ τόδ' ἠκριβωκότες,
ἀλλ' οὐ δύνανται διὰ τέλους εἶναι σοφοί,
κακῶς δ' ἀπώλοντ' · οὔτις ἐξήλυξέ πω.
καί μοι τὸ μὲν σὸν ὧδε φροιμίοις ἔχει ·   1195
πρὸς τόνδε δ' εἶμι καὶ λόγοις ἀμείψομαι ·
ὃς φὴς 'Αχαιῶν πόνον ἀπαλλάσσων διπλοῦν
'Αγαμέμνονός θ' ἕκατι παῖδ' ἐμὸν κτανεῖν.
ἀλλ', ὦ κάκιστε, πρῶτον οὔποτ' ἂν φίλον
τὸ βάρβαρον γένοιτ' ἂν Ἕλλησιν γένος   1200
οὐδ' ἂν δύναιτο. τίνα δὲ καὶ σπεύδων χάριν
πρόθυμος ἦσθα; πότερα κηδεύσων τινὰ
ἢ συγγενὴς ὤν, ἢ τίν' αἰτίαν ἔχων;
ἢ σῆς ἔμελλον γῆς τεμεῖν βλαστήματα
πλεύσαντες αὖθις; τίνα δοκεῖς πείσειν τάδε;   1205
ὁ χρυσός, εἰ βούλοιο τἀληθῆ λέγειν,
ἔκτεινε τὸν ἐμὸν παῖδα, καὶ κέρδη τὰ σά.
ἐπεὶ δίδαξον τοῦτο · πῶς, ὅτ' εὐτύχει
Τροία, πέριξ δὲ πύργος εἶχ' ἔτι πτόλιν,
ἔζη τε Πρίαμος Ἕκτορός τ' ἤνθει δόρυ,   1210
τί δ' οὐ τότ, εἴπερ τῷδ' ἐβουλήθης χάριν
θέσθαι, τρέφων τὸν παῖδα κἀν δόμοις ἔχων

πολλαὶ γὰρ ἡμῶν, αἱ μέν εἰσ' ἐπίφθονοι,   1185
αἱ δ' εἰς ἀριθμὸν τῶν κακῶν πεφύκαμεν.

Oft schalt man Frauen, schilt und wird es tun –
Ich faß es in dies kurze Wort: das Meer,
Die Erde nährt kein wilderes Getier.
Ein jeder weiß es, der sie selbst erfuhr.

Chf Mit frecher Stirn ziehst du aus deinem Los
　　Das Recht zur Schmähung jeder edlen Frau.
He　Ach, Agamemnon, warum gilt uns nur
　　Die Rede mehr im Leben als die Tat?
　　Wer Gutes tut, sei auch im Wort voran,
　　Wer Schlechtes, auch in Reden ohne Macht
　　Und färbe nie die üblen Taten schön.
　　Die diese Kunst betreiben, sind zwar klug,
　　Doch hält die Klugheit nicht zum Ende durch,
　　Sie gehen unter, keiner bleibt verschont.
　　Dies Eingangswort war dir allein bestimmt,
　　Nun dreht sich meine Rede gegen ihn. –
　　Du sagst, du sparst den Griechen neuen Krieg,
　　Für Agamemnon trafst du meinen Sohn.
　　Elender, können die Barbaren je
　　Dem Griechen echte Hilfe sein? Wofür?
　　Halfst du den Schwägern? Männern deines Bluts?
　　Und daß sie wiederkommen, deiner Flur
　　Zu schaden, gibt es jemand, der das glaubt?
　　Das Gold allein, wenn du die Wahrheit willst,
　　Hat mir den Sohn geraubt, und deine Gier.

　　Und sag noch dies: als Troja mächtig war
　　Im Kranz der Türme, unter Priamos,
　　Und Hektors Speer erblühte, da erschlugst
　　Du nicht für Agamemnon meinen Sohn,
　　Den du im Hause hattest, übergabst

ἔκτεινας ἢ ζῶντ' ἦλθες 'Αργείοις ἄγων;
ἀλλ' ἡνίχ' ἡμεῖς οὐκέτ' ἐσμὲν ἐν φάει –
καπνῷ δ' ἐσήμην' ἄστυ – πολεμίων ὕπο,   1215
ξένον κατέκτας σὴν μολόντ' ἐφ' ἑστίαν.
πρὸς τοῖσδε νῦν ἄκουσον, ὡς φανῇς κακός·
χρῆν σ', εἴπερ ἦσθα τοῖς 'Αχαιοῖσιν φίλος,
τὸν χρυσὸν ὃν φῂς οὐ σὸν ἀλλὰ τοῦδ' ἔχειν
δοῦναι φέροντα πενομένοις τε καὶ χρόνον   1220
πολὺν πατρῴας γῆς ἀπεξενωμένοις·
σὺ δ' οὐδὲ νῦν πω σῆς ἀπαλλάξαι χερὸς
τολμᾷς, ἔχων δὲ καρτερεῖς ἔτ' ἐν δόμοις.
καὶ μὴν τρέφων μὲν ὥς σε παῖδ' ἐχρῆν τρέφειν
σώσας τε τὸν ἐμόν, εἶχες ἂν καλὸν κλέος·   1225
ἐν τοῖς κακοῖς γὰρ ἀγαθοὶ σαφέστατοι
φίλοι· τὰ χρηστὰ δ' αὔθ' ἕκαστ' ἔχει φίλους.
εἰ δ' ἐσπάνιζες χρημάτων, ὁ δ' εὐτύχει,
θησαυρὸς ἄν σοι παῖς ὑπῆρχ' οὑμὸς μέγας·
νῦν δ' οὔτ' ἐκεῖνον ἄνδρ' ἔχεις σαυτῷ φίλον,   1230
χρυσοῦ τ' ὄνησις οἴχεται παῖδές τε σοί,
αὐτός τε πράσσεις ὧδε. σοὶ δ' ἐγὼ λέγω,
'Αγάμεμνον, εἰ τῷδ' ἀρκέσεις, κακὸς φανῇ·
οὔτ' εὐσεβῆ γὰρ οὔτε πιστὸν οἷς ἐχρῆν,
οὐχ ὅσιον, οὐ δίκαιον εὖ δράσεις ξένον·   1235
αὐτὸν δὲ χαίρειν τοῖς κακοῖς σὲ φήσομεν
τοιοῦτον ὄντα· δεσπότας δ' οὐ λοιδορῶ.
Χο φεῦ φεῦ· βροτοῖσιν ὡς τὰ χρηστὰ πράγματα
χρηστῶν ἀφορμὰς ἐνδίδωσ' ἀεὶ λόγων.
Αγ ἀχθεινὰ μέν μοι τἀλλότρια κρίνειν κακά,   1240
ὅμως δ' ἀνάγκη· καὶ γὰρ αἰσχύνην φέρει,
πρᾶγμ' ἐς χέρας λαβόντ' ἀπώσασθαι τόδε.
ἐμοὶ δ', ἵν' εἰδῇς, οὔτ' ἐμὴν δοκεῖς χάριν
οὔτ' οὖν 'Αχαιῶν ἄνδρ' ἀποκτεῖναι ξένον,
ἀλλ' ὡς ἔχῃς τὸν χρυσὸν ἐν δόμοισι σοῖς.   1245
λέγεις δὲ σαυτῷ πρόσφορ' ἐν κακοῖσιν ὤν.
τάχ' οὖν παρ' ὑμῖν ῥᾴδιον ξενοκτονεῖν·
ἡμῖν δέ γ' αἰσχρὸν τοῖσιν Ἕλλησιν τόδε.

Ihn lebend nicht den Griechen; du erschlugst,
Erst als das Licht der Stadt erloschen war
Und nur noch Rauch sie kundgab, deinen Gast. –
Noch andres zeugt von von deinem üblen Sinn.
Du mußtest mit dem Goldschatz, der doch sein
War und nicht dein, als wahrer Griechenfreund
Dem Heere helfen, das so lange Zeit
Fern von der Heimat lag und Mangel litt.
Selbst jetzt rückt deine Hand es nicht heraus;
Als wär es deines, hegst dus im Gemach.
Hättst du das Kind gehalten, wie man muß.
Und treu behütet, wäre es dein Ruhm;
Der echte Freund erweist sich in der Not,
Und gutes Haus zieht wieder Freunde an.
Wärst du in Not und er im Überfluß,
So wär mein Sohn ein wahrer Schatz für dich.
Nun kann er dich nichts nützen, und das Gold
Ist sinnlos, deine Kinder tot, du selbst
Stehst so vor mir! Mein Fürst, wenn du ihm hilfst,
Zerstörst du deinen Ruhm. „Den fremden Mann,
Gottlos und treulos, ohne Scheu und Recht,
Machst du zum Freund, ziehst ihn an deinen Tisch",
So heißt es – doch ich achte meine Herrn.

Chf Ja, seht, wie auf gerechtem Untergrund
    Gerechtes Wort von selber sich erhebt!
Ag Das Richteramt in fremdem Streit ist mir
    Verhaßt, doch auferlegt; ich trage Scheu,
    In andre Hand zu legen diese Last.
    So hör: ich glaube nicht, daß du für mich
    Den Gast getötet oder für mein Heer,
    Du lechztest nach dem Golde für dein Haus
    Und gabst jetzt andre, schönre Gründe an.
    Den Gast zu töten, wiegt bei euch nicht schwer,
    Uns Griechen gilts als schändlichster Verrat.

πῶς οὖν σε κρίνας μὴ ἀδικεῖν φύγω ψόγον;
οὐκ ἂν δυναίμην. ἀλλ' ἐπεὶ τὰ μὴ καλὰ   1250
πράσσειν ἐτόλμας, τλῆθι καὶ τὰ μὴ φίλα.
Πλ οἴμοι, γυναικός, ὡς ἔοιχ', ἡσσώμενος
δούλης ὑφέξω τοῖς κακίοσιν δίκην.
Αγ οὔκουν δικαίως, εἴπερ εἰργάσω κακά;
Πλ οἴμοι τέκνων τῶνδ' ὀμμάτων τ' ἐμῶν, τάλας.   1255
Εκ ἀλγεῖς · τί δ'; ἢ 'μὲ παιδὸς οὐκ ἀλγεῖν δοκεῖς;
Πλ χαίρεις ὑβρίζουσ' εἰς ἔμ', ὦ πανοῦργε σύ;
Εκ οὐ γάρ με χαίρειν χρή σε τιμωρουμένην;
Πλ ἀλλ' οὐ τάχ', ἡνίκ' ἄν σε ποντία νοτὶς -
Εκ μῶν ναυστολήσῃ γῆς ὅρους Ἑλληνίδος;   1260
Πλ κρύψῃ μὲν οὖν πεσοῦσαν ἐκ καρχησίων.
Εκ πρὸς τοῦ βιαίων τυγχάνουσαν ἁλμάτων;
Πλ αὐτὴ πρὸς ἱστὸν ναὸς ἀμβήσῃ ποδί.
Εκ ὑποπτέροις νώτοισιν ἢ ποίῳ τρόπῳ;
Πλ κύων γενήσῃ πύρσ' ἔχουσα δέργματα.   1265
Εκ πῶς δ' οἶσθα μορφῆς τῆς ἐμῆς μετάστασιν;
Πλ ὁ Θρῃξὶ μάντις εἶπε Διόνυσος τάδε.
Εκ σοὶ δ' οὐκ ἔχρησεν οὐδὲν ὧν ἔχεις κακῶν;
Πλ οὐ γάρ ποτ' ἂν σύ μ' εἷλες ὧδε σὺν δόλῳ.
Εκ θανοῦσα δ' ἢ ζῶσ' ἐνθάδ' ἐκπλήσω βίον;   1270
Πλ θανοῦσα· τύμβῳ δ' ὄνομα σῷ κεκλήσεται -
Εκ μορφῆς ἐπῳδόν, ἢ τί, τῆς ἐμῆς ἐρεῖς;
Πλ κυνὸς ταλαίνης σῆμα, ναυτίλοις τέκμαρ.
Εκ οὐδὲν μέλει μοι σοῦ γέ μοι δόντος δίκην.
Πλ καὶ σήν γ' ἀνάγκη παῖδα Κασάνδραν θανεῖν.   1275
Εκ ἀπέπτυσ'· αὐτῷ ταῦτα σοὶ δίδωμ' ἔχειν.
Πλ κτενεῖ νιν ἡ τοῦδ' ἄλοχος, οἰκουρὸς πικρά.
Εκ μήπω μανείη Τυνδαρὶς τοσόνδε παῖς.
Πλ καὐτόν γε τοῦτον, πέλεκυν ἐξάρασ' ἄνω.
Αγ οὗτος σύ, μαίνῃ καὶ κακῶν ἐρᾷς τυχεῖν;   1280
Πλ κτεῖν', ὡς ἐν Ἄργει φόνια λουτρά σ' ἀμμένει.
Αγ οὐχ ἕλξετ' αὐτόν, δμῶες, ἐκποδὼν βίᾳ;
Πλ ἀλγεῖς ἀκούων;
Αγ   οὐκ ἐφέξετε στόμα;

Sprech ich dich schuldlos, steh ich ehrlos da.
Das darf nicht sein. Ungute Saat ertrugst
Du leicht, ertrage auch die bittere Frucht.

Po Von Sklavenweibern wurde ich besiegt,
    An Sklavenweiber zahl ich meinen Lohn.

Ag Gerechten Lohn für ungerechte Tat!

Po O meine Kinder, o mein Augenlicht!

He Du gabst sie hin für meinen toten Sohn.

Po Schändliches Weib, was soll mir dein Triumph?

He Soll ich des Rachewerks nicht glücklich sein?

Po Nicht lang mehr; nur bis dich das wilde Meer ...

He Im Schiff nach Griechenland hinüberträgt?

Po ... beim Sprung vom Schiffsmast in die Fluten spült.

He Bei welchem wagehalsgen Todessprung?

Po Du selber klimmst hinauf an jenem Mast.

He Mit Flügeln an dem Rücken oder wie?

Po Du wirst zur Hündin blutigroten Blicks.

He Wer sprach dir von der neuen Mißgestalt?

Po Der Thraker Sehergott Dionysos.

He Dir selber hat er wenig prophezeit!

Po Sonst hätte deine List mich nie berückt.

He So scheid ich lebend oder tot von hier?

Po Tot, und dein Grab trägt die Erinnerung.

He Im Namen der verwandelten Gestalt?

Po Der Hündin Grab, Richtmal des Schiffervolks.

He Die süße Rache wiegt mir alles auf.

Po Und auch Kassandra fährt in ihren Tod.

He O böses Wort! Es trifft dein eignes Haupt.

Po Sie fällt vom grimmen Weibe dieses Manns,

He Des Tyndar Kind verschone solcher Wahn!

Po Auch den hier trifft sie mit der Wucht des Beils.

Ag Verrückter, hast du selber Lust danach?

Po Schlag zu, das Todesbad erwartet dich!

Ag Auf, Leute, schleppt ihn mit Gewalt davon!

Po Du hörtest Bittres!

Ag   Stopft ihm seinen Mund...

Πλ ἐγκλήετ᾽ · εἴρηται γάρ.
Αγ   οὐχ ὅσον τάχος
νήσων ἐρήμων αὐτὸν ἐκβαλεῖτέ που,   1285
ἐπείπερ οὕτω καὶ λίαν θρασυστομεῖ;
'Εκάβη, σὺ δ᾽, ὧ τάλαινα, διπτύχους νεκροὺς
στείχουσα θάπτε · δεσποτῶν δ᾽ ὑμᾶς χρεὼν
σκηναῖς πελάζειν, Τρωάδες · καὶ γὰρ πνοὰς
πρὸς οἶκον ἤδη τάσδε πομπίμους ὁρῶ.   1290
εὖ δ᾽ ἐς πάτραν πλεύσαιμεν, εὖ δὲ τὰν δόμοις
ἔχοντ᾽ ἴδοιμεν τῶνδ᾽ ἀφειμένοι πόνων.

Χο Ἴτε πρὸς λιμένας σκηνάς τε, φίλαι,   an⁴
τῶν δεσποσύνων πειρασόμεναι
μόχθων · στερρὰ γὰρ ἀνάγκη.   1295

Po Die Wahrheit ist heraus!
Ag   ... und augenblicks
    Setzt ihn auf einer kahlen Insel aus,
    Da er sein freches Maul nicht zähmen will!
    Hekábe, Ärmste, geh, bestatte jetzt
    Die beiden Toten! Troerinnen, sucht
    Die Zelte eurer Herren auf! Es weht,
    Ich sehs, der Heimfahrt schönster Wind; so mag
    Sie uns gelingen! Möchten wir es gut
    Im Hause treffen nach des Krieges Müh!

    Hekabe, Agamemnon und Polymestor ab

Chor

Abzugslied

Auf, auf zu den Häfen und Zelten, ihr Fraun,
Zu der neuen Gebieter unseligem Dienst!
Unbeugsam wartet das Schicksal.

ANDROMACHE

ΑΝΔΡΟΜΑΧΗ

Τὰ τοῦ δράματος πρόσωπα

Ἀνδρομάχη · Θεράπαινα · Χορός · Ἑρμιόνη
Μενέλαος · Παῖς Ἀνδρομάχης · Πηλεύς · Τροφός
Ὀρέστης · Ἄγγελος · Θέτις

Ἀνδρομάχη

Ἀσιάτιδος γῆς σχῆμα, Θηβαία πόλι,
ὅθεν ποθ᾽ ἕδνων σὺν πολυχρύσῳ χλιδῇ
Πριάμου τύραννον ἑστίαν ἀφικόμην
δάμαρ δοθεῖσα παιδοποιὸς Ἕκτορι,
ζηλωτὸς ἔν γε τῷ πρὶν Ἀνδρομάχη χρόνῳ,
νῦν δ᾽, εἴ τις ἄλλη, δυστυχεστάτη γυνή·
ἥτις πόσιν μὲν Ἕκτορ᾽ ἐξ Ἀχιλλέως
θανόντ᾽ ἐσεῖδον, παῖδά θ᾽ ὃν τίκτω πόσει
ῥιφθέντα πύργων Ἀστυάνακτ᾽ ἀπ᾽ ὀρθίων,
ἐπεὶ τὸ Τροίας εἷλον Ἕλληνες πέδον.
αὐτὴ δὲ δούλη τῶν ἐλευθερωτάτων
οἴκων νομισθεῖσ᾽ Ἑλλάδ᾽ εἰσαφικόμην
τῷ νησιώτῃ Νεοπτολέμῳ δορὸς γέρας

———

ἐμοῦ πέφυκεν ἢ γενήσεταί ποτε

ANDROMACHE

VORSZENE

Andromache

Mein Theben, stolze Zierde Asiens,
Von der ich mit der Mitgift reichem Prunk
Einst aufbrach zu der Burg des Priamos
Als Hektors kinderbringend Ehgemahl,
Andrómache! Dereinst das Ziel des Neids,
Doch heut, wenn irgend eine, schwer beklagt!
Ich sah den Gatten sterben durch Achill
Und unser kleines Kind Astýanax
Vom hohen Turmrand jäh hinabgestürzt,
Als Trojas Land in Griechenhände fiel.
Von freien Häusern ruhmreich abgestammt,
Kam ich als Sklavin in dies Griechenland,
Aus Trojas Beute auserlesnes Gut

δοθεῖσα λείας Τρωικῆς ἐξαίρετον. 15
Φθίας δὲ τῆσδε καὶ πόλεως Φαρσαλίας
σύγχορτα ναίω πεδί', ἵν' ἡ θαλασσία
Πηλεῖ ξυνῴκει χωρὶς ἀνθρώπων Θέτις
φεύγουσ' ὅμιλον· Θεσσαλὸς δέ νιν λεὼς
Θετίδειον αὐδᾷ θεᾶς χάριν νυμφευμάτων. 20
ἔνθ' οἶκον ἔσχε τόνδε παῖς Ἀχιλλέως,
Πηλέα δ' ἀνάσσειν γῆς ἐᾷ Φαρσαλίας,
ζῶντος γέροντος σκῆπτρον οὐ θέλων λαβεῖν.
κἀγὼ δόμοις τοῖσδ' ἄρσεν' ἐντίκτω κόρον,
πλαθεῖσ' Ἀχιλλέως παιδί, δεσπότῃ γ' ἐμῷ. 25
καὶ πρὶν μὲν ἐν κακοῖσι κειμένην ὅμως
ἐλπίς μ' ἀεὶ προσῆγε σωθέντος τέκνου
ἀλκήν τιν' εὑρεῖν κἀπικούρησιν κακῶν·
ἐπεὶ δὲ τὴν Λάκαιναν Ἑρμιόνην γαμεῖ
τοὐμὸν παρώσας δεσπότης δοῦλον λέχος, 30
κακοῖς πρὸς αὐτῆς σχετλίοις ἐλαύνομαι.
λέγει γὰρ ὥς νιν φαρμάκοις κεκρυμμένοις
τίθημ' ἄπαιδα καὶ πόσει μισουμένην,
αὐτὴ δὲ ναίειν οἶκον ἀντ' αὐτῆς θέλω
τόνδ', ἐκβαλοῦσα λέκτρα τἀκείνης βίᾳ· 35
ἁγὼ τὸ πρῶτον οὐχ ἑκοῦσ' ἐδεξάμην,
νῦν δ' ἐκλέλοιπα· Ζεὺς τάδ' εἰδείη μέγας,
ὡς οὐχ ἑκοῦσα τῷδ' ἐκοινώθην λέχει.
ἀλλ' οὔ σφε πείθω, βούλεται δέ με κτανεῖν,
πατήρ τε θυγατρὶ Μενέλεως συνδρᾷ τάδε. 40
καὶ νῦν κατ' οἴκους ἔστ', ἀπὸ Σπάρτης μολὼν
ἐπ' αὐτὸ τοῦτο· δειματουμένη δ' ἐγὼ
δόμων πάροικον Θέτιδος εἰς ἀνάκτορον
θάσσω τόδ' ἐλθοῦσ', ἤν με κωλύσῃ θανεῖν.
Πηλεύς τε γάρ νιν ἔκγονοί τε Πηλέως 45
σέβουσιν, ἑρμήνευμα Νηρῇδος γάμων.
ὃς δ' ἔστι παῖς μοι μόνος, ὑπεκπέμπω λάθρα
ἄλλους ἐς οἴκους, μὴ θάνῃ φοβουμένη.
ὁ γὰρ φυτεύσας αὐτὸν οὔτ' ἐμοὶ πάρα
προσωφελῆσαι, παιδί τ' οὐδέν ἐστ', ἀπὼν 50

Des Inselsohnes Neoptolemos.
In Phthias wohn ich und in Phársalos'
Gefilden, wo mit Peleus, dem Gemahl,
Die Meerfrau Thetis sich dem Menschenlärm
Entzog; daran gedenkend nennt das Volk
Thessaliens den Ort das Thetisschloß.
Achilleus' Sohn ererbte dieses Haus,
Wo Peleus er Pharsaliens walten läßt,
Solang der Alte noch am Leben bleibt.
In diesem Haus gebar ich einen Sohn
Dem Achilliden, dem ich dienen muß.
In meinem Elend war es mir zuerst
Ein Trost, der Knabe würde, wenn er mir
Verbliebe, Helfer und Beschützer sein.
Da nimmt er die Spartanerin zur Frau,
Hermione, versäumt der Sklavin Bett,
Ich werde Opfer schlimmster Tyrannei.
Sie sagt, mit Zauberkräutern hätt ich sie
Unfruchtbar und dem Mann verhaßt gemacht,
Weil ich ihr Eheglück zerstören, ja
Gewaltsam ihren Platz erobern will.
Nie hab ich selber dieses Bett erstrebt
Und ließ es längst. Es weiß der hohe Zeus,
Daß ich nur widerwillig es bestieg.
Sie glaubt mir nicht und sinnt auf meinen Tod,
Und Vater Ménelas hilft seinem Kind.
Er ist im Haus und kam von Sparta nur
Zu diesem Zweck. Da kam ich voller Angst
Herüber in der Thetis Nachbarhain
Zum Göttersitz, der mich erretten soll,
Erbaut von Peleus und dem Peleusstamm
Zu Ehren der Gemahlin aus dem Meer.
Mein einzig Kind schick heimlich ich hinweg
In fremdes Haus, voll Angst vor seinem Tod.
Denn sein Erzeuger kann dem Kind und mir
Nicht beistehn, weil er fort nach Delphi zog,

Δελφῶν κατ' αἶαν, ἔνθα Λοξίᾳ δίκην
δίδωσι μανίας, ᾗ ποτ' εἰς Πυθὼ μολὼν
ᾔτησε Φοῖβον πατρὸς οὗ κτείνει δίκην,
εἴ πως τὰ πρόσθε σφάλματ' ἐξαιτούμενος
θεὸν παράσχοιτ' εἰς τὸ λοιπὸν εὐμενῆ.   55

Θεράπαινα

δέσποιν' – ἐγώ τοι τοὔνομ' οὐ φεύγω τόδε
καλεῖν σ', ἐπείπερ καὶ κατ' οἶκον ἠξίουν
τὸν σόν, τὸ Τροίας ἡνίκ' ᾠκοῦμεν πέδον,
εὔνους δὲ καὶ σοὶ ζῶντί τ' ἦ τῷ σῷ πόσει,
καὶ νῦν φέρουσά σοι νέους ἥκω λόγους,   60
φόβῳ μέν, εἴ τις δεσποτῶν αἰσθήσεται,
οἴκτῳ δὲ τῷ σῷ · δεινὰ γὰρ βουλεύεται
Μενέλαος εἰς σὲ παῖς θ', ἅ σοι φυλακτέα.
Αν ὦ φιλτάτη σύνδουλε – σύνδουλος γὰρ εἶ
τῇ πρόσθ' ἀνάσσῃ τῇδε, νῦν δὲ δυστυχεῖ –   65
τί δρῶσι; ποίας μηχανὰς πλέκουσιν αὖ,
κτεῖναι θέλοντες τὴν παναθλίαν ἐμέ;
Θε τὸν παῖδά σου μέλλουσιν, ὦ δύστηνε σύ,
κτείνειν, ὃν ἔξω δωμάτων ὑπεξέθου.
Αν οἴμοι · πέπυσται τὸν ἐμὸν ἔκθετον γόνον;   70
πόθεν ποτ'; ὦ δύστηνος, ὡς ἀπωλόμην.
Θε οὐκ οἶδ', ἐκείνων δ' ᾐσθόμην ἐγὼ τάδε ·
φροῦδος δ' ἐπ' αὐτὸν Μενέλεως δόμων ἄπο.
Αν ἀπωλόμην ἄρ'. ὦ τέκνον, κτενοῦσί σε
δισσοὶ λαβόντες γῦπες · ὁ δὲ κεκλημένος   75
πατὴρ ἔτ' ἐν Δελφοῖσι τυγχάνει μένων.
Θε δοκῶ γὰρ οὐκ ἂν ὧδέ σ' ἂν πράσσειν κακῶς
κείνου παρόντος · νῦν δ' ἔρημος εἶ φίλων.
Αν οὐδ' ἀμφὶ Πηλέως ἦλθεν, ὡς ἥξοι, φάτις;
Θε γέρων ἐκεῖνος ὥστε σ' ὠφελεῖν παρών.   80
Αν καὶ μὴν ἔπεμψ' ἐπ' αὐτὸν οὐχ ἅπαξ μόνον.
Θε μῶν οὖν δοκεῖς σου φροντίσαι τιν' ἀγγέλων;
Αν πόθεν; θέλεις οὖν ἄγγελος σύ μοι μολεῖν;

Apollon zu versöhnen, dem er einst
Am gleichen Ort, in blinder Raserei,
Die Schuld gab an des Vaters frühem Tod.
Jetzt bittet er den alten Fehler ab
Und macht den Gott von neuem sich zum Freund.

Dienerin

O Herrin – diesen Namen halt ich fest,
Mit dem ich drüben dich im Troerland
Begrüßte, Herrin noch im eignen Haus!
Dir treu und deinem toten Ehgemahl,
Trag ich auch heut dir neue Botschaft zu,
Voll Angst um mich, daß es die Herren sehn,
Voll Angst um dich: was Ménelas ersinnt
Mit seinem Kind, birgt äußerste Gefahr.

An Mitsklavin, liebe – denn das bist du jetzt
Der alten Herrin, die nicht mehr befiehlt –
Was flechten sie für Netze, sind sie schon
Zum Mord an dieser Unglücksfrau bereit?

Die Den Tod des Kindes haben sie im Sinn,
Das du verborgen aus dem Haus gebracht.

An So haben sie den Kleinen schon entdeckt!
Wann? Wo? Ich bin des Todes! Was geschah?

Die Ich weiß nicht, nur das Eine macht ich aus,
Und Menelaos ist schon fort nach ihm.

An O Kind, mein Kind! Zwei Geier packen dich!
Zerreißen dich! Und der dir Vater heißt,
Weilt immer noch in Delphis Heiligtum.

Die Wär er zugegen, littest du gewiß
Nicht diese Not! Nun bist du ohne Freund.

An Und hat man nicht gehört, daß Peleus kommt?

Die Er ist zu alt, um dir noch beizustehn.

An Doch rief ich ihn schon mehr als einmal her.

Die Und fandest keinen treuen Botenfuß!

An Woher auch, wenn es nicht der deine ist?

Θε τί δῆτα φήσω χρόνιος οὖσ' ἐκ δωμάτων;
Αν πολλὰς ἂν εὕροις μηχανάς · γυνὴ γὰρ εἶ.   85
Θε κίνδυνος · Ἑρμιόνη γὰρ οὐ σμικρὸν φύλαξ.
Αν ὁρᾷς; ἀπαυδᾷς ἐν κακοῖς φίλοισι σοῖς.
Θε οὐ δῆτα · μηδὲν τοῦτ' ὀνειδίσῃς ἐμοί.
    ἀλλ' εἶμ', ἐπεί τοι κοὐ περίβλεπτος βίος
    δούλης γυναικός, ἤν τι καὶ πάθω κακόν.   90
Αν χώρει νυν · ἡμεῖς δ', οἷσπερ ἐγκείμεσθ' ἀεὶ
    θρήνοισι καὶ γόοισι καὶ δακρύμασι,
    πρὸς αἰθέρ' ἐκτενοῦμεν · ἐμπέφυκε γὰρ
    γυναιξὶ τέρψις τῶν παρεστώτων κακῶν
    ἀνὰ στόμ' ἀεὶ καὶ διὰ γλώσσης ἔχειν.   95
    πάρεστι δ' οὐχ ἓν ἀλλὰ πολλά μοι στένειν,
    πόλιν πατρῴαν τὸν θανόντα θ' Ἕκτορα
    στερρόν τε τὸν ἐμὸν δαίμον' ᾧ συνεζύγην
    δούλειον ἦμαρ εἰσπεσοῦσ' ἀναξίως.
    χρὴ δ' οὔποτ' εἰπεῖν οὐδέν' ὄλβιον βροτῶν,   100
    πρὶν ἂν θανόντος τὴν τελευταίαν ἴδῃς
    ὅπως περάσας ἡμέραν ἥξει κάτω.

    Ἰλίῳ αἰπεινᾷ Πάρις οὐ γάμον ἀλλά τιν' ἄταν   da⁶
      ἠγάγετ' εὐναίαν εἰς θαλάμους Ἑλέναν.   hem²
    ἇς ἕνεκ', ὦ Τροία, δορὶ καὶ πυρὶ δηϊάλωτον   105
      εἷλέ σ' ὁ χιλιόναυς Ἑλλάδος ὠκὺς Ἄρης
    καὶ τὸν ἐμὸν μελέας πόσιν Ἕκτορα, τὸν περὶ τείχη
      εἷλκυσε διφρεύων παῖς ἁλίας Θέτιδος ·
    αὐτὰ δ' ἐκ θαλάμων ἀγόμαν ἐπὶ θῖνα θαλάσσας,
      δουλοσύναν στυγερὰν ἀμφιβαλοῦσα κάρᾳ.   110
    πολλὰ δὲ δάκρυά μοι κατέβα χροός, ἁνίκ' ἔλειπον
      ἄστυ τε καὶ θαλάμους καὶ πόσιν ἐν κονίαις.
    ὤμοι ἐγὼ μελέα. τί μ' ἐχρῆν ἔτι φέγγος ὁρᾶσθαι

Die Bleib ich so lang vom Haus? Mit welchem Grund?
An Den Frauen fallen Gründe nie so schwer!
Die Gefährlich bleibts! Du kennst Hermione!
An So läßt man Freunde in der Not allein!
Die Niemals, und keinen solchen Vorwurf mehr!
　　Ich geh! Das Leben einer Sklavin steht
　　Nicht hoch im Wert, geschehe, was da will.
An Geh nur! Ich will des Lebens letzten Rest,
　　Mein Klagen, Seufzen, meine Tränenflut
　　Dem Äther öffnen: es ist Trost der Frau,
　　Daß sie die Leiden, die sie heimgesucht,
　　Allzeit im Mund und auf der Zunge führt.
　　Ich klag nicht eines, klage vieles Leid:
　　Mein Vaterland, den toten Hektor, dann
　　Den harten Daimon, der mich würdelos
　　Ins Joch und in den Tag der Knechtschaft stieß.
　　Drum preise keinen Menschen selig, der
　　Dir nicht den letzten Lebenstag gezeigt
　　Und wie er niedersteigt ins Totenreich.

Gesang

Ilions ragender Burg brachte Paris kein Fest, nur das Unheil,
　　Als er in heimischen Saal Helena führte als Braut.
Ihretwegen, o Troja, hat gierig der griechische Ares
　　Dich mit Feuer und Schwert Tausendschiffig geholt;
Hektor auch, meinen Gemahl, o ich Ärmste, den roh mit
　　　　　　　　　dem Wagen
　　Thetis', der Meerfrau Sohn, Rings um die Wälle geschleift.
Selber ward ich geschleppt vom Gemach zum Gestade des
　　　　　　　　　Meeres,
　　Legte der Knechtschaft Joch Auf das geschändete Haupt.
Ströme von Tränen benetzten die Wangen mir, als ich
　　　　　　　　　zurückließ
　　Trojas Stadt, den Palast, Hektor, den lieben, im Staub.
Sagt, warum seh ich Unselge noch immer das Licht dieses
　　　　　　　　　Tages,

'Ερμιόνας δούλαν; ἃς ὑπο τειρομένα
πρὸς τόδ' ἄγαλμα θεᾶς ἱκέτις περὶ χεῖρε βαλοῦσα   115
τάκομαι ὡς πετρίνα πιδακόεσσα λιβάς.

Χορός

ὦ γύναι, ἃ Θέτιδος δάπεδον καὶ ἀνάκτορα θάσσεις da⁶ στρ.
δαρὸν οὐδὲ λείπεις,   cr ba
Φθιὰς ὅμως ἔμολον ποτὶ σὰν 'Ασιήτιδα γένναν, da⁶
εἴ τί σοι δυναίμαν   cr ba   120
ἄκος τῶν δυσλύτων πόνων τεμεῖν,   ba cr ia²
οἳ σὲ καὶ 'Ερμιόναν ἔριδι στυγερᾷ συνέκλησαν,   da⁶
τλάμον' ἀμφὶ λέκτρων   cr ba
διδύμων ἐπίκοινον ἐοῦσαν   an⁴ ^
ἀμφὶ παῖδ' 'Αχιλλέως.   cr ba   125

γνῶθι τύχαν, λόγισαι τὸ παρὸν κακὸν εἰς ὅπερ ἥκεις. ἀντ.
δεσπόταις ἁμιλλᾷ
'Ιλιὰς οὖσα κόρα Λακεδαίμονος ἐγγενέτῃσιν;
λεῖπε δεξίμηλον
δόμον τᾶς ποντίας θεοῦ. τί σοι   130
καιρὸς ἀτυζομένᾳ δέμας αἰκέλιον καταλείβειν
δεσποτῶν ἀνάγκαις;
τὸ κρατοῦν δέ σ' ἔπεισι. τί μόχθον
οὐδὲν οὖσα μοχθεῖς;

Ich, der Hermione Magd, Die mich so grausam verfolgt,
Daß ich mit flehenden Armen das Bild dieser Göttin
umschlinge;
Tränengelöst wie der Bach, Der sich am Felsen zerstäubt!

EINZUGSLIED

Chor

Strophe

Frau, die an heiliger Schwelle des Hauses der Thetis gelagert,
Lang, wie gebannt,
Phthias Frauen, sie nahen dem Sproß asiatischen Stammes,
Können wir nicht
Schneiden ein Kraut
Der schwärenden Leiden,
Die mit Hermione dich in bitteren Hader verstrickten,
Euch Arme, um das Lager,
Das beiden gemein ist,
Das Lager
Des Sohns des Achilleus.

Gegenstrophe

Schau auf dein Los und bedenke das jetzt dir gefallene
Schicksal!
Streit mit dem Herrn?
Mädchen von Troja im Streit mit den rechten Fürsten von
Sparta?
Laß den Altar,
Laß dieses Haus
Der Tochter des Nereus!
Mußt du noch immer entstelltes Gesicht mit Tränen
benetzen,
Weil Sklavin du geworden?
Dich jagen die Starken!
Die Nichts ist,
Bemüht noch die Mühe!

ἀλλ' ἴθι λεῖπε θεᾶς Νηρηίδος ἀγλαὸν ἕδραν,   da⁶   στρ.
γνῶθι δ' οὖσ' ἐπὶ ξένας   cr ia²   136
δμωὶς ἐπ' ἀλλοτρίας   hem
πόλεος, ἔνθ' οὐ φίλων τιν' εἰσορᾷς σῶν,   cr² ia²-
ὦ δυστυχεστάτα,   ia² ba‸
ὦ παντάλαινα νύμφα.   ia² ba   140

οἰκτροτάτα γὰρ ἔμοιγ' ἔμολες, γύναι Ἰλιάς, οἴκους ἀντ.
δεσποτῶν ἐμῶν · φόβῳ δ'
ἡσυχίαν ἄγομεν –
τὸ δὲ σὸν οἴκτῳ φέρουσα τυγχάνω – μὴ
παῖς τᾶς Διὸς κόρας   145
σοί μ' εὖ φρονοῦσαν εἰδῇ.

Ἑρμιόνη

κόσμον μὲν ἀμφὶ κρατὶ χρυσέας χλιδῆς
στολμόν τε χρωτὸς τόνδε ποικίλων πέπλων
οὐ τῶν Ἀχιλλέως οὐδὲ Πηλέως ἄπο
δόμων ἀπαρχὰς δεῦρ' ἔχουσ' ἀφικόμην,   150
ἀλλ' ἐκ Λακαίνης Σπαρτιάτιδος χθονὸς
Μενέλαος ἡμῖν ταῦτα δωρεῖται πατὴρ
πολλοῖς σὺν ἕδνοις, ὥστ' ἐλευθεροστομεῖν.
ὑμᾶς μὲν οὖν τοῖσδ' ἀνταμείβομαι λόγοις ·
σὺ δ' οὖσα δούλη καὶ δορίκτητος γυνὴ   155
δόμους κατασχεῖν ἐκβαλοῦσ' ἡμᾶς θέλεις
τούσδε, στυγοῦμαι δ' ἀνδρὶ φαρμάκοισι σοῖς,
νηδὺς δ' ἀκύμων διὰ σέ μοι διόλλυται ·
δεινὴ γὰρ ἠπειρῶτις εἰς τὰ τοιάδε
ψυχὴ γυναικῶν · ὧν ἐπισχήσω σ' ἐγώ,   160

Zweite Strophe

Lasse den strahlenden Sitz, den Altar der Tochter des
                                                            Meeres,

Begreif es: fremde Magd
Bist du! Am fremdesten Herde,
Wo keinen der Lieben du siehst,
Ärmste der Frauen,
Unglücksmädchen!

Gegenstrophe

Mitleid ergriff mich, du ilische Frau, als du kamst zu den
                                                            Häusern

Der Herrn des Landes, doch
Fällt in den Frieden des Mitleids
Die Angst, daß der Zeustochter Kind
Sieht, wie ich freundlich
Dir allzeit gesinnt bin.

ERSTE HAUPTSZENE

Hermione

O seht den goldnen Prunk auf meinem Haupt
Und diese stolze bunte Kleiderpracht,
Die ich hier trage, nicht als Festgeschenk
Aus des Achilleus, aus des Peleus Haus,
Nein, schon in Sparta, in Lakonien,
Hat Vater Ménelas mir dies geschenkt
Mit reicher Mitgift, die mich kühn gemacht
Und diese Worte an euch richten ließ. –
Du aber, Sklavin, bloßes Beuteweib,
Willst mich vom Hause stoßen und es selbst
Besitzen, machst mich meinem Mann mit Gift
Verhaßt, und ohne Früchte welkt mein Leib.
Die Frauen Asiens sind in solcher Kunst
Furchtbar bewandert. Doch gebiet ich Halt!

κοὐδέν σ' ὀνήσει δῶμα Νηρῆδος τόδε,
οὐ βωμὸς οὐδὲ ναός, ἀλλὰ κατθανῇ.
ἢν δ' οὖν βροτῶν τίς σ' ἢ θεῶν σῶσαι θέλῃ,
δεῖ σ' ἀντὶ τῶν πρὶν ὀλβίων φρονημάτων
πτῆξαι ταπεινὴν προσπεσεῖν τ' ἐμὸν γόνυ,   165
σαίρειν τε δῶμα τοὐμὸν ἐκ χρυσηλάτων
τευχέων χερὶ σπείρουσαν Ἀχελῴου δρόσον,
γνῶναί θ' ἵν' εἶ γῆς. οὐ γάρ ἐσθ' Ἕκτωρ τάδε,
οὐ Πρίαμος οὐδὲ χρυσός, ἀλλ' Ἑλλὰς πόλις.
εἰς τοῦτο δ' ἥκεις ἀμαθίας, δύστηνε σύ,   170
ἣ παιδὶ πατρός, ὃς σὸν ὤλεσεν πόσιν,
τολμᾷς ξυνεύδειν καὶ τέκν' αὐθέντου πάρα
τίκτειν. τοιοῦτον πᾶν τὸ βάρβαρον γένος·
πατήρ τε θυγατρὶ παῖς τε μητρὶ μίγνυται
κόρη τ' ἀδελφῷ, διὰ φόνου δ' οἱ φίλτατοι   175
χωροῦσι, καὶ τῶνδ' οὐδὲν ἐξείργει νόμος.
ἃ μὴ παρ' ἡμᾶς εἴσφερ'· οὐδὲ γὰρ καλὸν
δυοῖν γυναικοῖν ἄνδρ' ἕν' ἡνίας ἔχειν,
ἀλλ' εἰς μίαν βλέποντες εὐναίαν Κύπριν
στέργουσιν, ὅστις μὴ κακῶς οἰκεῖν θέλει.   180

Χο   ἐπίφθονόν τοι χρῆμα θηλείας φρενὸς
     καὶ ξυγγάμοισι δυσμενὲς μάλιστ' ἀεί.
Αν   φεῦ φεῦ·
     κακόν γε θνητοῖς τὸ νέον ἔν τε τῷ νέῳ
     τὸ μὴ δίκαιον ὅστις ἀνθρώπων ἔχει.   185
     ἐγὼ δὲ ταρβῶ μὴ τὸ δουλεύειν μέ σοι
     λόγων ἀπώσῃ πόλλ' ἔχουσαν ἔνδικα,
     ἢν δ' αὖ κρατήσω, μὴ 'πὶ τῷδ' ὄφλω βλάβην·
     οἱ γὰρ πνέοντες μεγάλα τοὺς κρείσσους λόγους
     πικρῶς φέρουσι τῶν ἐλασσόνων ὕπο·   190
     ὅμως δ' ἐμαυτὴν οὐ προδοῦσ' ἁλώσομαι.
     εἴπ', ὦ νεᾶνι, τῷ σ' ἐχεγγύῳ λόγῳ
     πεισθεῖσ' ἀπωθῶ γνησίων νυμφευμάτων;

Das Haus der Nereïde nützt dich nichts,
Kein Tempel, kein Altar errettet dich!
Wenn dich ein Mensch, ein Gott noch schützen soll,
Mußt du den Fürstendünkel abtun, mußt
Dich auf den Boden bücken, fassen meine Knie,
Mein Wohnhaus fegen, Acheloostau
Aus goldgetriebnen Krügen sprengen, mußt
Begreifen, wo du bist: in einer Griechenstadt
Ganz ohne Hektor, goldnen Priamos!
So weit kamst du in deinem Unverstand:
Beim Sohn des Mörders deines Gatten schläfst
Du ohne Scham, schenkst einem Henker Kind
Auf Kind. So mischt sich das Barbarenvolk:
Mit Vater Tochter, Mutter mit dem Sohn,
Mit Schwester Bruder; Mord des eignen Bluts
Verströmt, und kein Gesetz verbietet das.
Das führe hier nicht ein! Es ist nicht gut,
Daß Einer zweier Frauen Zügel hält!
Wer Kypris nur im Bett der Einen sucht,
Dem ist sein Haus auf guten Grund gebaut.

Chorführerin

Voll Eifersucht ist das Gemüt der Frau
Und Nebenbuhler trifft ihr voller Haß.

An Gefährlich flammt die Jugend und zumeist
Die Jugend, die das Rechte nicht erkennt.
Ich fürchte, daß die Sklavin, ob sie schon
In vielem recht hat, viel verschweigen muß
Und meine Einsicht mir nur Schaden bringt:
Der Dünkelhafte liebt kein starkes Wort,
Das er vom Mund des Niederen vernimmt.
Doch will ich lautlos nicht geschlagen sein. –
Worauf nur soll ich bauen, junge Frau,
Beim Kampf um dein gerechtes Ehebett?

ὡς ἡ Λάκαινα τῶν Φρυγῶν μείων πόλις,
τύχη θ᾽ ὑπερθεῖ, κἄμ᾽ ἐλευθέραν ὁρᾷς;   195
ἢ τῷ νέῳ τε καὶ σφριγῶντι σώματι
πόλεως τε μεγέθει καὶ φίλοις ἐπηρμένη
οἶκον κατασχεῖν τὸν σὸν ἀντὶ σοῦ θέλω;
πότερον ἵν᾽ αὐτὴ παῖδας ἀντὶ σοῦ τέκω
δούλους ἐμαυτῇ τ᾽ ἀθλίαν ἐφολκίδα;   200
ἢ τοὺς ἐμούς τις παῖδας ἐξανέξεται
Φθίας τυράννους ὄντας, ἢν σὺ μὴ τέκῃς;
φιλοῦσι γάρ μ᾽ Ἕλληνες Ἕκτορός τ᾽ ἄπο;
αὐτή τ᾽ ἀμαυρὰ κοὐ τύραννος ἦ Φρυγῶν;
οὐκ ἐξ ἐμῶν σε φαρμάκων στυγεῖ πόσις,   205
ἀλλ᾽ εἰ ξυνεῖναι μὴ ᾽πιτηδεία κυρεῖς.
φίλτρον δὲ καὶ τόδ᾽ · οὐ τὸ κάλλος, ὦ γύναι,
ἀλλ᾽ ἀρεταὶ τέρπουσι τοὺς ξυνευνέτας.
σὺ δ᾽ ἤν τι κνισθῇς, ἡ Λάκαινα μὲν πόλις
μέγ᾽ ἐστί, τὴν δὲ Σκῦρον οὐδαμοῦ τίθης ·   210
πλουτεῖς δ᾽ ἐν οὐ πλουτοῦσι · Μενέλεως δέ σοι
μείζων Ἀχιλλέως. ταῦτά τοί σ᾽ ἔχθει πόσις.
χρὴ γὰρ γυναῖκα, κἂν κακῷ πόσει δοθῇ,
στέργειν, ἄμιλλάν τ᾽ οὐκ ἔχειν φρονήματος.
εἰ δ᾽ ἀμφὶ Θρῄκην χιόνι τὴν κατάρρυτον   215
τύραννον ἔσχες ἄνδρ᾽, ἵν᾽ ἐν μέρει λέχος
δίδωσι πολλαῖς εἷς ἀνὴρ κοινούμενος,
ἔκτεινας ἂν τάσδ᾽; εἶτ᾽ ἀπληστίαν λέχους
πάσαις γυναιξὶ προστιθεῖσ᾽ ἂν ηὑρέθης.
αἰσχρόν γε · καίτοι χείρον᾽ ἀρσένων νόσον   220
ταύτην νοσοῦμεν, ἀλλὰ προύστημεν καλῶς.
ὦ φίλταθ᾽ Ἕκτορ, ἀλλ᾽ ἐγὼ τὴν σὴν χάριν
σοὶ καὶ ξυνήρων, εἴ τί σε σφάλλοι Κύπρις,
καὶ μαστὸν ἤδη πολλάκις νόθοισι σοῖς
ἐπέσχον, ἵνα σοι μηδὲν ἐνδοίην πικρόν.   225
καὶ ταῦτα δρῶσα τῇ ἀρετῇ προσηγόμην
πόσιν · σὺ δ᾽ οὐδὲ ῥανίδ᾽ ὑπαιθρίας δρόσου
τῷ σῷ προσίζειν ἀνδρὶ δειμαίνουσ᾽ ἐᾷς.
μὴ τὴν τεκοῦσαν τῇ φιλανδρίᾳ, γύναι,

Ist Sparta schwächer als die Phrygerstadt,
Ist Troja mächtig, bin ich selber frei?
Kann ich wie eine jugendstolze Frau,
Mit mächtger Stadt und Freunden hinter sich,
Ein Haus erobern, das mir nicht gehört,·
Und Kinder wollen, die dann Sklaven sind
Im Schlepptau meiner eignen Sklaverei?
Wird einer diese Kinder auf den Thron
Von Phthia heben, wenn du nicht gebierst?
Jauchzt Griechenland der Witwe Hektors zu?
Dem bloßen Schatten ohne jede Macht?
Nicht meine Gifte trennen dich vom Mann,
Du bist die Frau nicht, die sich in ihn schickt.
Auch dies bezaubert: nicht nur schöner Leib,
Der Seele Adel fesselt den Gemahl.
Wirst du gereizt, steht Sparta hinter dir,
Die große Macht, und Skyros gilt dir nichts,
Das arme Inselland. Der reiche Ménelas
Besiegt Achill! Das ärgert deinen Mann.
Die Gattin selbst des schlechteren Gemahls
Ist gut zu ihm und fügt sich seinem Sinn.
Wenn dich im schneebedeckten Thrakien
Ein Fürst erwählte, der nach Landesbrauch
Mit vielen Frauen wechselte das Bett,
Schlügst du sie tot? So bringst du nur die Fraun
In den Verruf der Unersättlichkeit!
O Schmach! Wir leiden ja die stärkre Gier
Nach Männern, doch die Sitte deckt sie zu.
Du liebster Hektor, wenn dich Kypris je
Betrog, so nahm ichs deinethalb auf mich,
Bot auch den Nebenkindern meine Brust,
Und nie erweckt ich deine Bitterkeit!
Mit solchem Tun behielt ich den Gemahl.
Du aber läßt voll Eifersucht nicht zu,
Daß sich ein Regentropfen auf ihn setzt.
Du willst die Männergier der Mutter noch

3ήτει παρελθεῖν · τῶν κακῶν γὰρ μητέρων   230
φεύγειν τρόπους χρὴ τέκν', ὅσοις ἔνεστι νοῦς.
Χο δέσποιν', ὅσον σοι ῥᾳδίως προσίσταται,
τοσόνδε πείθου τῇδε συμβῆναι λόγοις.
Ερ τί σεμνομυθεῖς κεἰς ἀγῶν' ἔρχῃ λόγων,
ὡς δὴ σὺ σώφρων, τἀμὰ δ' οὐχὶ σώφρονα;   235

Αν οὔκουν ἐφ' οἷς γε νῦν καθέστηκας λόγοις.
Ερ ὁ νοῦς ὁ σός μοι μὴ ξυνοικοίη, γύναι.
Αν νέα πέφυκας καὶ λέγεις αἰσχρῶν πέρι.
Ερ σὺ δ' οὐ λέγεις γε, δρᾷς δέ μ' εἰς ὅσον δύνῃ.
Αν οὐκ αὖ σιωπῇ Κύπριδος ἀλγήσεις πέρι;   240
Ερ τί δ'; οὐ γυναιξὶ ταῦτα πρῶτα πανταχοῦ;
Αν καλῶς γε χρωμέναισιν · εἰ δὲ μή, οὐ καλά.
Ερ οὐ βαρβάρων νόμοισιν οἰκοῦμεν πόλιν.
Αν κἀκεῖ τά γ' αἰσχρὰ κἀνθάδ' αἰσχύνην ἔχει.
Ερ σοφὴ σοφὴ σύ · κατθανεῖν δ' ὅμως σε δεῖ.   245
Αν ὁρᾷς ἄγαλμα Θέτιδος εἰς σ' ἀποβλέπον;
Ερ μισοῦν γε πατρίδα σὴν 'Αχιλλέως φόνῳ.
Αν 'Ελένη νιν ὤλεσ', οὐκ ἐγώ, μήτηρ δὲ σή.
Ερ ἦ καὶ πρόσω γὰρ τῶν ἐμῶν ψαύσεις κακῶν;
Αν ἰδοὺ σιωπῶ κἀπιλάζυμαι στόμα.   250
Ερ ἐκεῖνο λέξον, οὗπερ εἵνεκ' ἐστάλην.
Αν λέγω σ' ἐγὼ νοῦν οὐκ ἔχειν ὅσον σε δεῖ.
Ερ λείψεις τόδ' ἁγνὸν τέμενος ἐναλίας θεοῦ;
Αν εἰ μὴ θανοῦμαί γ' · εἰ δὲ μή, οὐ λείψω ποτέ.
Ερ ὡς τοῦτ' ἄραρε, κοὐ μενῶ πόσιν μολεῖν.   255
Αν ἀλλ' οὐδ' ἐγὼ μὴν πρόσθεν ἐκδώσω μέ σοι.
Ερ πῦρ σοι προσοίσω, κοὐ τὸ σὸν προσκέψομαι –
Αν σὺ δ' οὖν κάταιθε · θεοὶ γὰρ εἴσονται τάδε.
Ερ καὶ χρωτὶ δεινῶν τραυμάτων ἀλγηδόνας.
Αν σφάζ', αἱμάτου θεᾶς βωμόν, ἣ μέτεισί σε.   260
Ερ ὦ βάρβαρον σὺ θρέμμα καὶ σκληρὸν θράσος,
ἐγκαρτερεῖς δὴ θάνατον; ἀλλ' ἐγώ σ' ἕδρας
ἐκ τῆσδ' ἑκοῦσαν ἐξαναστήσω τάχα ·
τοιόνδ' ἔχω σου δέλεαρ. ἀλλὰ γὰρ λόγους

Beschämen, wo doch jedes kluge Kind
Das Erbteil solcher Mütter ängstlich flieht.
Chf O Herrin, tu das Allermöglichste,
Gib nach und geh auf ihre Worte ein!
Her *zu Andromache*
Was soll hier Redestreit und Redestolz?
Bist du der Weise? Red ich wie ein Tor?
An Mit vielen Worten hast du es bezeugt.
Her Und deine Weisheit? Gott verschone mich!
An Ein junges Ding, und spricht nur Häßlichkeit!
Her Du sprichst nicht nur, du tust sie Schritt für Schritt.
An Behalte deinen Liebesgram für dich!
Her Ist Liebe nicht der Frauen Eigenstes?
An Der Klugen Glück, der Toren Untergang.
Her Was gehn uns die Barbarenregeln an?
An Die Schmach bringt Schmach, bei uns und auch bei euch.
Her Wie klug, wie klug! Und dennoch stirbst du jetzt!
An Das sagst du vor der Thetis hohem Bild?
Her Sie haßt das Troja, wo Achilleus fiel.
An Die Schuld trägt deine Mutter Hélena.
Her Rührst du noch weiter an mein altes Leid?
An Ich schweige und versiegle meinen Mund.
Her Sag noch das Eine: warum bin ich da?
An Ich weiß nur dies: dir fehlt es am Verstand.
Her Verläßt du je der Götter heilgen Hain?
An Nur wenn kein Tod droht. Anders geh ich nie!
Her Er droht dir. Noch bevor mein Gatte kommt!
An Nie geb ich vorher mich in deine Hand!
Her Ich lege Feuer, was bekümmern mich ...
An Zünd alles an, die Götter sehen dich!
Her ... die Schmerzen deiner rings verbrannten Haut!
An Besudle den Altar! Die Göttin wacht!
Her Barbarenkind, das frech und hart wie Stein,
Den Tod erwartet! Bald ist es so weit,
Daß du von selber von den Stufen steigst;
Das kann mein Köder, den mein Wort verschweigt –

κρύψω, τὸ δ' ἔργον αὐτὸ σημανεῖ τάχα.   265
κάθησ' ἑδραία · καὶ γὰρ εἰ πέριξ σ' ἔχοι
τηκτὸς μόλυβδος, ἐξαναστήσω σ' ἐγὼ
πρὶν ᾧ πέποιθας παῖδ' Ἀχιλλέως μολεῖν.

Αν πέποιθα. δεινὸν δ' ἑρπετῶν μὲν ἀγρίων
ἄκη βροτοῖσι θεῶν καταστῆσαί τινα ·   270
ὃ δ' ἔστ' ἐχίδνης καὶ πυρὸς περαιτέρω,
οὐδεὶς γυναικὸς φάρμακ' ἐξηύρηκέ πω
κακῆς · τοσοῦτόν ἐσμεν ἀνθρώποις κακόν.

Χο ἦ μεγάλων ἀχέων ἄρ' ὑπῆρξεν, ὅτ' Ἰδαίαν da⁶∧   στρ.
ἐς νάπαν ἦλθ' ὁ Μαί-   cr²   275
ας τε καὶ Διὸς τόκος,   cr ia²
τρίπωλον ἅρμα δαιμόνων   ia⁴
ἄγων τὸ καλλιζυγές,   ia² cr
ἔριδι στυγερᾷ κεκορυθμένον εὐμορφίας   an⁴ cr
σταθμοὺς ἐπὶ βούτα,   an²–   280
βοτῆρά τ' ἀμφὶ μονότροπον νεανίαν   ia⁶
ἔρημόν θ' ἑστιοῦχον αὐλάν.   ba cr ba

ταὶ δ' ἐπεὶ ὑλόκομον νάπος ἤλυθον οὐρειᾶν   ἀντ
πιδάκων νίψαν αἰ-   285
γλᾶντα σώματα ῥοαῖς,
ἔβαν δὲ Πριαμίδαν ὑπερ-
βολαῖς λόγων δυσφρόνων
παραβαλλόμεναι· Κύπρις εἷλε λόγοις δολίοις,   an⁵

Doch macht die Tat ihn selber bald bekannt.
Bleib ruhig sitzen! Wäre rings dein Fuß
Von Blei umgossen, wirst du aufgescheucht,
Bevor dein Trost, Achilleus' Sohn, erscheint.

ab

An Er ist mein Trost! Die Götter haben zwar
Uns Mittel gegen Schlangenpest geschenkt,
Doch was noch Schlang und Feuer übersteigt:
Die böse Frau, erlag noch keinem Gift.
Wir sind die größte Geißel dieser Welt!

ERSTES STANDLIED

Chor

Strophe

Furchtbare Leiden hat einst Zeus' Sohn und der Maia
                                gestiftet,
Als zu Idas Schlucht er geleitet
Den Dreispann der Götter
Herrlich geschirrt und gerüstet
Für den leidvollen Streit um den Preis
Der Schönheit, dort bei den Ställen,
Bei dem jungen, so einsamen Hirten
Im entlegenen Hof der Behausung.

Gegenstrophe

Waldreiche Schlucht nahm sie auf, sie wuschen die
                                strahlenden Leiber
In der Flut des Bergquells und gingen
Zu Priamos' Sohn und
Maßen in Rühmen und Streiten
Ihre Zungen; da siegte die List

τερπνοῖς μὲν ἀκοῦσαι,   290
πικρὰν δὲ σύγχυσιν βίου Φρυγῶν πόλει
ταλαίνᾳ περγάμοις τε Τροίας.

εἴθε δ' ὑπὲρ κεφαλὰν ἔβαλεν κακὸν   da⁴   στρ
ἁ τεκοῦσά νιν μόρον   cr ia²
πρὶν 'Ιδαῖον κατοικίσαι λέπας ·   ba cr ia²   295
ὅτε νιν παρὰ θεσπεσίῳ δάφνᾳ   an⁴
βόασε Κασάνδρα κτανεῖν,   ia⁴
μεγάλαν Πριάμου πόλεως λώβαν.   an⁴
τίν' οὐκ ἐπῆλθε, ποῖον οὐκ ἐλίσσετο   ia⁶
δαμογερόντων βρέφος φονεύειν;   ch cr ba   300

οὔτ' ἂν ἐπ' 'Ιλιάσι ζυγὸν ἤλυθε   ἀντ.
δούλιον, σύ τ' ἂν, γύναι,
τυράννων ἔσχες ἂν δόμων ἕδρας ·
παρέλυσε δ' ἂν 'Ελλάδος ἀλγεινοὺς
πόνους ὅτ' ἀμφὶ Τρωΐαν   305
δεκέτεις ἀλάληντο νέοι λόγχαις.
λέχη τ' ἔρημ' ἂν οὔποτ' ἐξελείπετο,
καὶ τεκέων ὀρφανοὶ γέροντες.

Μ ε ν έ λ α ο ς

ἥκω λαβὼν σὸν παῖδ', ὃν εἰς ἄλλους δόμους
λάθρᾳ θυγατρὸς τῆς ἐμῆς ὑπεξέθου.   310
σὲ μὲν γὰρ ηὔχεις θεᾶς βρέτας σώσειν τόδε,
τοῦτον δὲ τοὺς κρύψαντας · ἀλλ' ἐφηυρέθης
ἧσσον φρονοῦσα τοῦδε Μενέλεω, γύναι.

Der Kypris, lieblich zu hören,
Doch das bittere Ende der Phryger
Und der wankenden Türme von Troja.

Zweite Strophe

Hätte doch, die ihn gebar, übers Haupt ihm das Todlos
                                                    geworfen,
Bevor auf Idas Fels
Er je sich niederließ,
Als vom heiligen Lorbeerhain
Kassandra befahl, ihn zu töten,
Das große Verderben von Troja!
Wen flehte, wen rief sie nicht an,
Alle Ratsherrn, das Kind zu ermorden!

Gegenstrophe

Nie wäre auf Ilions Nacken das Joch der Knechtschaft
                                                    gefallen,
Und du, du säßest nicht
An fremder Herren Herd!
Hellas' Jugend blieb erspart
Unsägliche Mühe vor Troja,
Zehn Jahre der tödlichen Speere.
Nicht wären die Betten verwaist,
Nicht die Alten beraubt ihrer Söhne.

ZWEITE HAUPTSZENE

Menelaos

Ich bring den Sohn, den du in andres Haus
Geheim vor meiner Tochter fortgeschafft.
Dort glaubtest du den Knaben wohlgeschützt
Und hier am Götterbild dich selbst – doch machst
Du deine Rechnung ohne Menelas.

κεἰ μὴ τόδ' ἐκλιποῦσ' ἐρημώσεις πέδον,
ὅδ' ἀντὶ τοῦ σοῦ σώματος σφαγήσεται.   315
ταῦτ' οὖν λογίζου, πότερα κατθανεῖν θέλεις
ἢ τόνδ' ὀλέσθαι σῆς ἀμαρτίας ὕπερ,
ἣν εἰς ἔμ' εἴς τε παῖδ' ἐμὴν ἁμαρτάνεις.
Αν   ὦ δόξα δόξα, μυρίοισι δὴ βροτῶν
οὐδὲν γεγῶσι βίοτον ὤγκωσας μέγαν.   320
εὔκλεια δ' οἷς μὲν ἔστ' ἀληθείας ὕπο,
εὐδαιμονίζω· τοὺς δ' ὑπὸ ψευδῶν, ἔχειν
οὐκ ἀξιώσω, πλὴν τύχῃ φρονεῖν δοκεῖν.
σὺ δὴ στρατηγῶν λογάσιν Ἑλλήνων ποτὲ
Τροίαν ἀφείλου Πρίαμον, ὧδε φαῦλος ὤν;   325
ὅστις θυγατρὸς ἀντίπαιδος ἐκ λόγων
τοσόνδ' ἔπνευσας, καὶ γυναικὶ δυστυχεῖ
δούλῃ κατέστης εἰς ἀγῶν'; οὐκ ἀξιῶ
οὔτ' οὖν σὲ Τροίας οὔτε σοῦ Τροίαν ἔτι.   329
Μενέλαε, φέρε δὴ διαπεράνωμεν λόγους·   333
τέθνηκα δὴ σῇ θυγατρὶ καί μ' ἀπώλεσε·
μιαιφόνον μὲν οὐκέτ' ἂν φύγοι μύσος.   335
ἐν τοῖς δὲ πολλοῖς καὶ σὺ τόνδ' ἀγωνιῇ
φόνον· τὸ συνδρῶν γάρ σ' ἀναγκάσει χρέος.
ἢν δ' οὖν ἐγὼ μὲν μὴ θανεῖν ὑπεκδράμω,
τὸν παῖδά μου κτενεῖτε; κᾆτα πῶς πατὴρ
τέκνου θανόντος ῥᾳδίως ἀνέξεται;   340
οὐχ ὧδ' ἄνανδρον αὐτὸν ἡ Τροία καλεῖ·
ἀλλ' εἴσιν οἷ χρή – Πηλέως γὰρ ἄξια
πατρός τ' Ἀχιλλέως ἔργα δρῶν φανήσεται –
ὤσει δὲ σὴν παῖδ' ἐκ δόμων· σὺ δ' ἐκδιδοὺς
ἄλλῳ τί λέξεις; πότερον ὡς κακὸν πόσιν   345
φεύγει τὸ ταύτης σῶφρον; ἀλλὰ πεύσεται.
γαμεῖ δὲ τίς νιν; ἢ σφ' ἄνανδρον ἐν δόμοις
χήραν καθέξεις πολιόν; ὦ τλήμων ἀνήρ,

ἔξωθέν εἰσιν οἱ δοκοῦντες εὖ φρονεῖν   330
λαμπροί, τὰ δ' ἔνδον πᾶσιν ἀνθρώποις ἴσοι,
πλὴν εἴ τι πλούτῳ· τοῦτο δ' ἰσχύει μέγα.

Wenn du dies Feld hier nicht mehr räumen willst,
Wird dieses Kind statt deiner umgebracht!
Nun rechne: willst du selber sterben? Soll
Dies Kind im Tode büßen für die Schuld,
Die du an mir und meinem Kind begehst?

An O Dünkel, Dünkel! Tausend Menschen hast
Du aus dem Nichts in hohen Glanz versetzt.
Wem solches Licht aus reiner Wahrheit kommt,
Den preis ich; doch aus Lügen wächst kein Ruhm,
Nur blinder Dünkel eines Unverstands.
Hast du als stolzer Feldherr Troja einst
Dem Priamos entrissen und bist heut
So feig, daß du auf halben Kindes Wort
In Sturm gerätst und gegen eine Magd,
Ein Elendsweib zu Felde ziehst? Dann sind
Troja und Menelas einander wert.
Doch fassen wir die Rede kurz! Gesetzt,
Ich sterbe hier durch deiner Tochter Hand:
Sie wird als Meuchelmörderin verhaßt
Und bei der Menge nimmst du daran teil,
Der Helfer und der Täter sind ihr eins.
Doch wenn ich meinem Tod entrinnen will,
Bringt ihr das Kind um. Glaubt ihr wirklich, daß
Sein Vater dies so leicht geschehen läßt?
Er gilt in Troja nicht als feiges Weib.
Als Peleus' Enkel und als Sohn Achills
Tut er das Rechte und verstößt dein Kind.
Was sagst du, wenn du sie an andre gibst?
Womöglich, daß ihr reiner Sinn den Mann
Nicht mehr ertrug? Die Wahrheit kommt ans Licht.
Wer soll sie nehmen? Oder willst du sie
Im Haus als graue Witwe, ohne Mann?

κακῶν τοσούτων οὐχ ὁρᾷς ἐπιρροάς;
πόσας ἂν εὐνὰς θυγατέρ' ἠδικημένην   350
βούλοι' ἂν εὑρεῖν ἢ παθεῖν ἀγὼ λέγω;
οὐ χρὴ 'πὶ μικροῖς μεγάλα πορσύνειν κακὰ
οὐδ', εἰ γυναῖκές ἐσμεν ἀτηρὸν κακόν,
ἄνδρας γυναιξὶν ἐξομοιοῦσθαι φύσιν.
ἡμεῖς γὰρ εἰ σὴν παῖδα φαρμακεύομεν   355
καὶ νηδὺν ἐξαμβλοῦμεν, ὡς αὐτὴ λέγει,
ἑκόντες οὐκ ἄκοντες, οὐδὲ βώμιοι
πίτνοντες, αὐτοὶ τὴν δίκην ὑφέξομεν
ἐν σοῖσι γαμβροῖς, οἷσιν οὐκ ἐλάσσονα
βλάβην ὀφείλω προστιθεῖσ' ἀπαιδίαν.   360
ἡμεῖς μὲν οὖν τοιοίδε· τῆς δὲ σῆς φρενὸς –
ἓν σου δέδοικα· διὰ γυναικείαν ἔριν
καὶ τὴν τάλαιναν ὤλεσας Φρυγῶν πόλιν.
Χο ἄγαν ἔλεξας ὡς γυνὴ πρὸς ἄρσενας,
καί σου τὸ σῶφρον ἐξετόξευσεν φρενός.   365
Με γύναι, τάδ' ἐστὶ σμικρὰ καὶ μοναρχίας
οὐκ ἄξι', ὡς φῄς, τῆς ἐμῆς οὐδ' 'Ελλάδος.
εὖ δ' ἴσθ', ὅτου τις τυγχάνει χρείαν ἔχων,
τοῦτ' ἔσθ' ἑκάστῳ μεῖζον ἢ Τροίαν ἑλεῖν.
κἀγὼ θυγατρί – μεγάλα γὰρ κρίνω τάδε,   370
λέχους στέρεσθαι – σύμμαχος καθίσταμαι.
τὰ μὲν γὰρ ἄλλα δεύτερ' ἂν πάσχοι γυνή,
ἀνδρὸς δ' ἁμαρτάνουσ' ἁμαρτάνει βίου.
δούλων δ' ἐκεῖνον τῶν ἐμῶν ἄρχειν χρεὼν
καὶ τῶν ἐκείνου τοὺς ἐμούς, ἡμᾶς τε πρός·   375
φίλων γὰρ οὐδὲν ἴδιον, οἵτινες φίλοι
ὀρθῶς πεφύκασ', ἀλλὰ κοινὰ χρήματα.
μένων δὲ τοὺς ἀπόντας, εἰ μὴ θήσομαι
τἄμ' ὡς ἄριστα, φαῦλός εἰμι κοὐ σοφός.
ἀλλ' ἐξανίστω τῶνδ' ἀνακτόρων θεᾶς.   380
ὡς, ἢν θάνῃς σύ, παῖς ὅδ' ἐκφεύγει μόρον,
σοῦ δ' οὐ θελούσης κατθανεῖν, τόνδε κτενῶ.
δυοῖν δ' ἀνάγκη θατέρῳ λιπεῖν βίον.
Αν οἴμοι, πικρὰν κλήρωσιν αἵρεσίν τέ μοι

O sieh: dies alles stürzt auf dich herein.
Wie viele Nebenfrauen wünschtest du
Dann deinem Kind statt dessen, was geschieht?
Auf kleines Übel setz kein größeres,
Und sind wir Frauen schon ein Fluch, so soll
Der Mann bei ihnen nicht zur Schule gehn.
Wenn ich durch Tränke deiner Tochter Leib
Unfruchtbar mache – wessen sie mich zeiht –
So werd ich frei und ohne den Altar,
Von selber, deinem Eidam Buße tun;
Er wird nicht minder seiner Saat beraubt.
So stehts bei mir. Doch deinen eignen Sinn –
Man kennt ihn ja: für einen Weiberstreit
Hast du die Phrygerburg zu Fall gebracht!

Chf Als Frau sprachst du zu Männern ohne Maß,
Und deine Pfeile flogen übers Ziel.
Me Das sind wohl kleine Dinge, denkst du wohl,
Nicht würdig Spartas oder Griechenlands.
Doch wisse: was man einmal will, das steht
Uns höher als der Fall von Ilion.
Der Raub des Bettes ist kein kleines Ding,
Das weiß ich selbst und helfe meinem Kind!
An vielem andren trägt die Frau nicht schwer:
Die ihren Mann verliert, verliert sich selbst. –
Gemeinsam haben wir die Sklaven: er
Und meine Tochter und ich selbst mit ihr;
Denn Freunde, wenn sie wirklich Freunde sind,
Vereinigen von selbst ihr Eigentum.
Wenn ich des Fernen warte und mein Haus
Vergesse, bin ich weder treu noch klug.
Verlasse jetzt der Göttin Herrensitz!
Der Knabe bleibt am Leben, wenn du stirbst,
Und wird getötet, wenn du leben bleibst.
Und einer stirbt, der Knabe oder du.
An O bittre Losung, bitter auch die Wahl,

βίου καθίστης· καὶ λαχοῦσά γ' ἀθλία 385
καὶ μὴ λαχοῦσα δυστυχὴς καθίσταμαι.
ὦ μεγάλα πράσσων αἰτίας μικρᾶς πέρι,
πιθοῦ· τί καίνεις μ'; ἀντὶ τοῦ; ποίαν πόλιν
προύδωκα; τίνα σῶν ἔκτανον παίδων ἐγώ;
ποῖον δ' ἔπρησα δῶμ'; ἐκοιμήθην βίᾳ 390
σὺν δεσπόταισι· κᾆτ' ἔμ', οὐ κεῖνον κτενεῖς,
τὸν αἴτιον τῶνδ', ἀλλὰ τὴν ἀρχὴν ἀφεὶς
πρὸς τὴν τελευτὴν ὑστέραν οὖσαν φέρῃ;
οἴμοι κακῶν τῶνδ', ὦ τάλαιν' ἐμὴ πατρίς,
ὡς δεινὰ πάσχω. τί δέ με καὶ τεκεῖν ἐχρῆν 395
ἄχθος τ' ἐπ' ἄχθει τῷδε προσθέσθαι διπλοῦν; 396
ἥτις σφαγὰς μὲν Ἕκτορος τροχηλάτους 399
κατεῖδον οἰκτρῶς τ' Ἴλιον πυρούμενον, 400
αὐτὴ δὲ δούλη ναῦς ἐπ' Ἀργείων ἔβην
κόμης ἐπισπασθεῖσ'· ἐπεὶ δ' ἀφικόμην
Φθίαν, φονεῦσιν Ἕκτορος νυμφεύομαι.
τί δῆτ' ἐμοὶ ζῆν ἡδύ; πρὸς τί χρὴ βλέπειν;
πρὸς τὰς παρούσας ἢ παρελθούσας τύχας; 405
εἷς παῖς ὅδ' ἦν μοι λοιπὸς ὀφθαλμὸς βίου·
τοῦτον κτενεῖν μέλλουσιν οἷς δοκεῖ τάδε.
οὐ δῆτα τοὐμοῦ γ' εἴνεκ' ἀθλίου βίου·
ἐν τῷδε μὲν γὰρ ἐλπίς, εἰ σωθήσεται,
ἐμοὶ δ' ὄνειδος μὴ θανεῖν ὑπὲρ τέκνου. 410
ἰδοὺ προλείπω βωμὸν ἥδε χειρία
σφάζειν, φονεύειν, δεῖν, ἀπαρτῆσαι δέρην.
ὦ τέκνον, ἡ τεκοῦσά σ', ὡς σὺ μὴ θάνῃς,
στείχω πρὸς Ἅιδην· ἢν δ' ὑπεκδράμῃς μόρον,
μέμνησο μητρός, οἷα τλᾶσ' ἀπωλόμην, 415
καὶ πατρὶ τῷ σῷ διὰ φιλημάτων ἰὼν
δάκρυά τε λείβων καὶ περιπτύσσων χέρας
λέγ' οἷ' ἔπραξα. πᾶσι δ' ἀνθρώποις ἄρ' ἦν
ψυχὴ τέκν'· ὅστις δ' αὔτ' ἄπειρος ὢν ψέγει,

———

ἀτὰρ τί ταῦτα δύρομαι, τὰ δ' ἐν ποσὶν 397
οὐκ ἐξικμάζω καὶ λογίζομαι κακά;

Auf Tod und Leben! Los ich oder nicht,
Das Unheil ist mir schon vorher bestimmt.
O schwere Bluttat um so leichtes Ding!
Du tötest mich; wofür? Sag, welche Stadt
Verriet ich? Welches Kind erschlug ich dir?
Welch Haus verbrannt ich? Auf sein Lager zwang
Mein Herr mich, und du tötest mich, nicht ihn,
Den Schuldigen, und kehrst die Gründe um,
Vergißt den Anfang, eilst sogleich zum Schluß!
O neues Unheil! Arme Vaterstadt,
Schau her: ich selbst gebar mir eine Last
Und eine Doppellast lud ich hinzu!
Die Hektors Schleifung sah am Wagenrad,
Den Jammer der vom Brand zerstörten Stadt,
Ward selbst am Haar aufs Griechenschiff gezerrt,
Als Sklavenweib, und kam in diese Stadt,
Den Mördern Hektors in ihr Ehebett.
Wozu das süße Leben und das Licht?
Rings altes Leid und ringsum neues Leid!
Ein Knabe blieb mir als des Lebens Aug.
Beschlossen ist sein Mord, doch darf die Tat
Nicht für mein Leben, nicht für mich geschehn!
In ihm blüht Hoffnung, wenn er leben bleibt,
Mich trifft nur Schande, wenn er für mich stirbt. –
Ich steig herab und bin in eurer Hand,
So schlachtet, mordet, fesselt, hängt mich auf!
Mein Kind, die Mutter geht, daß du nicht stirbst,
Zum Hades. Wenn du diesem Los entrinnst,
So denk an mich und meinen Schmerzensgang!
Leg deine Ärmchen um des Vaters Hals
Und sag ihm unter Kuß und Tränen, was
Geschah. In seinen Kindern lebt der Mensch.
Wers nie erfuhr und leugnet, der entbehrt

ἧσσον μὲν ἀλγεῖ, δυστυχῶν δ' εὐδαιμονεῖ.   420
Χο ᾤκτιρ' ἀκούσασ'· οἰκτρὰ γὰρ τὰ δυστυχῆ
βροτοῖς ἅπασι, κἂν θυραῖος ὢν κυρῇ.
εἰς ξύμβασιν δὲ χρῆν σε παῖδα σὴν ἄγειν,
Μενέλαε, καὶ τήνδ', ὡς ἀπαλλαχθῇ πόνων.
Με λάβεσθέ μοι τῆσδ', ἀμφελίξαντες χέρας,   425
δμῶες· λόγους γὰρ οὐ φίλους ἀκούσεται.
ἐγώ σ', ἵν' ἁγνὸν βωμὸν ἐκλίποις θεᾶς,
προύτεινα παιδὸς θάνατον, ᾧ σ' ὑπήγαγον
εἰς χεῖρας ἐλθεῖν τὰς ἐμὰς ἐπὶ σφαγήν.
καὶ τἀμφὶ σοῦ μὲν ὧδ' ἔχοντ' ἐπίστασο·   430
τὰ δ' ἀμφὶ παιδὸς τοῦδε παῖς ἐμὴ κρινεῖ,
ἥν τε κτανεῖν νιν ἥν τε μὴ κτανεῖν θέλῃ.
ἀλλ' ἕρπ' ἐς οἴκους τούσδ', ἵν' εἰς ἐλευθέρους
δούλη γεγῶσα μήποθ' ὑβρίζειν μάθῃς.
Αν οἴμοι· δόλῳ μ' ὑπῆλθες, ἠπατήμεθα.   435
Με κήρυσσ' ἅπασιν· οὐ γὰρ ἐξαρνούμεθα.
Αν ἦ ταῦτ' ἐν ὑμῖν τοῖς παρ' Εὐρώτᾳ σοφά;
Με καὶ τοῖς γε Τροίᾳ, τοὺς παθόντας ἀντιδρᾶν.
Αν τὰ θεῖα δ' οὐ θεῖ' οὐδ' ἔχειν ἡγῇ δίκην;
Με ὅταν τάδ' ᾖ, τότ' οἴσομεν· σὲ δὲ κτενῶ.   440
Αν ἦ καὶ νεοσσὸν τόνδ', ὑπὸ πτερῶν σπάσας;
Με οὐ δῆτα· θυγατρὶ δ', ἢν θέλῃ, δώσω κτανεῖν.
Αν οἴμοι· τί δῆτά σ' οὐ καταστένω, τέκνον;
Με οὔκουν θρασεῖά γ' αὐτὸν ἐλπὶς ἀμμένει.
Αν ὦ πᾶσιν ἀνθρώποισιν ἔχθιστοι βροτῶν   445
Σπάρτης ἔνοικοι, δόλια βουλευτήρια,
ψευδῶν ἄνακτες, μηχανορράφοι κακῶν,
ἑλικτὰ κοὐδὲν ὑγιές, ἀλλὰ πᾶν πέριξ
φρονοῦντες, ἀδίκως εὐτυχεῖτ' ἀν' Ἑλλάδα.
τί δ' οὐκ ἐν ὑμῖν ἐστιν; οὐ πλεῖστοι φόνοι;   450
οὐκ αἰσχροκερδεῖς; οὐ λέγοντες ἄλλα μὲν
γλώσσῃ, φρονοῦντες δ' ἄλλ' ἐφευρίσκεσθ' ἀεί;
ὄλοισθ'. ἐμοὶ μὲν θάνατος οὐχ οὕτω βαρὺς
ὡς σοὶ δέδοκται· κεῖνα γάρ μ' ἀπώλεσεν,
ὅθ' ἡ τάλαινα πόλις ἀνηλώθη Φρυγῶν   455

Zwar manchen Leids, doch auch des vollen Glücks.
Chf Voll Mitleid hört ichs, Mitleid steht dem Los
Der Schwergeprüften, auch der fremden, zu.
O Menelas, warum hast du die Fraun
Nicht ausgesöhnt und diese hier befreit?
Me Ergreift die Frau, umschnürt ihr das Gelenk,
Daß sie jetzt hört, woran sie nie gedacht!
Dich wegzulocken vom Altar, hab ich
Das Kind bedroht! Nur so bekam ich dich
In meine Hand zu deinem letzten Gang.
So stehts um dich, sei dessen dir bewußt!
Und diesem Kind bestimmt Hermione,
Ob sie es töten oder schonen wird.
Nun schnell ins Haus! Und lerne, daß die Magd
Die freien Menschen nicht verhöhnen darf!
An Grausame Hinterlist! O Lug und Trug!
Me Schreis frei hinaus! Wir leugnen es nicht ab!
An Ist das die Weisheit am Eurotasstrand?
Me Und auch in Troja: Tat erhält den Lohn.
An Ist Heilig heilig, ist das Rechte recht?
Me Man trägt, was kommt. Der Tod ist dir gewiß.
An Auch diesem Vöglein, seinem Nest geraubt?
Me Der Tochter stell ich seinen Tod anheim.
An Dann ist die Zeit der Totenklage da!
Me Hier noch zu hoffen, wäre freilich kühn.
An O aller Welt verhaßtestes Geschlecht
Von Sparta, Ratsherrn jeder Hinterlist,
Der Lüge Fürsten, Spinner bösen Trugs,
Gewunden, nie gesund, nur krummen Pfads!
Wer gab euch solche Macht in Griechenland?
Was ist bei euch zuhause? Mord um Mord,
Unsaubre Habgier, Reden mit dem Mund
Und völlig andres Planen eures Sinns!
Glaub nicht, daß mir der Tod so bitter ist!
Er war mir lange drüben schon verhängt,
Als mein geliebtes Troja niedersank,

πόσις θ' ὁ κλεινός, ὅς σε πολλάκις δορὶ
ναύτην ἔθηκεν ἀντὶ χερσαίου κακόν.
νῦν δ' εἰς γυναῖκα γοργὸς ὁπλίτης φανεὶς
κτείνεις μ'. ἀπόκτειν'. ὡς ἀθώπευτόν γέ σε
γλώσσης ἀφήσω τῆς ἐμῆς καὶ παῖδα σήν.   460
ἐπεὶ σὺ μὲν πέφυκας ἐν Σπάρτῃ μέγας,
ἡμεῖς δὲ Τροίᾳ γ'. εἰ δ' ἐγὼ πράσσω κακῶς,
μηδὲν τόδ' αὔχει · καὶ σὺ γὰρ πράξειας ἄν.

Χο   οὐδέποτε δίδυμα λέκτρ' ἐπαινέσω βροτῶν   ia⁶   στρ.
      οὐδ' ἀμφιμάτορας κόρους,   ia⁴   466
      ἔριδας οἴκων δυσμενεῖς τε λύπας.   cr ia² ba
      μίαν μοι στεργέτω πόσις γάμοις   ba cr ia²
      ἀκοινώνητον ἀνδρὸς εὐνάν.   ba cr ba   470

      οὐδέ γ' ἐνὶ πόλεσι δίπτυχοι τυραννίδες   ἀντ.
      μιᾶς ἀμείνονες φέρειν,
      ἄχθος ἐπ' ἄχθει καὶ στάσις πολίταις ·   ch ia² ba   475
      τεκόντοιν θ' ὕμνον ἐργάταιν δυοῖν
      ἔριν Μοῦσαι φιλοῦσι κραίνειν.

Mein stolzer Hektor, der vom Bodenkampf
Dich Feigen oft zum Ruderer gemacht.
Als grimmer Speerheld greifst du Frauen an
Und tötest mich! O tus! Kein Schmeichelwort
Hörst du und hört Hermione von mir.
In deinem Sparta bist du groß, ich wars
In meinem Troja. Wenns mir schlecht ergeht, so sei
Nicht stolz, auch du kannst untergehn!

ZWEITES STANDLIED

Chor

Strophe

Zwiefaches Lager,
Nie will ichs preisen,
Noch Söhne, geboren
Aus zweier Mütter Schoß:
Zwietracht im Haus,
Feindseliges Leid!
Eine Gattin
Liebe der Gatte,
Und ungeteilt sei
Sein Lager!

Gegenstrophe

Zwiefache Herrschaft
Bleibt auch den Städten
Nicht leichter zu tragen
Als die des einen Manns:
Last kommt zur Last
Und Aufruhr des Volks.
Auch zwei Schöpfern
Gleichen Gesanges
Bewirkt die Muse
Nur Zwietracht.

πνοαὶ δ' ὅταν φέρωσι ναυτίλους θοαί,   ia⁶   στρ.
κατὰ πηδαλίων δίδυμαι πραπίδων γνῶμαι an⁵   480
σοφῶν τε πλῆθος ἀθρόον ἀσθενέστερον   ia⁶
φαυλοτέρας φρενὸς αὐτοκρατοῦς. ἑνὸς ἁ -an⁴
δύνασις ἀνά τε μέλαθρα   ia⁶
  κατά τε πόλιας, ὁπόταν
εὑρεῖν θέλωσι καιρόν.   ia² ba   485

ἔδειξεν ἡ Λάκαινα τοῦ στρατηλάτα   ἀντ.
Μενέλα· διὰ γὰρ πυρὸς ἦλθ' ἑτέρῳ λέχεϊ,
κτείνει δὲ τὴν τάλαιναν 'Ιλιάδα κόραν
παῖδά τε δύσφρονος ἔριδος ὕπερ. ἄθεος   490
ἄνομος ἄχαρις ὁ φόνος·
  ἔτι σε, πότνια, μετατρο-
πὰ τῶνδ' ἔπεισιν ἔργων.

καὶ μὴν ἐσορῶ   an²
τόδε σύγκρατον ζεῦγος πρὸ δόμων   an⁴   495
ψήφῳ θανάτου κατακεκριμένον.
δύστηνε γύναι, τλῆμον δὲ σὺ παῖ,
μητρὸς λεχέων ὃς ὑπερθνήσκεις
οὐδὲν μετέχων
οὐδ' αἴτιος ὢν βασιλεῦσιν.   500

Αν ἅδ' ἐγὼ χέρας αἱματη-   gl   στρ.
    ρὰς βρόχοισι κεκλημένα   gl
    πέμπομαι κατὰ γαίας.   gl⌃

Zweite Strophe

Chf Und wenn ein rascher Sturm die Schiffe jagt,
Ch   Steht zweier Männer Sinn,
      Steht ein Schwarm kluger Leute
Chf Verzagter vor dem Steuerrad, als wenn ...
Ch   Ein schlichterer Kopf
      Allein entscheidet.
      Ja, einer gebiete im Haus, auf dem Markte!
      Er findet das Rechte.

Gegenstrophe

Chf Das Kind des Heeresfürsten Menelas ...
Ch   Erwies es: gleich dem Blitz
      Überfiel sie die Zweite
Chf Und tötet diese arme Troerfrau ...
Ch   Im grimmigen Streit,
      Samt ihrem Knaben.
      O Mord ohne Gott, ohne Recht, ohne Gnade.
      Du wirst ihn bereuen!

      Ach, da seh ich schon,
      Das eng verschlungene Paar,
      Vor dem Hause, zum Tode verdammt!
      Unseliges Weib! Armseliges Kind,
      Das nun sterben muß für der Mutter Bett,
      Ganz ohne Teil
      Einer Schuld an den Fürsten!

WECHSELLIED

Strophe

An   Seht nur, o seht nur,
      Wie man mich führt,
      Meine blutenden Hände gefesselt,
      Zur Erde hinab!

Παῖς

μᾶτερ μᾶτερ, ἐγὼ δὲ σᾷ   gl
πτέρυγι συγκαταβαίνω.   gl⌃   505

Αν   θῦμα δάιον, ὦ χθονὸς   gl
Φθίας κράντορες.   gl

Πα   ὦ πάτερ,
μόλε φίλοις ἐπίκουρος.   gl⌃
Αν   κείσῃ δή, τέκνον ὦ φίλος,   gl   510
μαστοῖς ματέρος ἀμφὶ σᾶς   gl
νεκρὸς ὑπὸ χθονὶ σὺν νεκροῖς.   gl

Πα   ὤμοι μοι, τί πάθω; τάλας   gl
δῆτ' ἐγὼ σύ τε, μᾶτερ.   gl⌃
Με   ἴθ' ὑποχθόνιοι· καὶ γὰρ ἀπ' ἐχθρῶν   an⁴   515
ἥκετε πύργων· δύο δ' ἐκ δισσαῖν
θνῄσκετ' ἀνάγκαιν· σὲ μὲν ἡμετέρα
ψῆφος ἀναιρεῖ, παῖδα δ' ἐμὴ παῖς
τόνδ' Ἑρμιόνη· καὶ γὰρ ἀνοία
μεγάλη λείπειν ἐχθροὺς ἐχθρῶν,   520
ἐξὸν κτείνειν
καὶ φόβον οἴκων ἀφελέσθαι.

Αν   ὦ πόσις πόσις, εἴθε σὰν   ἀντ.
χεῖρα καὶ δόρυ σύμμαχον
κτησαίμαν, Πριάμου παῖ.   525

Πα   δύστανος, τί δ' ἐγὼ μόρου
παράτροπον μέλος εὕρω;

Αν   λίσσου, γούνασι δεσπότου
χρίμπτων, ὦ τέκνον.

Πα   ὦ φίλος,   530
φίλος, ἄνες θάνατόν μοι.

Knabe

O Mutter, o Mutter, ich zieh
Im Schutz deines Flügels
Mit dir hinunter.

An Ich bin
Euer grausames Opfer,
Ihr Fürsten von Phthia!

Kn Mein Vater,
O komm doch den Deinen zu Hilfe!

An Du Liebes, mein Kind, du wirst liegen,
Geschmiegt an die Brüste der Mutter,
Unter der Erde,
Tot bei den Toten!

Kn O weh, dies Ende! Verloren,
Ich und du, meine Mutter!

Me In den Hades mit euch, denn ihr kamt ja daher
Aus der feindlichen Burg! Ihr sterbt alle zwei,
Doch aus zweierlei Zwang, denn Andromache rafft
Mein Rechtsspruch hinweg, und das Knäblein da
Hermiones Rat. Nur der größte Tor
Schont als Feind den Feind, wo er töten kann
Und sein Haus von den Ängsten befreien.

Gegenstrophe

An Gatte, o Gatte,
Fänd ich sie nur,
Deine Hand, deine Lanze als Helfer,
O Priamos' Sohn!

Kn Ich Armer, ich weiß mir kein Lied,
Mit dem ich das Los dir
Des Tods vertreibe!

An O schmieg
Dich, mein Kind, an die Knie
Des Fürsten und flehe!

Kn Du Lieber,
Du Lieber, so laß mich am Leben!

Αν λείβομαι δάκρυσιν κόρας,
στάζω λισσάδος ὡς πέτρας
λιβὰς ἀνήλιος, ἀ τάλαιν'.

Πα ὤμοι μοι, τί δ' ἐγὼ κακῶν   535
μῆχος ἐξανύσωμαι;
Με τί με προσπίτνεις, ἀλίαν πέτραν   an⁴
ἢ κῦμα λιταῖς ὡς ἱκετεύων;
τοῖς γὰρ ἐμοῖσιν γέγον' ὠφελία,
σοὶ δ' οὐδὲν ἔχω φίλτρον, ἐπεί τοι   540
μέγ' ἀναλώσας ψυχῆς μόριον
Τροίαν εἷλον καὶ μητέρα σήν ·
ἧς ἀπολαύων
Ἅιδην χθόνιον καταβήσῃ.

Χο καὶ μὴν δέδορκα τόνδε Πηλέα πέλας,   545
σπουδῇ τιθέντα δεῦρο γηραιὸν πόδα.

              Πηλεύς

ὑμᾶς ἐρωτῶ τόν τ' ἐφεστῶτα σφαγῇ,
τί ταῦτα; πῶς ταῦτ'; ἐκ τίνος λόγου νοσεῖ
δόμος; τί πράσσετ' ἄκριτα μηχανώμενοι;
Μενέλα', ἐπίσχες · μὴ τάχυν' ἄνευ δίκης.   550

ἡγοῦ σὺ θᾶσσον, οὐ γὰρ ὡς ἔοικέ μοι
σχολῆς τόδ' ἔργον · ἀλλ' ἀνηβητηρίαν
ῥώμην μ' ἐπαινῶ λαμβάνειν, εἴπερ ποτέ.

πρῶτον μὲν οὖν κατ' οὖρον ὥσπερ ἱστίοις
ἐμπνεύσομαι τῇδ' · εἰπέ, τίνι δίκῃ χέρας   555

An Ich netze mein Auge mit Tränen,
    Als schattende Quelle begieß ich
    Glätte des Felsens.
    Wehe mir Armen!
Kn O weh, wie soll ich den Nöten
    So ein Ende bereiten?
Me *zum Knaben*
    Was kniest du vor mir, hebst die flehende Hand
    Zu dem felsigen Riff, zu der wogenden See?
    Zwar den Meinen bin ich ein mächtiger Schutz,
    Doch nichts zieht mich zu dir, denn unendliche Zeit
    Verlor ich mit Troja und Frauen, wie der,
    Die du Mutter nennst. Sie geht dir voran,
    So erfreue dich ihrer dort unten!

DRITTE HAUPTSZENE

Chf Da seh ich Peleus und er ist schon nah,
    Zur Eile spornt er seinen alten Fuß.

Peleus

Ich frag euch und das Haupt der Schlächterei:
Was? Wie? Woran ist unser Haus erkrankt?
Wer mordet ohne jeden Richterspruch?
Halt, Ménelas! Kein Unrecht! Nicht so schnell!

zum Geleiter

So führ mich schneller, denn die Sache hat,
So scheint es, Eile! Heute, mehr wie je,
Ruf ich nach dir, du alte Jugendkraft!

zu Andromache

Zuerst muß ich der Frau hier frischen Wind
Ins Segel blasen. Sag, nach welchem Recht

βρόχοισιν ἐκδήσαντες οἵδ' ἄγουσί σε
καὶ παῖδ'· ὕπαρνος γάρ τις οἷς ἀπόλλυσαι,
ἡμῶν ἀπόντων τοῦ τε κυρίου σέθεν.

Αν οἷδ', ὦ γεραιέ, σὺν τέκνῳ θανουμένην
ἄγουσί μ' οὕτως ὡς ὁρᾷς. τί σοι λέγω;   560
οὐ γὰρ μιᾶς σε κληδόνος προθυμίᾳ
μετῆλθον, ἀλλὰ μυρίων ὑπ' ἀγγέλων.
ἔριν δὲ τὴν κατ' οἶκον οἶσθά που κλύων
τῆς τοῦδε θυγατρός, ὧν τ' ἀπόλλυμαι χάριν.
καὶ νῦν με βωμοῦ Θέτιδος, ἣ τὸν εὐγενῆ   565
ἔτικτέ σοι παῖδ', ἣν σὺ θαυμαστὴν σέβεις,
ἄγουσ' ἀποσπάσαντες, οὔτε τῳ δίκῃ
κρίναντες οὔτε τοὺς ἀπόντας ἐκ δόμων
μείναντες, ἀλλὰ τὴν ἐμὴν ἐρημίαν
γνόντες τέκνου τε τοῦδ', ὃν οὐδὲν αἴτιον   570
μέλλουσι σὺν ἐμοὶ τῇ ταλαιπώρῳ κτενεῖν.
ἀλλ' ἀντιάζω σ', ὦ γέρον, τῶν σῶν πάρος
πίτνουσα γονάτων – χειρὶ δ' οὐκ ἔξεστί μοι
τῆς σῆς λαβέσθαι φιλτάτης γενειάδος –
ῥῦσαί με πρὸς θεῶν· εἰ δὲ μή, θανούμεθα   575
αἰσχρῶς μὲν ὑμῖν, δυστυχῶς δ' ἐμοί, γέρον.

Πη χαλᾶν κελεύω δεσμὰ πρὶν κλαίειν τινά,
καὶ τῆσδε χεῖρας διπτύχους ἀνιέναι.

Με ἐγὼ δ' ἀπαυδῶ γ' ἄλλος οὐχ ἥσσων σέθεν
καὶ τῆσδε πολλῷ κυριώτερος γεγώς.   580

Πη πῶς; ἢ τὸν ἀμὸν οἶκον οἰκήσεις μολὼν
δεῦρ'; οὐχ ἅλις σοι τῶν κατὰ Σπάρτην κρατεῖν;

Με εἷλόν νιν αἰχμάλωτον ἐκ Τροίας ἐγώ.

Πη οὑμὸς δέ γ' αὐτὴν ἔλαβε παῖς παιδὸς γέρας.

Με οὔκουν ἐκείνου τἀμὰ τἀκείνου τ' ἐμά;   585

Πη δρᾶν εὖ, κακῶς δ' οὔ, μηδ' ἀποκτείνειν βίᾳ.

Με ὡς τήνδ' ἀπάξεις οὔποτ' ἐξ ἐμῆς χερός.

Πη σκήπτρῳ δὲ τῷδε σὸν καθαιμάξω κάρα;

Με ψαῦσόν γ', ἵν' εἰδῇς, καὶ πέλας πρόσελθέ μου.

Πη σὺ γὰρ μετ' ἀνδρῶν, ὦ κάκιστε κἀκ κακῶν;   590
σοὶ ποῦ μέτεστιν ὡς ἐν ἀνδράσιν λόγου;

Führt man euch zwei gefesselt, Mutterschaf
Mit ihrem Lamm, und alles dies geschieht,
Solang wir fort sind, ich und dein Gemahl.

An   Die Leute führen mich und dieses Kind
Zum Tode, Alter, wie du siehst. Was sag
Ich noch, wo ich nicht einen Boten nur,
Nein, tausend immer neue ausgeschickt?
Du kennst den Streit mit dieses Mannes Kind
Und weißt, warum sie mich verderben will.
Nun schleppt man uns vom Hain der Thetis fort,
Die dir den stolzen Sohn gebar und die
Du fromm verehrst! Ganz ohne Richterspruch
Und fern von denen, die jetzt ferne sind,
Wohl wissend, wie ich jetzt verlassen bin
Mit diesem unschuldsvollen kleinen Kind,
Schickt man zwei arme Menschen in den Tod.
Nun fleh ich dich bei deinen Knieen an,
Mein Alter – denn dein gutes, liebes Kinn
Kann meine Hand nicht streicheln – rette mich
Von meinem Ende und von deiner Schmach!

Pe   Hinweg die Fesseln, ehs euch schlecht ergeht,
Befreit sogleich die Hände dieser Frau!
Me   Und ich verbiet es, kein geringrer Mann
Als du, und dieser Sklavin wahrer Herr!
Pe   Seit wann bist du der Herr in meinem Haus
Und hast an deinem Sparta nicht genug?
Me   Aus Troja bracht ich sie als Beute mit.
Pe   Die Ehrengabe meines Sohnessohns?
Me   Mein ist das Seine und das Meine sein!
Pe   Im Guten: ja, im Morden nimmermehr!
Me   Du führst sie nie aus meinen Händen fort!
Pe   Von diesem Szepter rötet sich dein Haupt!
Me   Versuchs, komm näher her und rühr mich an!
Pe   Der Feigen feigster, zählt man dich als Mann?
Wird unter Männern dir das Wort erteilt?

ὅστις πρὸς ἀνδρὸς Φρυγὸς ἀπηλλάγης λέχος,
ἄκλῃστ' ἄδουλα δώμαθ' ἑστίας λιπών,
ὡς δὴ γυναῖκα σώφρον' ἐν δόμοις ἔχων
πασῶν κακίστην. οὐδ' ἂν εἰ βούλοιτό τις   595
σώφρων γένοιτο Σπαρτιάτιδων κόρη,
αἱ ξὺν νέοισιν ἐξερημοῦσαι δόμους
γυμνοῖσι μηροῖς καὶ πέπλοις ἀνειμένοις
δρόμους παλαίστρας τ' οὐκ ἀνασχετοὺς ἐμοὶ
κοινὰς ἔχουσι. κᾆτα θαυμάζειν χρεών   600
εἰ μὴ γυναῖκας σώφρονας παιδεύετε;
Ἑλένην ἐρέσθαι χρῆν τάδ', ἥτις ἐκ δόμων
τὸν σὸν λιποῦσα Φίλιον ἐξεκώμασε
νεανίου μετ' ἀνδρὸς εἰς ἄλλην χθόνα.
κἄπειτ' ἐκείνης οὕνεχ' Ἑλλήνων ὄχλον   605
τοσόνδ' ἀθροίσας ἤγαγες πρὸς Ἴλιον;
ἣν χρῆν σ' ἀποπτύσαντα μὴ κινεῖν δόρυ,
κακὴν ἐφευρόντ', ἀλλ' ἐᾶν αὐτοῦ μένειν
μισθόν τε δόντα μήποτ' εἰς οἴκους λαβεῖν.
ἀλλ' οὔτι ταύτῃ σὸν φρόνημ' ἐπούρισας,   610
ψυχὰς δὲ πολλὰς κἀγαθὰς ἀπώλεσας,
παίδων τ' ἄπαιδας γραῦς ἔθηκας ἐν δόμοις,
πολιούς τ' ἀφείλου πατέρας εὐγενῆ τέκνα.
ὧν εἷς ἐγὼ δύστηνος· αὐθέντην δὲ σὲ
μιάστορ' ὡς τιν' εἰσδέδορκ' Ἀχιλλέως.   615
ὃς οὐδὲ τρωθεὶς ἦλθες ἐκ Τροίας μόνος,
κάλλιστα τεύχη δ' ἐν καλοῖσι σάγμασιν
ὅμοι' ἐκεῖσε δεῦρό τ' ἤγαγες πάλιν.
κἀγὼ μὲν ηὔδων τῷ γαμοῦντι μήτε σοὶ
κῆδος ξυνάψαι μήτε δώμασιν λαβεῖν   620
κακῆς γυναικὸς πῶλον· ἐκφέρουσι γὰρ
μητρῷ' ὀνείδη. τοῦτο καὶ σκοπεῖτέ μοι,
μνηστῆρες, ἐσθλῆς θυγατέρ' ἐκ μητρὸς λαβεῖν.
πρὸς τοῖσδε δ' εἰς ἀδελφὸν οἷ' ἐφύβρισας,
σφάξαι κελεύσας θυγατέρ' εὐηθέστατα;   625
οὕτως ἔδεισας μὴ οὐ κακὴν δάμαρτ' ἔχῃς.
ἑλὼν δὲ Τροίαν – εἶμι γὰρ κἀνταῦθά σοι –

Ein Phryger stahl dein Bett, als du den Herd
Verließest ohne Wächter, ohne Schloß,
Als hättest du das reinste Weib im Haus
Und keine Hure. Freilich lernt bei euch,
Auch wenn es will, kein Mädchen, was sich ziemt.
Mit jungen Männern stürmt man aus dem Haus,
Mit nackten Schenkeln und mit offnem Kleid,
Teilt Laufbahn, Ringbahn, völlig unerhört.
Wer wundert sich, wenn ihr kein ehrbar Weib
Mehr großzieht? Frag doch deine Helena,
Die, untreu deinem Herd, dem jungen Mann
In ferne Länder nachgetaumelt ist;
Um derentwillen du ein Riesenheer
Gesammelt und nach Ilion geführt!
Du spiest die Buhlerin nicht aus, du griffst
Zum Speer und ließest sie nicht dort und gabst
Nicht vieles Geld, daß du sie nicht mehr sahst!
Doch dahin drehtest du dein Steuer nicht:
Viel gute Leben hast du ausgelöscht,
Viel alte Frauen kinderlos gemacht,
Viel Vätern nahmst du ihren edlen Sohn,
So wie mir Armem. Als ein Fluchgeist stehst
Du hier vor mir, als Mörder des Achill.
Nur du kamst unversehrt aus Troja heim,
Die schöne Rüstung noch im Überzug,
So frisch, wie du von Hause sie gebracht.
So warnt ich auch den Eidam, diesen Bund
Zu schließen mit dem Fohlen böser Frau,
Der Mutter Schmach zu schleppen in sein Haus, –
Und allen Freiern ruf ich dieses zu:
Nehmt Frauen nur aus edlem Mutterstamm!
Wie hast du deinem Bruder mitgespielt,
Wie töricht war die Schlachtung seines Kinds,
Wie bangtest du vor Helenas Verlust!
Nach Trojas Fall – ich folge deiner Spur –

οὐκ ἔκτανες γυναῖκα χειρίαν λαβών,
ἀλλ', ὡς ἐσεῖδες μαστόν, ἐκβαλὼν ξίφος
φίλημ' ἐδέξω, προδότιν αἰκάλλων κύνα, 630
ἥσσων πεφυκὼς Κύπριδος, ὦ κάκιστε σύ.
κᾆπειτ' ἐς οἴκους τῶν ἐμῶν ἐλθὼν τέκνων
πορθεῖς ἀπόντων, καὶ γυναῖκα δυστυχῆ
κτείνεις ἀτίμως παῖδά θ', ὃς κλαίοντά σε
καὶ τὴν ἐν οἴκοις σὴν καταστήσει κόρην, 635
κεἰ τρὶς νόθος πέφυκε. πολλάκις δέ τοι
ξηρὰ βαθεῖαν γῆν ἐνίκησε σπορᾷ,
νόθοι τε πολλοὶ γνησίων ἀμείνονες.
ἀλλ' ἐκκομίζου παῖδα. κύδιον βροτοῖς
πένητα χρηστὸν ἢ κακὸν καὶ πλούσιον 640
γαμβρὸν πεπᾶσθαι καὶ φίλον· σὺ δ' οὐδὲν εἶ.

Χο σμικρᾶς ἀπ' ἀρχῆς νεῖκος ἀνθρώποις μέγα
γλῶσσ' ἐκπορίζει· τοῦτο δ' οἱ σοφοὶ βροτῶν
ἐξευλαβοῦνται, μὴ φίλοις τεύχειν ἔριν.

Με τί δῆτ' ἂν εἴποις τοὺς γέροντας, ὡς σοφοί, 645
καὶ τοὺς φρονεῖν δοκοῦντας Ἕλλησίν ποτε;
ὅτ' ὢν σὺ Πηλεὺς καὶ πατρὸς κλεινοῦ γεγώς,
κῆδος συνάψας, αἰσχρὰ μὲν σαυτῷ λέγεις
ἡμῖν δ' ὀνείδη διὰ γυναῖκα βάρβαρον,
ἣν χρῆν σ' ἐλαύνειν τήνδ' ὑπὲρ Νείλου ῥοὰς 650
ὑπέρ τε Φᾶσιν, κἀμὲ παρακαλεῖν ἀεί,
οὖσαν μὲν ἠπειρῶτιν, οὗ πεσήματα
πλεῖσθ' Ἑλλάδος πέπτωκε δοριπετῆ νεκρῶν,
τοῦ σοῦ δὲ παιδὸς αἵματος κοινουμένην.
Πάρις γάρ, ὃς σὸν παῖδ' ἔπεφν' Ἀχιλλέα, 655
Ἕκτορος ἀδελφὸς ἦν, δάμαρ δ' ἥδ' Ἕκτορος.
καὶ τῇδέ γ' εἰσέρχῃ σὺ ταὐτὸν εἰς στέγος
καὶ ξυντράπεζον ἀξιοῖς ἔχειν βίον,
τίκτειν δ' ἐν οἴκοις παῖδας ἐχθίστους ἐᾷς.
ἁγὼ προνοίᾳ τῇ τε σῇ κἀμῇ, γέρον, 660
κτανεῖν θέλων τήνδ' ἐκ χερῶν ἁρπάζομαι.
καίτοι φέρ'· ἅψασθαι γὰρ οὐκ αἰσχρὸν λόγου·
ἢν παῖς μὲν ἡμὴ μὴ τέκῃ, ταύτης δ' ἄπο

Schlugst du das schon gepackte Weib nicht tot:
Du sahst den Busen, warfst das Schwert davon,
Die falsche Hündin küßte, ward geküßt
Von Kypris' feigstem, allerschwächstem Knecht.
Dann plünderst du, sobald die Söhne fern,
Mein Haus, schleppst schmählich eine arme Frau
Zum Tod und seinen Sohn, der einmal noch
Dich und die Tochter schwer bezahlen läßt,
Und wär er Drittelsbastard. Trocknes Feld
Hat oft schon fettem Boden obgesiegt
Und mancher Bastard einem echten Sohn.
Mir ist als Freund und Schwäher lieber noch
Ein edler Armer als ein reicher Tropf.
Du bist ein Nichts! Nimm deine Tochter, geh!

Chf   Den kleinen Funken facht die Zunge oft
Zum großen Streit. Der kluge Mann bedenkt,
Wie er dem Hause keinen Zwist beschert.

Me   Wie spricht man Greise, die in Griechenland
Als klug verehrt sind, noch als Weise an,
Wenn du, als Peleus, edlen Mannes Sohn,
Mit mir verschwägert, dich und mich beschimpfst
Zugunsten dieses Weibs aus fernem Land,
Statt daß du sie zurücktriebst über Nils
Und Phasis' Flut und mich dazu beriefst?
Sie stammt von drüben, wo, vom Speer gefällt,
Zahllose Griechen sanken in den Staub,
Und hat an deines Sohnes Blut ihr Teil.
Denn Paris, der Achilleus niederwarf,
War Hektors Bruder, Hektor war ihr Mann!
Mit solcher wohnst du unter einem Dach,
Erhebst sie zum Genossen deines Tischs,
Läßt Feinde sie gebären diesem Haus.
Mit ihrer Tötung hab ich so an dich
Wie mich gedacht, und ihr entreißt sie mir!
Und doch – auch davon darf gesprochen sein –
Gebiert mein Kind nicht, und aus dieser hier

βλάστωσι παῖδες, τῆσδε γῆς Φθιώτιδος
στήσεις τυράννους, βάρβαροι δ' ὄντες γένος   665
Ἕλλησιν ἄρξουσ'; εἶτ' ἐγὼ μὲν οὐ φρονῶ
μισῶν τὰ μὴ δίκαια, σοὶ δ' ἔνεστι νοῦς;   667
γέρων γέρων εἶ.   678
                τὴν δ' ἐμὴν στρατηγίαν
λέγων ἔμ' ὠφελοῖς ἂν ἢ σιγῶν πλέον.
Ἑλένη δ' ἐμόχθησ' οὐχ ἑκοῦσ', ἀλλ' ἐκ θεῶν,   680
καὶ τοῦτο πλεῖστον ὠφέλησεν Ἑλλάδα·
ὅπλων γὰρ ὄντες καὶ μάχης ἄϊστορες
ἔβησαν εἰς τἀνδρεῖον· ἡ δ' ὁμιλία
πάντων βροτοῖσι γίγνεται διδάσκαλος.
εἰ δ' εἰς πρόσοψιν τῆς ἐμῆς ἐλθὼν ἐγὼ   685
γυναικὸς ἔσχον μὴ κτανεῖν, ἐσωφρόνουν.
οὐδ' ἂν σὲ Φῶκον ἤθελον κατακτανεῖν.
ταῦτ' εὖ φρονῶν σ' ἐπῆλθον, οὐκ ὀργῆς χάριν·
ἢν δ' ὀξυθυμῇς, σοὶ μὲν ἡ γλωσσαλγία
μείζων, ἐμοὶ δὲ κέρδος ἡ προμηθία.   690
Χο παύσασθον ἤδη – λῷστα γὰρ μακρῷ τάδε –
λόγων ματαίων, μὴ δύο σφαλῆθ' ἅμα.
Πη οἴμοι, καθ' Ἑλλάδ' ὡς κακῶς νομίζεται·
ὅταν τροπαῖα πολεμίων στήσῃ στρατός,
οὐ τῶν πονούντων τοὔργον ἡγοῦνται τόδε,   695
ἀλλ' ὁ στρατηγὸς τὴν δόκησιν ἄρνυται,
ὃς εἷς μετ' ἄλλων μυρίων πάλλων δόρυ,

κἀκεῖνο νῦν ἄθρησον· εἰ σὺ παῖδα σὴν   668
δούς τῳ πολιτῶν, εἶτ' ἔπασχε τοιάδε,
σιγῇ καθῆσ' ἄν; οὐ δοκῶ· ξένης δ' ὕπερ   670
τοιαῦτα λάσκεις τοὺς ἀναγκαίους φίλους;
καὶ μὴν ἴσον γ' ἀνήρ τε καὶ γυνὴ σθένει
ἀδικουμένη πρὸς ἀνδρός· ὡς δ' αὔτως ἀνὴρ
γυναῖκα μωραίνουσαν ἐν δόμοις ἔχων.
καὶ τῷ μὲν ἔστιν ἐν χεροῖν μέγα σθένος,   675
τῇ δ' ἐν γονεῦσι καὶ φίλοις τὰ πράγματα.
οὔκουν δίκαιον τοῖς γ' ἐμοῖς ἐπωφελεῖν;

Entspringen Söhne, machst du sie zu Herrn
Des Landes Phthia? Herrscht Barbarenvolk
Dann über Griechen? Mein gerechter Sinn
Bedenkt dies alles, tuts der deine auch?
In deinem Alter?
                    Daß du meinen Krieg
Erwähntest, ist mir lieber als, du schwiegst.
Hélenas Tat war ihr von Gott bestimmt
Zum größten Nutzen unsres Griechenlands.
In Waffen und in Kämpfen ungeübt,
Stieg es zum Mannestum. Gemeinsamkeit
Ist doch der Menschen beste Lehrerin.
Und weise war es, daß ich nicht mein Weib
Beim ersten Anblick grausam niederschlug:
Auch du hättst Phokos besser dort verschont. –
Wohlmeinend sprach ich, ohne Streitbegier.
Packt dich der Zorn, so bin ich bald besiegt
Von deiner Zunge, nicht vom klaren Sinn.

Chf Das Beste ist, ihr laßt den leeren Streit,
       Sonst kommt ihr bald zu Fall, zur gleichen Zeit.

Pe   O weh des schlimmen Brauchs in Griechenland:
       Stellt hier ein Heer die Siegeszeichen auf,
       So gilt das nie als Werk der Kämpfer selbst,
       Der Feldherr trägt allein den Ruhm davon;
       Der unter Tausenden die Lanze schwang,

οὐδὲν πλέον δρῶν ἑνὸς ἔχει πλείω λόγον.
σεμνοὶ δ' ἐν ἀρχαῖς ἥμενοι κατὰ πτόλιν
φρονοῦσι δήμου μεῖζον, ὄντες οὐδένες ·   700
οἱ δ' εἰσὶν αὐτῶν μυρίῳ σοφώτεροι,
εἰ τόλμα προσγένοιτο βούλησίς θ' ἅμα.
ὡς καὶ σὺ σός τ' ἀδελφὸς ἐξωγκωμένοι
Τροίᾳ κάθησθε τῇ τ' ἐκεῖ στρατηγίᾳ,
μόχθοισιν ἄλλων καὶ πόνοις ἐπηρμένοι.   705
δείξω δ' ἐγώ σοι μὴ τὸν 'Ιδαῖον Πάριν
ἥσσω νομίζειν Πηλέως ἐχθρόν ποτε,
εἰ μὴ φθερῇ τῆσδ' ὡς τάχιστ' ἀπὸ στέγης
καὶ παῖς ἄτεκνος, ἣν ὁ γ' ἐξ ἡμῶν γεγὼς
ἐλᾷ δι' οἴκων τήνδ' ἐπισπάσας κόμης ·   710
ἣ στερρὸς οὖσα μόσχος οὐκ ἀνέξεται
τίκτοντας ἄλλους, οὐκ ἔχουσ' αὐτὴ τέκνα.
ἀλλ', εἰ τὸ κείνης δυστυχεῖ παίδων πέρι,
ἄπαιδας ἡμᾶς δεῖ καταστῆναι τέκνων;

φθείρεσθε τῆσδε, δμῶες, ὡς ἂν ἐκμάθω   715
εἰ τίς με λύειν τῆσδε κωλύσει χέρας.

ἔπαιρε σαυτήν · ὡς ἐγὼ καίπερ τρέμων
πλεκτὰς ἱμάντων στροφίδας ἐξανήσομαι.

ὧδ', ὦ κάκιστε, τῆσδ' ἐλυμήνω χέρας;
βοῦν ἢ λέοντ' ἤλπιζες ἐντείνειν βρόχοις;   720
ἢ μὴ ξίφος λαβοῦσ' ἀμυνάθοιτό σε
ἔδεισας;

            ἕρπε δεῦρ' ὑπ' ἀγκάλας, βρέφος,
ξύλλυε μητρὸς δεσμόν · ἐν Φθίᾳ σ' ἐγὼ
θρέψω μέγαν τοῖσδ' ἐχθρόν.

Mit gleichem Werk erringt er höhren Lohn.
Die würdestolzen Lenker einer Stadt
Verachten andre, selber sind sie nichts.
Doch ist das Volk oft tausendmal so klug,
Wenn es um Kühnheit geht und Willenskraft.
Du und dein Bruder bläht euch mächtig auf
Um Troja und den Krieg, doch seid ihr nur
Durch andrer Müh und Arbeit hochgebracht.
Du triffst in Peleus einen stärkern Feind,
Als Paris war vom Ida, wenn du nicht
Von diesem Dach dich packst, so schnell du kannst,
Samt deiner Tochter ohne Kind, die bald
Am Haar mein Enkel durch die Hallen schleift.
Das unfruchtbare Kalb erträgt es schwer,
Daß andre zeugen, wo es ihr gebricht.
Doch muß, wenn sie kein Glück mit Kindern hat,
Auch jeder andre Schoß verschlossen sein?

zu den Knechten

Fort, fort! Ich will doch sehen, wer mich hier
Am Lösen dieser Fesseln hindern will?

zu Andromache

Steh auf! Ich will mit dieser alten Hand
Der Knoten Windung lösen vom Gelenk.

zu Menelaos

So hast du diesen Händen mitgespielt!
Wie einem Löwen, einem wilden Stier!
Hast du das Schwert gefürchtet, das sie zückt?

zum Knaben

Komm, Kindchen, her auf meinen Arm und hilf
Die Fesseln lösen! Wachse hier heran
Zu ihrem Erzfeind!

εἰ δ᾽ ἀπῆν δορὸς
τοῖς Σπαρτιάταις δόξα καὶ μάχης ἀγών,   725
τἄλλ᾽ ὄντες ἴστε μηδενὸς βελτίονες.
Χο ἀνειμένον τι χρῆμα πρεσβυτῶν γένος
καὶ δυσφύλακτον ὀξυθυμίας ὕπο.
Με ἄγαν προνωπὴς εἰς τὸ λοιδορεῖν φέρῃ ·
ἐγὼ δὲ πρὸς βίαν μὲν εἰς Φθίαν μολὼν   730
οὔτ᾽ οὖν τι δράσω φλαῦρον οὔτε πείσομαι.
καὶ νῦν μέν – οὐ γὰρ ἄφθονον σχολὴν ἔχω –
ἄπειμ᾽ ἐς οἴκους · ἔστι γάρ τις οὐ πρόσω
Σπάρτης πόλις τις, ἣ πρὸ τοῦ μὲν ἦν φίλη,
νῦν δ᾽ ἐχθρὰ ποιεῖ · τήνδ᾽ ἐπεξελθεῖν θέλω   735
στρατηλατήσας χὐποχείριον λαβεῖν.
ὅταν δὲ τἀκεῖ θῶ κατὰ γνώμην ἐμήν,
ἥξω · παρὼν δὲ πρὸς παρόντας ἐμφανῶς
γαμβροὺς διδάξω καὶ διδάξομαι λόγους.
κἂν μὲν κολάζῃ τήνδε καὶ τὸ λοιπὸν ᾖ   740
σώφρων καθ᾽ ἡμᾶς, σώφρον᾽ ἀντιλήψεται ·
θυμούμενος δὲ τεύξεται θυμουμένων,
ἔργοισι δ᾽ ἔργα διάδοχ᾽ ἀντιλήψεται.
τοὺς σοὺς δὲ μύθους ῥᾳδίως ἐγὼ φέρω ·
σκιὰ γὰρ ἀντίστοιχος ὡς φωνὴν ἔχεις,   745
ἀδύνατος, οὐδὲν ἄλλο πλὴν λέγειν μόνον.

Πη ἡγοῦ, τέκνον μοι, δεῦρ᾽ ὑπ᾽ ἀγκάλαις σταθείς,
σύ τ᾽, ὦ τάλαινα · χείματος γὰρ ἀγρίου
τυχοῦσα λιμένας ἦλθες εἰς εὐηνέμους.
Αν ὦ πρέσβυ, θεοί σοι δοῖεν εὖ καὶ τοῖσι σοῖς,   750
σώσαντι παῖδα κἀμὲ τὴν δυσδαίμονα.
ὅρα δὲ μὴ νῷν εἰς ἐρημίαν ὁδοῦ
πτήξαντες οἵδε πρὸς βίαν ἄγωσί με,
γέροντα μὲν σ᾽ ὁρῶντες, ἀσθενῆ δ᾽ ἐμὲ
καὶ παῖδα τόνδε νήπιον · σκόπει τάδε,   755
μὴ νῦν φυγόντες εἶθ᾽ ἀλῶμεν ὕστερον.

zu Menelaos

      Hätte Sparta nicht
Den Ruhm von Speer und Schlachten, wärt ihr zwei
Nicht mehr geachtet als sonst irgend wer.

Chf Ganz unbewacht ist alter Menschen Sinn
    Und zügellos, wenn sie der Zorn befällt.

Me Nur allzu jäh reißt dich die Schmähsucht fort.
    Ich kam nicht wegen der Gewalt hieher,
    Will Übles weder leiden, weder tun.
    Jetzt geh ich – denn es drängt mich schon die Zeit –
    Nach Hause. Unweit von der Hauptstadt liegt
    Ein Ort, der früher uns verbündet war
    Und jetzt uns feind ist. Ihn befall ich jetzt,
    Durch Kriegsgewalt wird er mir untertan.
    Ist dieses dann nach meinem Sinn vollbracht,
    Kehr ich zurück. Den Schwähern Aug in Aug,
    Verlang ich und gewähre Rechenschaft.
    Bestraft er diese, bleibt er gegen uns
    Vernünftig, stößt er wieder auf Vernunft;
    Der Wütende schafft einen Wütenden,
    Auf seine Tat folgt wieder eine Tat.
    Was du mir selber drohst, das trag ich leicht:
    Du bist dein stimmbegabtes Schattenbild,
    Die Kräfte reichen nur zum Reden aus.

ab

Pe So führ mich, Knabe, stütze meinen Arm!
    Und hilf auch du! Nach wildem Wirbelsturm
    Bist du im stillen Hafen angelangt.

An Dir und den Deinen, Greis, vergelt es Gott,
    Daß du dem Kind und auch mir Armen halfst!
    Doch könnten sie, am öden Ort versteckt,
    Uns mit Gewalt verschleppen, wenn sie dich,
    Den Greis, erblicken und mich schwache Frau
    Und dies unmündge Kind, so daß, obwohl
    Gerettet, wieder wir verloren sind!

Πη οὐ μὴ γυναικῶν δειλὸν εἰσοίσεις λόγον·
χώρει· τίς ὑμῶν ἅψεται; κλαίων ἄρα
ψαύσει. θεῶν γὰρ οὕνεχ' ἱππικοῦ τ' ὄχλου
πολλῶν θ' ὁπλιτῶν ἄρχομεν Φθίαν κάτα·   760
ἡμεῖς δ' ἔτ' ὀρθοὶ κοὐ γέροντες, ὡς δοκεῖς,
ἀλλ' εἷς γε τοιόνδ' ἄνδρ' ἀποβλέψας μόνον
τροπαῖον αὐτοῦ στήσομαι, πρέσβυς περ ὤν.
πολλῶν νέων γὰρ κἂν γέρων εὔψυχος ᾖ
κρείσσων· τί γὰρ δεῖ δειλὸν ὄντ' εὐσωματεῖν;   765

Χο ἦ μὴ γενοίμαν ἢ πατέρων ἀγαθῶν   ia²-hem στρ.
εἴην πολυκτήτων τε δόμων μέτοχος.   ia²-hem
εἴ τι γὰρ πάσχοι τις ἀμήχανον, ἀλκᾶς   cr-hem-   770
οὐ σπάνις εὐγενέταις,   hem
κηρυσσομένοισι δ' ἀπ' ἐσθλῶν δωμάτων   -hem ia²
τιμὰ καὶ κλέος· οὔτοι λείψανα τῶν ἀγαθῶν   hem-hem
ἀνδρῶν ἀφαιρεῖται χρόνος· ἃ δ' ἀρετὰ   ia²-hem   775
καὶ θανοῦσι λάμπει.   cr ba

κρεῖσσον δὲ νίκαν μὴ κακόδοξον ἔχειν   ἀντ.
ἢ ξὺν φθόνῳ σφάλλειν δυνάμει τε δίκαν.   780
ἡδὺ μὲν γὰρ αὐτίκα τοῦτο βροτοῖσιν,
ἐν δὲ χρόνῳ τελέθει
ξηρὸν καὶ ὀνείδεσιν ἔγκειται δόμων.

Pe Stimmt nicht der Frauen Jammerlieder an!
Nur Mut! Wer dich berührt, der wirds bereun!
Die Götter machten mich zu Phthias Herrn
Mit Reitern und Hopliten ohne Zahl,
Und selber stehen wir noch aufrecht da:
Wenn ich dem Feigling nur ins Auge seh,
Setz ich ein Siegesmal, so alt ich bin.
Ein frischer Greis wiegt viele Jugend auf,
Was tut ein Feiger mit der Körperkraft?

DRITTES STANDLIED

Chor

Strophe

Besser niemals geboren zu sein
Oder doch als Sproß
Des edelsten Bluts und reicher Häuser!
In schwerer Bedrängnis
Versagt doch die Hilfe nicht
Den vom Adel Gebornen.
Nur wem die Abkunft gerühmt ist,
Hat Ehre und Ruhm.
Die Spuren der Guten
Tilgt auch die Zeit nicht hinweg.
Adel erglänzt
Über das Grab.

Gegenstrophe

Edle meiden unrühmlichen Sieg,
Stürzen nie das Recht
Mit roher Gewalt, verhaßt den andern!
Zwar ist es den Menschen
Ein süßer Beginn, doch wird
Er im Laufe der Zeiten
Schal und die Schande der Häuser.

ταύταν ᾔνεσα ταύταν καὶ φέρομαι βιοτάν,   785
μηδὲν δίκας ἔξω κράτος ἐν θαλάμοις
καὶ πόλει δύνασθαι.

ὦ γέρον Αἰακίδα,   hem
πείθομαι καὶ σὺν Λαπίθαισί σε Κενταύ-   cr-hem-   790
ρων ὁμιλῆσαι δορὶ κλεινοτάτῳ ·   cr-hem
καὶ ἐπ' Ἀργῴου δορὸς ἄξενον ὑγρὰν   cr-hem-
ἐκπερᾶσαι ποντιᾶν Ξυμπληγάδων   cr ia⁴
κλεινὰν ἐπὶ ναυστολίαν,   -hem   795
Ἰλιάδα τε πόλιν ὅτε πάρος   ia⁴
εὐδόκιμος ὁ Διὸς Ἶνις ἀμφέβαλε φόνῳ,   ia⁶
κοινὰν τὰν εὔκλειαν ἔχοντ'   da⁴ʌ   800
Εὐρώπαν ἀφικέσθαι.   hem-

Τροφός

ὦ φίλταται γυναῖκες, ὡς κακὸν κακῷ
διάδοχον ἐν τῇδ' ἡμέρᾳ πορσύνεται.
δέσποινα γὰρ κατ' οἶκον, Ἑρμιόνην λέγω,
πατρός τ' ἐρημωθεῖσα συννοίᾳ θ' ἅμα,   805
οἷον δέδρακεν ἔργον Ἀνδρομάχην κτανεῖν
καὶ παῖδα βουλεύσασα, κατθανεῖν θέλει,
πόσιν τρέμουσα, μὴ ἀντὶ τῶν δεδραμένων
ἐκ τῶνδ' ἀτίμως δωμάτων ἀποσταλῇ,
ἢ κατθάνῃ κτείνουσα τοὺς οὐ χρὴ κτανεῖν.   810
μόλις δέ νιν θέλουσαν ἀρτῆσαι δέρην

So preise ich dies,
Dies mach ich zu eigen:
Nie eine Macht ohne Recht!
Weder im Haus
Noch auf dem Markt!

Schlußstrophe

Alter aus Aiakos' Stamm,
Gläubig vernahm ich,
Du seist als Freund der Lapithen
Im herrlichsten Speerkampf zusammengeprallt
Mit den wilden Kentauren;
Du seist auf den Planken der Argo
Durch das öde Gewässer
Der Symplegaden gerudert
Auf ruhmreichster Seefahrt;
Und habest, als Ilions Stadt
Der gefeierte Zeussohn
Erstmals tauchte in Blut,
Gleichen Ruhm wie er erlangt,
Als du kehrtest zur Heimat.

VIERTE HAUPTSZENE

Amme
stürzt heraus

Ihr Liebsten, wie auf Übel Übel folgt,
Stets neues Übel, zeigt uns dieser Tag.
Die Herrin drin im Haus, Hermione,
Des Vaters ledig und der Reue voll
Ob ihres Anschlags auf Andromache
Und auf das Kind, sucht ihren eignen Tod.
Sie zittert, daß ihr Gatte sie bestraft
Und schmählich fortjagt, ja ermordet, weil
Sie morden ließ, wo nichts zu morden war.
Schon knüpfte sie die Schlinge um den Hals,

εἴργουσι φύλακες δμῶες ἔκ τε δεξιᾶς
ξίφη καθαρπάζουσιν ἐξαιρούμενοι.
οὕτω μεταλγεῖ καὶ τὰ πρὶν δεδραμένα
ἔγνωκε πράξασ' οὐ καλῶς. ἐγὼ μὲν οὖν   815
δέσποιναν εἴργουσ' ἀγχόνης κάμνω, φίλαι ·
ὑμεῖς δὲ βᾶσαι τῶνδε δωμάτων ἔσω
θανάτου νιν ἐκλύσασθε · τῶν γὰρ ἠθάδων
φίλων νέοι μολόντες εὐπιθέστεροι.
Χο καὶ μὴν ἐν οἴκοις προσπόλων ἀκούομεν   820
βοὴν ἐφ' οἷσιν ἦλθες ἀγγέλλουσα σύ.
δείξειν δ' ἔοικεν ἡ τάλαιν' ὅσον στένει
πράξασα δεινά · δωμάτων γὰρ ἐκπερᾷ
φεύγουσα χεῖρας προσπόλων πόθῳ θανεῖν.

Ερ ἰώ μοί μοι · σπά-   do   στρ.
ραγμα κόμας ὀνύχων   hem   826
τε δάι' ἀμύγματα θήσομαι.   ⌣hem ba⌃

Τρ ὦ παῖ, τί δράσεις; σῶμα σὸν καταικιῇ;   ia⁶

Ερ αἰαῖ αἰαῖ · ἔρρ'   ἀντ.
αἰθέριον πλοκάμων   830
ἐμῶν ἄπο, λεπτόμιτον φάρος.

Τρ τέκνον, κάλυπτε στέρνα, σύνδησαι πέπλους.

Ερ τί δέ με δεῖ καλύ-   do   στρ.
πτειν πέπλοις στέρνα; δῆλα καὶ   cr hyp
ἀμφιφανῆ καὶ ἄκρυπτα δε-   da³
δράκαμεν πόσιν.   hyp   835
Τρ ἀλγεῖς, φόνον ῥάψασα συγγάμῳ σέθεν;   ia⁶

Da hindert sie die Wache, reißt ihr auch
Das Schwert, das sie schon packte, aus der Hand.
So sehr bereut sie, was sie tat, und sieht
Ihr Unrecht ein. Ich selber bin erschöpft
Vom vielen Retten vor dem Henkerstrick.
So geht, ich bitt euch, in das Haus, bewahrt
Sie vor dem Tod! Ein neuer Freund, der kommt,
Wirkt stärker als der abgebrauchte Trost.

Chf Und schon vernimmt man lautes Wehgeschrei
Zu allem, was du uns berichtet hast.
Die Ärmste selber deckt uns ihren Schmerz
Und ihre Reue auf, sie stürzt heraus
Zum Tod, den ihre Dienerschaft verwehrt.

Wechsellied

Strophe

Her Weh mir, o wehe!
Ich raufte die Haare,
Die Nägel, sie bluten,
Schürfen die Haut!
Am Was tust du, Kind, mißhandelst die Gestalt!

Gegenstrophe

Her Weh mir, o wehe!
O flieg in die Lüfte
Vom Haupte, du zartes
Schleiergespinst!
Am Verhüll die Brust, mein Kind, verwahr das Kleid!

Zweite Strophe

Her Was soll ich noch
Die Brust verhüllen im Kleid,
Wo allen sichtbar und sichtbar
Die Schuld am Gatten!
Am Beklagst du auch das Los der Nebenfrau?

Ερ κατὰ μὲν οὖν στένω   ἀντ.
     δαΐας τόλμας, ἃν ἔρεξ'·   cr do
     ὦ κατάρατος ἐγὼ κατά-
     ρατος ἀνθρώποις.
Τρ συγγνώσεταί σοι τήνδ' ἁμαρτίαν πόσις.   340
Ερ τί μοι ξίφος   ia²
     ἐκ χερὸς ἠγρεύσω;   do
     ἀπόδος, ὦ φίλα, 'πόδος, ἵν' ἀνταίαν   do²
     ἐρείσω πλαγάν· τί με βρόχων εἴργεις; do²

Τρ ἀλλ' εἴ σ' ἀφείην μὴ φρονοῦσαν, ὡς θάνῃς; ia⁶   345
Ερ οἴμοι πότμου.   ia²
     ποῦ μοι πυρὸς φίλα φλόξ;   ia² ba
     ποῦ δ' εἰς πέτρας ἀερθῶ,   ia² ba
     ἢ κατὰ πόντον ἢ καθ' ὕλαν ὀρέων,   do²
     ἵνα θανοῦσα νερτέροισιν μέλω;   do²   350
Τρ τί ταῦτα μοχθεῖς; συμφοραὶ θεήλατοι   ia⁶
     πᾶσιν βροτοῖσιν ἢ τότ' ἦλθον ἢ τότε.
Ερ ἔλιπες ἔλιπες, ὦ πάτερ, ἐπακτίαν   do²
     μονάδ' ἔρημον οὖσαν ἐνάλου κώπας.   do²   355
     ὀλεῖ ὀλεῖ με· τᾷδ' οὐκέτ' ἐνοικήσω   do²
     νυμφιδίῳ στέγᾳ.   do
     τίνος ἀγαλμάτων ἱκέτις ὁρμαθῶ;   do²
     ἢ δούλα δούλας γόνασι προσπέσω;   do²   360
     Φθιάδος ἐκ γᾶς   an²
     κυανόπτερος ὄρνις εἴθ' εἴην,   an⁴
     ἢ πευκᾶεν   an²
     σκάφος, ἃ διὰ Κυανέας ἐπέρασεν ἀκτὰς an⁴ ba
     πρωτόπλοος πλάτα.   do   365
Τρ ὦ παῖ, τὸ λίαν οὔτ' ἐκεῖν' ἐπήνεσα,
     ὅτ' εἰς γυναῖκα Τρῳάδ' ἐξημάρτανες,
     οὔτ' αὖ τὸ νῦν σου δεῖμ' ὃ δειμαίνεις ἄγαν.
     οὐχ ὧδε κῆδος σὸν διώσεται πόσις
     φαύλοις γυναικὸς βαρβάρου πεισθεὶς λόγοις.   870
     οὐ γάρ τί σ' αἰχμάλωτον ἐκ Τροίας ἔχει,

Gegenstrophe

Her   Ich klage tief
      Die Taten, die ich gewagt.
      Ich ganz Verfluchte, Verfluchte
      Bei allen Menschen!

Am   Dein Gatte wird dir diese Tat verzeihn.

Her   Was stahlst du das Schwert
      Aus meiner Hand?
      Gib her, meine Liebe, gib her,
      Daß ich führe den Stoß!
      Verwehr nicht die Schlinge!

Am   Laß ich die Tolle, gibt sie sich den Tod.

Her   O weh, mein Los!
      Wo bleibst du, Blitzes lieber Strahl?
      Wie schwing ich mich auf zu den Felsen
      Am Meerstrand, im Bergwald
      Zum Sturz in den Hades?

Am   Was quälst du dich? Das gottverhängte Los
      Sucht alle, früher oder später, heim.

Her   Du ließest, du ließest, mein Vater,
      Mich einsam am Strand, ohne Ruder.
      Mein Tod ists, mein Tod.
      Nie bewohn ich es wieder, das bräutliche Dach.
      Vor welchem rettenden Bild
      Stürz ich nieder? Als Magd vor der Magd?
      Könnt ich aus Phthia mich schwingen
      Mit Schwingen des bläulichen Vogels,
      Wär ich das fichtene Schiff,
      Das erste mit Rudern,
      Das das schwärzliche Felstor durchfuhr!

Am   Mein Kind, dein Übermaß, ich lob es nicht,
      Ob grausam du die Troerfrau verfolgst,
      Ob vor den neuen Schrecken du erschrickst.
      Dein Gatte treibt dich nicht von seinem Bett
      Auf bloße Reden einer fremden Frau.
      Du bist doch kein trojanisch Beuteweib,

ἀλλ' ἀνδρὸς ἐσθλοῦ παῖδα σὺν πολλοῖς λαβὼν
ἕδνοισι, πόλεώς τ' οὐ μέσως εὐδαίμονος.
πατὴρ δέ σ' οὐχ ὧδ' ὡς σὺ δειμαίνεις, τέκνον,
προδοὺς ἐάσει δωμάτων τῶνδ' ἐκπεσεῖν.   875
ἀλλ' εἴσιθ' εἴσω μηδὲ φαντάζου δόμων
πάροιθε τῶνδε, μή τιν' αἰσχύνην λάβῃς,
πρόσθεν μελάθρων τῶνδ' ὁρωμένη, τέκνον.

Χο καὶ μὴν ὅδ' ἀλλόχρως τις ἔκδημος ξένος
σπουδῇ πρὸς ἡμᾶς βημάτων πορεύεται.   880

                'Ορέστης

ξέναι γυναῖκες, ἦ τάδ' ἔστ' 'Αχιλλέως
παιδὸς μέλαθρα καὶ τυραννικαὶ στέγαι;
Χο ἔγνως· ἀτὰρ δὴ τίς σὺ πυνθάνῃ τάδε;
Ορ 'Αγαμέμνονός τε καὶ Κλυταιμήστρας τόκος,
ὄνομα δ' 'Ορέστης· ἔρχομαι δὲ πρὸς Διὸς   885
μαντεῖα Δωδωναῖ'. ἐπεὶ δ' ἀφικόμην
Φθίαν, δοκεῖ μοι ξυγγενοῦς μαθεῖν πέρι
γυναικός, εἰ ζῇ κεὐτυχοῦσα τυγχάνει
ἡ Σπαρτιᾶτις 'Ερμιόνη· τηλουρὰ γὰρ
ναίουσ' ἀφ' ἡμῶν πεδί' ὅμως ἐστὶν φίλη.   890
Ερ ὦ ναυτίλοισι χείματος λιμὴν φανεὶς
'Αγαμέμνονος παῖ, πρός σε τῶνδε γουνάτων,
οἴκτιρον ἡμᾶς ὧν ἐπισκοπεῖς τύχας,
πράσσοντας οὐκ εὖ. στεμμάτων δ' οὐχ ἥσσονας
σοῖς προστίθημι γόνασιν ὠλένας ἐμάς.   895
Ορ ἔα·
τί χρῆμα; μῶν ἐσφάλμεθ' ἢ σαφῶς ὁρῶ
δόμων ἄνασσαν τήνδε Μενέλεω κόρην;
Ερ ἥπερ μόνην γε Τυνδαρὶς τίκτει γυνὴ
'Ελένη κατ' οἴκους πατρί· μηδὲν ἀγνόει.
Ορ ὦ Φοῖβ' ἀκέστορ, πημάτων δοίης λύσιν.   900
τί χρῆμα; πρὸς θεῶν ἢ βροτῶν πάσχεις κακά;

Er holte dich als edlen Vaters Kind
Mit reicher Mitgift, aus gerühmtem Land.
Hab keine Sorge, auch dein Vater läßt
Dich nicht im Stich, wenn man dich hier vertreibt.
Geh jetzt hinein und zeige dich nicht mehr
Vor Leuten, daß dich keine Schande trifft;
Zu lang schon treibst du offen dich herum.

ab

Chf Da kommt auch schon ein Mann von fremder Art
Mit raschen Schritten her zu diesem Haus!

Orestes

Ihr fremden Frauen, hat Achilleus' Sohn
Hier seine Wohnung, seinen Fürstensitz?
Chf So ists! Doch sag, wer bist du, der uns fragt?
Or Agamémnons und der Klytaimestra Sohn,
Orestes, nach Dodona auf dem Weg
Zum Zeusorakel. Hier in Phthia will
Ich fragen nach mir anverwandter Frau,
Hermione von Sparta, wies ihr geht.
So weit sie von uns wohnt, sie steht uns nah.
Her *stürzt vor*
O sichrer Hafen in des Schiffers Not,
Agamemnons Sohn, bei diesen deinen Knien,
Sieh unser Los, das nicht das beste ist!
Erbarm dich! Meine Arme schlingen sich
Wie Pilgers Opferbinden um dein Knie.
Or Ists möglich? Seh ich wirklich hier vor mir
Des Hauses Fürstin, Menelaos' Kind?

Her Die Tyndars Tochter Helena dem Haus
Als einzig Kind gebar! Erkenne mich!
Or O Phoibos, treuer Helfer, hilf auch hier.
Bist du von Gottheit oder Mensch bedroht?

Ερ   τὰ μὲν πρὸς ἡμῶν, τὰ δὲ πρὸς ἀνδρὸς ὅς μ' ἔχει,
      τὰ δ' ἐκ θεῶν του· πανταχῇ δ' ὀλώλαμεν.
Ορ   τίς οὖν ἂν εἴη μὴ πεφυκότων γέ πω
      παίδων γυναικὶ συμφορὰ πλὴν εἰς λέχος;   905
Ερ   τοῦτ' αὐτὸ καὶ νοσοῦμεν· εὖ μ' ὑπηγάγου.
Ορ   ἄλλην τιν' εὐνὴν ἀντὶ σοῦ στέργει πόσις;
Ερ   τὴν αἰχμάλωτον Ἕκτορος ξυνευνέτιν.
Ορ   κακόν γ' ἔλεξας, ἄνδρα δίσσ' ἔχειν λέχη.
Ερ   τοιαῦτα ταῦτα. κᾆτ' ἔγωγ' ἠμυνάμην.   910
Ορ   μῶν εἰς γυναῖκ' ἔρραψας οἷα δὴ γυνή;
Ερ   φόνον γ' ἐκείνῃ καὶ τέκνῳ νοθαγενεῖ.
Ορ   κἄκτεινας, ἤ τις συμφορά σ' ἀφείλετο;
Ερ   γέρων γε Πηλεύς, τοὺς κακίονας σέβων.
Ορ   σοὶ δ' ἦν τις ὅστις τοῦδ' ἐκοινώνει φόνου;   915
Ερ   πατήρ γ' ἐπ' αὐτὸ τοῦτ' ἀπὸ Σπάρτης μολών.
Ορ   κἄπειτα τοῦ γέροντος ἡσσήθη χερί;
Ερ   αἰδοῖ γε· καί μ' ἔρημον οἴχεται λιπών.
Ορ   συνῆκα· ταρβεῖς τοῖς δεδραμένοις πόσιν.
Ερ   ἔγνως· ὀλεῖ γάρ μ' ἐνδίκως. τί δεῖ λέγειν;   920
      ἀλλ' ἄντομαί σε Δία καλοῦσ' ὁμόγνιον,
      πέμψον με χώρας τῆσδ' ὅποι προσωτάτω
      ἢ πρὸς πατρῷον μέλαθρον· ὡς δοκοῦσί γε
      δόμοι τ' ἐλαύνειν φθέγμ' ἔχοντες οἵδε με,
      μισεῖ τε γαῖα Φθιάς. εἰ δ' ἥξει πάρος   925
      Φοίβου λιπὼν μαντεῖον εἰς δόμους πόσις,
      κτενεῖ μ' ἐπ' αἰσχίστοισιν· ἢ δουλεύσομεν
      νόθοισι λέκτροις ὧν ἐδέσποζον πρὸ τοῦ.
      Πῶς οὖν τάδ', ὡς εἴποι τις, ἐξημάρτανες;
      κακῶν γυναικῶν εἴσοδοί μ' ἀπώλεσαν,   930
      αἵ μοι λέγουσαι τούσδ' ἐχαύνωσαν λόγους·
      Σὺ τὴν κακίστην αἰχμάλωτον ἐν δόμοις
      δούλην ἀνέξῃ σοὶ λέχους κοινουμένην;
      μὰ τὴν ἄνασσαν, οὐκ ἂν ἔν γ' ἐμοῖς δόμοις
      βλέπουσ' ἂν αὐγὰς τἄμ' ἐκαρποῦτ' ἂν λέχη.   935
      κἀγὼ κλύουσα τούσδε Σειρήνων λόγους   936

      σοφῶν πανούργων ποικίλων λαλημάτων   937

Her Von mir, von Göttern und von meinem Mann:
      Von allen dreien gehn wir hier zugrund.
Or Was kann der Frau, die keine Kinder hat,
      Noch größrer Kummer als ihr Lager sein?
Her Du nennst mein Leiden; schon ist es entlockt.
Or Hat sich dein Mann ein zweites Bett gewählt?
Her Hektors Gemahlin, unser Beuteweib.
Or Ein großes Leid: das Doppelbett des Manns.
Her Das größte, und ich habe mich gewehrt.
Or Was hat ein Weib dem andern zugedacht?
Her Den Tod, ihr selbst und ihrem kleinen Sohn.
Or Gelang es oder fehltest du das Ziel?
Her Der alte Peleus half den Minderen.
Or Und stand dir niemand bei zu deiner Tat?
Her Mein Vater machte sich von Sparta auf.
Or Und wurde von des Alten Hand besiegt?
Her Er scheute sich und ließ mich dann zurück.
Or Ich seh: nun fürchtest du des Gatten Zorn?
Her Du trafst es. Und mein Tod ist nur gerecht.
      Was nun? Ich fleh bei unserm Schutzgott Zeus,
      Bring mich aus diesem Land, so weit du kannst,
      Nach Sparta oder wo! Mir scheint, als schrie
      Dies Haus mit lauter Stimme: Fort mit dir!,
      Und Phthia haßt mich. Kehrt mein Mann zuvor
      Von Phoibos' Seherherd ins Haus zurück,
      Bringt er mich schmählich um. Vielleicht muß ich
      Der Kebse dienen, meiner alten Magd.
      Man fragt wohl, wies zu meinen Ränken kam.
      Besuche böser Frauen waren schuld,
      Sie blähten mich mit solchen Reden auf:
      „Die Sklavin, dieses üble Beuteweib,
      Läßt du das Lager teilen deines Manns?
      In meinem Haus, bei Hera, würde sie,
      Lebendgen Leibs nicht pflücken diese Frucht!"
      Ich hörte die Sirenen und ich schwoll

ἐξηνεμώθην μωρία. τί γάρ μ' ἐχρῆν 938
πόσιν φυλάσσειν, ᾗ παρῆν ὅσων ἔδει;
πολὺς μὲν ὄλβος· δωμάτων δ' ἠνάσσομεν· 940
παῖδας δ' ἐγὼ μὲν γνησίους ἔτικτον ἄν,
ἣ δ' ἡμιδούλους τοῖς ἐμοῖς νοθαγενεῖς.
ἀλλ' οὔποτ' οὔποτ' – οὐ γὰρ εἰσάπαξ ἐρῶ –
χρὴ τούς γε νοῦν ἔχοντας, οἷς ἔστιν γυνή,
πρὸς τὴν ἐν οἴκοις ἄλοχον ἐσφοιτᾶν ἐᾶν 945
γυναῖκας· αὗται γὰρ διδάσκαλοι κακῶν·
ἣ μέν τι κερδαίνουσα συμφθείρει λέχος,
ἣ δ' ἀμπλακοῦσα συννοσεῖν αὑτῇ θέλει,
πολλαὶ δὲ μαργότητι· κἀντεῦθεν δόμοι
νοσοῦσιν ἀνδρῶν. πρὸς τάδ' εὖ φυλάσσετε 950
κλῄθροισι καὶ μοχλοῖσι δωμάτων πύλας·
ὑγιὲς γὰρ οὐδὲν αἱ θύραθεν εἴσοδοι
δρῶσιν γυναικῶν, ἀλλὰ πολλὰ καὶ κακά.
Χο ἄγαν ἐφῆκας γλῶσσαν εἰς τὸ σύμφυτον.
συγγνωστὰ μέν νυν σοὶ τάδ', ἀλλ' ὅμως χρεὼν 955
κοσμεῖν γυναῖκας τὰς γυναικείας νόσους.
Ορ σοφόν τι χρῆμα τοῦ διδάξαντος βροτοὺς
λόγους ἀκούειν τῶν ἐναντίων πάρα.
ἐγὼ γὰρ εἰδὼς τῶνδε σύγχυσιν δόμων
ἔριν τε τὴν σὴν καὶ γυναικὸς Ἕκτορος, 960
φυλακὰς ἔχων ἔμιμνον, εἴτ' αὐτοῦ μενεῖς
εἴτ' ἐκφοβηθεῖσ' αἰχμαλωτίδος φόνῳ
γυναικὸς οἴκων τῶνδ' ἀπηλλάχθαι θέλεις.
ἦλθον δὲ σὰς μὲν οὐ σέβων ἐπιστολάς,
εἰ δ' ἐνδιδοίης, ὥσπερ ἐνδίδως, λόγον, 965
πέμψων σ' ἀπ' οἴκων τῶνδ'. ἐμὴ γὰρ οὖσα πρὶν
σὺν τῷδε ναίεις ἀνδρὶ σοῦ πατρὸς κάκῃ,
ὃς πρὶν τὰ Τροίας εἰσβαλεῖν ὁρίσματα
γυναῖκ' ἐμοί σε δοὺς ὑπέσχεθ' ὕστερον
τῷ νῦν σ' ἔχοντι, Τρῳάδ' εἰ πέρσοι πόλιν. 970
ἐπεὶ δ' Ἀχιλλέως δεῦρ' ἐνόστησεν γόνος,
σῷ μὲν συνέγνων πατρί, τὸν δ' ἐλισσόμην
γάμους ἀφεῖναι σούς, ἐμὰς λέγων τύχας

Von Torheit. Sollt ich hüten meinen Mann,
Wo mir nichts fehlte, ich im Reichtum saß,
Das Haus regierte? Kamen Kinder an,
So waren sie die echten und nicht nur
Verfälschte halbe Sklaven meines Stamms.
Doch nie und nie – ich sag es tausendmal –
Nie soll ein kluger Mann es dulden, daß
Die Frau die Türe öffnet andern Fraun.
Die Frau ist alles Bösen Meisterin.
Die eine stört die Ehe um Gewinn,
Die andre sucht der Sünden Schülerin,
Die dritte birst vor Wollust ... So verdirbt
Das reinste Haus. Beschützet euer Tor
Mit Hebeln und mit Schlössern, wie ihr könnt!
Der Frauen Zuspruch schafft nicht reine Luft,
Er bringt nur Übles und des Übeln viel.

Chf Mit wilder Zunge schmähst du dein Geschlecht!
Man kanns verzeihn, doch es muß die Frau
Den Schleier breiten über Frauenart.

Or Wie weise war die Lehre jenes Manns,
Daß man den Gegner auch vernehmen soll.
Ich wußte von den Wirren des Palasts,
Von deinem ganzen Streit mit Hektors Weib
Und paßte ab, ob du in Phthia bliebst,
Ob du, bedroht vom Mord der Beutefrau,
Nicht dieses Haus im Rücken haben willst.
Ich kam (und wartete auf keinen Brief)
Hieher, dich wegzuholen, falls dein Sinn
Nach Heimkehr stünde, denn einst warst du mein
Und wohnst hier nur durch deines Vaters Schuld,
Der vor dem Feldzug dich zu meinem Weib
Bestimmte, dann Achilleus' Sohn versprach
Als Preis für Ilions Eroberung.
Ich habe deinem Vater zwar verziehn,
Als jener heimkam, doch den Freier bat
Ich abzustehen, klagte ihm mein Leid

καὶ τὸν παρόντα δαίμον', ὡς φίλων μὲν ἂν
γήμαιμ' ἀπ' ἀνδρῶν, ἔκτοθεν δ' οὐ ῥᾳδίως,   975
φεύγων ἀπ' οἴκων ἃς ἐγὼ φεύγω φυγάς.
ὃ δ' ἦν ὑβριστὴς εἴς τ' ἐμῆς μητρὸς φόνον
τάς θ' αἱματωπούς θεὰς ὀνειδίζων ἐμοί.
κἀγὼ ταπεινὸς ὢν τύχαις ταῖς οἴκοθεν
ἤλγουν μὲν ἤλγουν, συμφοραῖς δ' ἠνειχόμην,   980
σῶν δὲ στερηθεὶς ᾠχόμην ἄκων γάμων.
νῦν οὖν, ἐπειδὴ περιπετεῖς ἔχεις τύχας
καὶ ξυμφορὰν τήνδ' εἰσπεσοῦσ' ἀμηχανεῖς,
ἄξω σ' ἀπ' οἴκων καὶ πατρὸς δώσω χερί.
Χο τὸ συγγενὲς γὰρ δεινόν, ἔν τε τοῖς κακοῖς   985
οὐκ ἔστιν οὐδὲν κρεῖσσον οἰκείου φίλου.
Ερ νυμφευμάτων μὲν τῶν ἐμῶν πατὴρ ἐμὸς
μέριμναν ἕξει, κοὐκ ἐμὸν κρίνειν τόδε.
ἀλλ' ὡς τάχιστα τῶνδέ μ' ἔκπεμψον δόμων,
μὴ φθῇ με προσβὰς δῶμα καὶ μολὼν πόσις,   990
ἢ πρέσβυς οἴκους μ' ἐξερημοῦσαν μαθὼν
Πηλεὺς μετέλθῃ πωλικοῖς διώγμασιν.
Ορ θάρσει γέροντος χεῖρα· τὸν δ' Ἀχιλλέως
μηδὲν φοβηθῇς παῖδ', ὅσ' εἰς ἔμ' ὕβρισε.
τοία γὰρ αὐτῷ μηχανὴ πεπλεγμένη   995
βρόχοις ἀκινήτοισιν ἕστηκεν φόνου
πρὸς τῆσδε χειρός· ἣν πάρος μὲν οὐκ ἐρῶ,
τελουμένων δὲ Δελφὶς εἴσεται πέτρα.
ὁ μητροφόντης δ', ἢν δορυξένων ἐμῶν
μείνωσιν ὅρκοι Πυθικὴν ἀνὰ χθόνα,   1000
δείξει γαμεῖν σφε μηδέν' ὧν ἐχρῆν ἐμέ.
πικρῶς δὲ πατρὸς φόνιον αἰτήσει δίκην
ἄνακτα Φοῖβον· οὐδέ νιν μετάστασις
γνώμης ὀνήσει θεῷ διδόντα νῦν δίκας,
ἀλλ' ἔκ τ' ἐκείνου διαβολαῖς τε ταῖς ἐμαῖς   1005
κακῶς ὀλεῖται· γνώσεται δ' ἔχθραν ἐμήν.
ἐχθρῶν γὰρ ἀνδρῶν μοῖραν εἰς ἀναστροφὴν
δαίμων δίδωσι κοὐκ ἐᾷ φρονεῖν μέγα.

Und meinen Fluch, daß ich im e i g n e n Stamm
Nur eine Gattin fände, nie in anderem,
Verbannter, der ich war im schwersten Bann.
Er warf mir höhnisch meiner Mutter Mord
Und jene blutbegiergen Geister vor.
Und ich, erniedrigt durch des Hauses Sturz,
Litt bitter, bitter, doch ertrug mein Leid,
Zog ohne dich, mit schwerem Herzen ab.
Nun, da sich dein Geschick gewandelt hat
Und du in größten Nöten vor mir stehst,
Hol ich dich heim in deines Vaters Arm.

Chf Das Blut ist mächtig und in böser Zeit
Ist nichts so stark wie dieses alte Band.

Her Bei meinem Vater steht der Ehebund,
Ich selber habe keinerlei Entscheid.
Doch führe mich aufs Schnellste aus dem Haus,
Daß mein Gemahl nicht vorher hier erscheint,
Noch auch der alte Peleus meine Flucht
Erfährt und seine Rosse auf mich hetzt.

Or Fürcht nicht den alten Arm und fürcht auch nicht
Achilleus' Sohn, so schwer er mich gehöhnt.
Hier diese Hand hat ihm das Todesnetz
Geflochten, dem er nimmermehr entrinnt.
Es muß verschwiegen bleiben, aber bald
Vermeldet Delphis Felsen den Vollzug.
Es zeigt der Muttermörder (wenn der Eid
Der Waffenfreunde noch dort drüben gilt),
Daß niemand ihm die Braut entwenden kann.
Vergeblich heischte er des Vaters Blut
Von Phoibos und vergeblich ist nun auch
Des Sinns Bekehrung und der Sühnegang.
Durch Phoibos' Ränke und die meinen wird
Er elend enden, und er weiß den Feind.
Gott lenkt des Frevlers Glück zum Untergang
Und läßt nicht zu, daß er sich überhebt.

beide ab

Χο ὦ Φοῖβε πυργώ-   ia²-   στρ.
    σας τὸν ἐν Ἰλίῳ εὐτειχῆ πάγον   hem ia²
    καὶ πόντιε κυανέαις ἵπποις διφρεύ-   -hem ia²   1010
    ων ἅλιον πέλαγος,   hem
    τίνος οὕνεκ᾽ ἄτιμον ὀργά-   an² ba
    ναν χέρα τεκτοσύνας Ἐ-   hem◡   1015
    νυαλίῳ δοριμήστορι προσθέν-   da⁴
    τες τάλαιναν τάλαι-   cr²
    ναν μεθεῖτε Τροίαν;   cr ba

    πλείστους δ᾽ ἐπ᾽ ἀκταῖ-   ἀντ.
    σιν Σιμοεντίσιν εὐίππους ὄχους
    ἐζεύξατε καὶ φονίους ἀνδρῶν ἀμίλ-   1020
    λας ἔθετ᾽ ἀστεφάνους·
    ἀπὸ δὲ φθίμενοι βεβᾶσιν
    Ἰλιάδαι βασιλῆες,
    οὐδ᾽ ἔτι πῦρ ἐπιβώμιον ἐν Τροί-
    ᾳ θεοῖσιν λέλαμ-   1025
    πεν καπνῷ θυώδει.

    βέβακε δ᾽ Ἀτρείδας ἀλόχου παλάμαις,   ia²-hem στρ.
    αὐτά τ᾽ ἐναλλάξασα φόνον θανάτῳ   ia²-hem
    πρὸς τέκνων ἀπηύρα·   cr ba   1030
    θεοῦ θεοῦ νιν κέλευμ᾽ ἐπεστράφη   ia² cr ia²
    μαντόσυνον, ὅτε νιν Ἀργόθεν πορευθεὶς   ia⁴ ba
    Ἀγαμεμνόνιος κέλωρ ἀδύτων ἐπιβάς   an² ◡hem

VIERTES STANDLIED

Chor

Strophe

O Apollon, der kunstreich
Unsre Felsen mit Mauern und Zinnen bekrönte,
Poseidon, der mit blauen Rossen
Salzige Wogen kühn durchfährt,
Weshalb habt ihr formender Hand
Kunstvolle Werke so kunstlos
Ares, dem Meister des Speers, überlassen,
Die arme,
Arme Stadt verraten!

Gegenstrophe

An Simóeis' Gestaden
Habt ihr zahllose Wagen mit herrlichen Pferden
Bespannt und aufgestellt zur Wettfahrt,
Blutigen Spielen ohne Kranz!
In den Hades stiegen hinab
Ilions Fürsten für immer,
Alle die Feuer der Götter erloschen
In Troja
Und kein Weihrauch duftet!

Zweite Strophe

Dahin sank Atreus' Sohn
Von der Mordhand der Gattin,
Sie selber tauschte den Mord sich ein
Von eigenen Kindern.
Befehl des Gottes,
Befehl des Orakels des Gottes,
Fiel auf sie nieder,
Als Fürst Agamemnons Sohn,

†κτεάνων† ματρὸς φονεύς.   1035
ὦ δαῖμον, ὦ Φοῖβε, πῶς πείθομαι;   ia² cr²

πολλαὶ δ' ἂν' Ἑλλάνων ἀγόρους στοναχὰς   ἀντ.
μέλποντο δυστάνων τεκέων, ἄλοχοι δ'
ἐξέλειπον οἴκους   1040
πρὸς ἄλλον εὐνάτορ'. οὐχὶ σοὶ μόνᾳ
δύσφρονες ἐπέπεσον, οὐ φίλοισι, λῦπαι·
νόσον Ἑλλὰς ἔτλα, νόσον· διέβα δὲ Φρυγῶν
καὶ πρὸς εὐκάρπους γύας   cr ia²   1045
σκηπτὸς σταλάσσων τὸν Ἅιδα φόνον.

Πη Φθιώτιδες γυναῖκες, ἱστοροῦντί μοι
σημήνατ'· ᾐσθόμην γὰρ οὐ σαφῆ λόγον
ὡς δώματ' ἐκλιποῦσα Μενέλεω κόρη
φρούδη τάδ'· ἥκω δ' ἐκμαθεῖν σπουδὴν ἔχων   1050
εἰ ταῦτ' ἀληθῆ· τῶν γὰρ ἐκδήμων φίλων
δεῖ τοὺς κατ' οἶκον ὄντας ἐκπονεῖν τύχας.
Χο Πηλεῦ, σαφῶς ἤκουσας· οὐδ' ἐμοὶ καλὸν
κρύπτειν ἐν οἷς παροῦσα τυγχάνω κακοῖς·
βασίλεια γὰρ τῶνδ' οἴχεται φυγὰς δόμων.   1055
Πη τίνος φόβου τυχοῦσα; διαπέραινέ μοι.
Χο πόσιν τρέμουσα, μὴ δόμων νιν ἐκβάλῃ.
Πη μῶν ἀντὶ παιδὸς θανασίμων βουλευμάτων;
Χο ναί, καὶ γυναικὸς αἰχμαλωτίδος φόβῳ.
Πη σὺν πατρὶ δ' οἴκους ἢ τίνος λείπει μέτα;   1060

Von Argos entflohen,
Seinen Tempel betrat
Und als Muttermörder verließ:
„O Gott, o Phoibos, wie glaub ichs?"

Gegenstrophe

Durch jede Stadt des Lands
Klang das Stöhnen der Mütter
Um tote Söhne, und viele Fraun
Verließen die Häuser
Um andren Gatten.
Nicht dich und die Deinen allein
Trafen die Leiden!
Ganz Griechenland ward verseucht.
Verseucht von dem Hagel,
Der von Phrygien kam
Und auf früchtereiches Gefild
Das Gift des Hades versprühte.

FÜNFTE HAUPTSZENE

Pe   Ich frag euch, Phthias Frauen, und ihr müßt
      Berichten. Ungewiß hab ich gehört,
      Daß Meneláos' Kind das Haus verließ
      Und weit schon fort ist. Eilends forsche ich
      Was daran wahr ist. Wer im Hause blieb,
      Ist um die Lieben draußen treu besorgt.
Chf Du hörtest richtig und ich darf dir nicht
      Verhehlen, welches Unglück uns betraf:
      Die Fürstin ist aus unserm Haus entflohn.
Pe   Und welche Furcht hat sie von hier verjagt?
Chf Daß ihr Gemahl sie aus dem Hause treibt.
Pe   Ob ihres Mordversuchs an seinem Sohn?
Chf Auch wegen dieser kriegsgefangnen Frau.
Pe   Sie ging mit ihrem Vater? Oder wem?

Χο Ἀγαμέμνονός νιν παῖς βέβηκ' ἄγων χθονός.
Πη ποίαν περαίνων ἐλπίδ'; ἢ γῆμαι θέλων;
Χο καὶ σῷ γε παιδὸς παιδὶ πορσύνων μόρον.
Πη κρυπτὸς καταστὰς ἢ κατ' ὄμμ' ἐλθὼν μάχῃ;
Χο ἀγνοῖς ἐν ἱεροῖς Λοξίου Δελφῶν μέτα.   1065
Πη οἴμοι · τόδ' ἤδη δεινόν. οὐχ ὅσον τάχος
      χωρήσεταί τις Πυθικὴν πρὸς ἑστίαν
      καὶ τἀνθάδ' ὄντα τοῖς ἐκεῖ λέξει φίλοις,
      πρὶν παῖδ' Ἀχιλλέως κατθανεῖν ἐχθρῶν ὕπο;

                        Ἄγγελος

      ὤμοι μοι ·   1070
      οἵας ὁ τλήμων ἀγγελῶν ἥκω τύχας
      σοί τ', ὦ γεραιέ, καὶ φίλοισι δεσπότου.
Πη αἰαῖ · πρόμαντις θυμὸς ὥς τι προσδοκᾷ.
Αγ οὐκ ἔστι σοι παῖς παιδός, ὡς μάθῃς, γέρον
      Πηλεῦ · τοιάσδε φασγάνων πληγὰς ἔχει
      Δελφῶν ὕπ' ἀνδρῶν καὶ Μυκηναίου ξένου.   1075
Χο ἆ ἆ, τί δράσεις, ὦ γεραιέ; μὴ πέσῃς ·
      ἔπαιρε σαυτόν.
Πη   οὐδέν εἰμ' · ἀπωλόμην.
      φρούδη μὲν αὐδή, φροῦδα δ' ἄρθρα μου κάτω.
Αγ ἄκουσον, εἰ καὶ σοῖς φίλοις ἀμυναθεῖν
      χρήζεις, τὸ πραχθέν, σὸν κατορθώσας δέμας.   1080
Πη ὦ μοῖρα, γήρως ἐσχάτοις πρὸς τέρμασιν
      οἷα με τὸν δύστηνον ἀμφιβᾶσ' ἔχεις.
      πῶς δ' οἴχεταί μοι παῖς μόνου παιδὸς μόνος;
      σήμαιν' · ἀκοῦσαι δ' οὐκ ἀκούσθ' ὅμως θέλω.
Αγ ἐπεὶ τὸ κλεινὸν ἤλθομεν Φοίβου πέδον,   1085
      τρεῖς μὲν φαεννὰς ἡλίου διεξόδους
      θέᾳ διδόντες ὄμματ' ἐξεπίμπλαμεν.
      καὶ τοῦθ' ὕποπτον ἦν ἄρ' · εἰς δὲ συστάσεις
      κύκλους τ' ἐχώρει λαὸς οἰκήτωρ θεοῦ.
      Ἀγαμέμνονος δὲ παῖς διαστείχων πόλιν   1090
      ἐς οὓς ἑκάστῳ δυσμενεῖς ηὔδα λόγους ·
      Ὁρᾶτε τοῦτον, ὃς διαστείχει θεοῦ

Chf Agamémnons Sohn verließ mit ihr das Land.
Pe   In welcher Hoffnung? Will er sie zum Weib?
Chf Dem Sohn Achills bereitet er sein Los!
Pe   Von hinterrücks? Im Kampfe Aug in Aug?
Chf Im Bund mit Delphern in des Phoibos Hain.
Pe   O weh! Was hör ich? Einer geh sofort
       Nach Delphi zu den Freunden, warne ihn,
       Bevor er fällt von seiner Feinde Hand!

                        Bote

       Oh, welche Unglücksbotschaft bring ich euch,
       Dir, Alter, und den Freunden unsres Herrn!

Pe   Oh weh! Mein ahnend Herz vernimmt es schon.
Bo   Dein Sohnessohn, mein Alter, lebt nicht mehr;
       Mit soviel Schwerterhieben trafen ihn
       Die Delpher und des Mykenäers Arm!
Chf Oh, oh, was machst du, Alter? Falle nicht!
       Steh auf!
Pe   Ich bin ein Nichts, ich bin dahin.
       Die Stimme, meine Glieder sinken fort.
Bo   Wenn du noch deine Lieben rächen willst,
       So richte dich empor und höre zu!
Pe   O Moira, an des Alters letztem Rand
       Warfst du noch einmal deine Netze aus!
       Tot meines einzgen Sohnes einzger Sohn!
       Ich höre, was ich nicht mehr hören darf.
Bo   Als wir zu Phoibos' heilger Flur gelangt,
       Erfüllten wir drei Sonnenläufe lang
       Das Auge mit dem Anblick, der sich bot.
       Eins schien verdächtig: Delphis Wohnerschaft
       Fand sich in Gruppen, stellte sich im Kreis.
       Agamémnons Sohn lief durch die Stadt und blies
       In jedes Ohr gehässiges Geschwätz:
       „O seht den Mann, wie er durch Phoibos' Tal

χρυσοῦ γέμοντα γύαλα, θησαυροὺς βροτῶν,
τὸ δεύτερον παρόντ' ἐφ' οἷσι καὶ πάρος
δεῦρ' ἦλθε, Φοίβου ναὸν ἐκπέρσαι θέλων;   1095
κἄκ τοῦδ' ἐχώρει ῥόθιον ἐν πόλει κακόν ·
ἀρχαί τε, πληροῦντές τε βουλευτήρια,
ἰδίᾳ θ' ὅσοι θεοῦ χρημάτων ἐφέστασαν,
φρουρὰν ἐτάξαντ' ἐν περιστύλοις δόμοις.
ἡμεῖς δὲ μῆλα, φυλλάδος Παρνασίας   1100
παιδεύματ', οὐδὲν τῶνδέ πω πεπυσμένοι,
λαβόντες ᾖμεν ἐσχάραις τ' ἐφέσταμεν
σὺν προξένοισι μάντεσίν τε Πυθικοῖς.
καί τις τόδ' εἶπεν · ᾿Ω νεανία, τί σοι
θεῷ κατευξώμεσθα; τίνος ἥκεις χάριν;   1105
ὃ δ' εἶπε · Φοίβῳ τῆς πάροιθ' ἁμαρτίας
δίκας παρασχεῖν βουλόμεσθ' · ᾔτησα γὰρ
πατρός ποτ' αὐτὸν αἵματος δοῦναι δίκην.
κἀνταῦθ' Ὀρέστου μῦθος ἰσχύων μέγα
ἐφαίνεθ', ὡς ψεύδοιτο δεσπότης ἐμός,   1110
ἥκων ἐπ' αἰσχροῖς. ἔρχεται δ' ἀνακτόρων
κρηπῖδος ἐντός, ὡς πάρος χρηστηρίων
εὔξαιτο Φοίβῳ · τυγχάνει δ' ἐν ἐμπύροις ·
τῷ δὲ ξιφήρης ἆρ' ὑφειστήκει λόχος
δάφνῃ σκιασθείς · ὧν Κλυταιμήστρας τόκος   1115
εἷς ἦν ἁπάντων τῶνδε μηχανορράφος.
χὠ μὲν κατ' ὄμμα στὰς προσεύχεται θεῷ ·
οἳ δ' ὀξυθήκτοις φασγάνοις ὡπλισμένοι
κεντοῦσ' ἀτευχῆ παῖδ' Ἀχιλλέως λάθρᾳ.
χωρεῖ δὲ πρύμναν · οὐ γὰρ εἰς καιρὸν τυπεὶς   1120
ἐτύγχαν' · ἐξέλκει δὲ καὶ παραστάδος
κρεμαστὰ τεύχη πασσάλων καθαρπάσας
ἔστη 'πὶ βωμοῦ γοργὸς ὁπλίτης ἰδεῖν,
βοᾷ δὲ Δελφῶν παῖδας ἱστορῶν τάδε ·
Τίνος μ' ἕκατι κτείνετ' εὐσεβεῖς ὁδοὺς   1125
ἥκοντα; ποίας ὄλλυμαι πρὸς αἰτίας;
τῶν δ' οὐδὲν οὐδεὶς μυρίων ὄντων πέλας
ἐφθέγξατ', ἀλλ' ἔβαλλον ἐκ χερῶν πέτροις.

Und seine goldnen Schätze schreitet! Seht,
Er kommt zum zweiten- wie zum erstenmal,
Nur um zu plündern Phoibos' Tempelhaus."
Das gab ein böses Raunen in der Stadt.
Die Obern und der ganze Rat, zumal
Auch alle Schatzverwalter des Apoll,
Bestellten Wachen rings ums Tempelhaus.
Und wir, mit allem diesem unvertraut,
Beschafften Lämmer, von Parnassos' Hang,
Und kamen wieder, standen am Altar
Mit Freunden und mit Sehern des Apoll.
Und einer sagte: „Junger Freund, was soll
Beim Gott erfleht sein? Weshalb kommst du her?"
Er sagte: „Sühne biet ich jetzt dem Gott
Für einen frühern Frevel. Für das Blut
Achills, des Vaters, wollt ich Rechenschaft."
Da zeigte sich die ganze Macht Orests,
Der unsern Herrn nicht nur der Lüge zieh,
Auch böser Absicht. Der bestieg sodann
Die Stufen, zu verrichten das Gebet
Vor dem Orakelspruch, und opferte.
Der Haufe mit den Schwertern war versteckt
Im Lorbeer, Klytaimestras Sohn
War ganz allein der Schmied des bösen Spiels.
Und wie vor aller Aug er betete,
Verletzten tückisch sie mit scharfem Schwert
Den Sohn Achills, der ohne Waffen war.
Noch nicht zum Tod getroffen, sprang er schnell
Zurück, wo Rüstung an den Pfeilern hing,
Riß sie vom Pflock und sprang auf den Altar,
Ein wilder Krieger, schrie er alle an:
„Was tötet ihr den Pilger frömmsten Pfads?
Aus welchem Anlaß werd ich abgetan?"
Da standen tausend Menschen, keiner tat
Den Mund auf, doch begann die Steinigung.
Von dichtem Schneesturm ringsum eingestäubt,

πυκνῇ δὲ νιφάδι πάντοθεν σποδούμενος
προὔτεινε τεύχη κἀφυλάσσετ' ἐμβολὰς   1130
ἐκεῖσε κἀκεῖσ' ἀσπίδ' ἐκτείνων χερί.
ἀλλ' οὐδὲν ἦνεν · ἀλλὰ πόλλ' ὁμοῦ βέλη,
οἰστοί, μεσάγκυλ' ἔκλυτοί τ' ἀμφώβολοι,
σφαγῆς ἐχώρουν βουπόροι ποδῶν πάρος.
δεινὰς δ' ἂν εἶδες πυρρίχας φρουρουμένου   1135
βέλεμνα παιδός. ὡς δέ νιν περισταδὸν
κύκλῳ κατεῖχον οὐ διδόντες ἀμπνοάς,
βωμοῦ κενώσας δεξίμηλον ἐσχάραν,
τὸ Τρωικὸν πήδημα πηδήσας ποδοῖν
χωρεῖ πρὸς αὐτούς · οἱ δ' ὅπως πελειάδες   1140
ἱέρακ' ἰδοῦσαι πρὸς φυγὴν ἐνώτισαν.
πολλοὶ δ' ἔπιπτον μιγάδες ἔκ τε τραυμάτων
αὐτοί θ' ὑπ' αὐτῶν στενοπόρους κατ' ἐξόδους,
κραυγὴ δ' ἐν εὐφήμοισι δύσφημος δόμοις
πέτραισιν ἀντέκλαγξ' · ἐν εὐδίᾳ δέ πως   1145
ἔστη φαεννοῖς δεσπότης στίλβων ὅπλοις ·
πρὶν δή τις ἀδύτων ἐκ μέσων ἐφθέγξατο
δεινόν τι καὶ φρικῶδες, ὧρσε δὲ στρατὸν
στρέψας πρὸς ἀλκήν. ἔνθ' Ἀχιλλέως πίτνει
παῖς ὀξυθήκτῳ πλευρὰ φασγάνῳ τυπεὶς   1150
Δελφοῦ πρὸς ἀνδρός, ὅσπερ αὐτὸν ὤλεσε,
πολλῶν μετ' ἄλλων · ὡς δὲ πρὸς γαῖαν πίτνει,
τίς οὐ σίδηρον προσφέρει, τίς οὐ πέτρον,
βάλλων ἀράσσων; πᾶν δ' ἀνήλωται δέμας
τὸ καλλίμορφον τραυμάτων ὕπ' ἀγρίων.   1155
νεκρὸν δὲ δή νιν κείμενον βωμοῦ πέλας
ἐξέβαλον ἐκτὸς θυοδόκων ἀνακτόρων.
ἡμεῖς δ' ἀναρπάσαντες ὡς τάχος χεροῖν
κομίζομέν νιν σοὶ κατοιμῶξαι γόοις
κλαῦσαί τε, πρέσβυ, γῆς τε κοσμῆσαι τάφῳ.   1160
τοιαῦθ' ὁ τοῖς ἄλλοισι θεσπίζων ἄναξ,
ὁ τῶν δικαίων πᾶσιν ἀνθρώποις κριτής,
δίκας διδόντα παῖδ' ἔδρασ' Ἀχιλλέως.
ἐμνημόνευσε δ', ὥσπερ ἄνθρωπος κακός,
παλαιὰ νείκη · πῶς ἂν οὖν εἴη σοφός;   1165

Hebt er die Waffe, wehrt er Würfe ab,
Die Hand hält hierhin, dorthin seinen Schild.
Doch ganz umsonst, zu vieles Wurfgeschoß,
Viel Pfeile, Gabeln, Zweizack jeder Art,
Auch Opferspieße fuhren auf ihn los.
Mit schweren Waffentänzen deckte sich
Der Jüngling. Als er rings umzingelt war
Und nicht mehr atmen konnte, sprang er jäh
Vom Stufenbau des opferreichen Herds
Mit beiden Füßen den Trojanersprung
Und griff sie an. Sie stoben jäh davon,
Ein Taubenschwarm, der einen Habicht sieht.
Verwundet sanken viele, ohne Wahl,
Im engen Ausgang trafen sie sich selbst:
Unfromme Schreie von dem frommen Ort
Gab rings der Fels zurück. Ganz unbedroht
Stand unser Herr im Glanz der Waffen da,
Bis aus dem Tempelinnern einer schrie,
Mit lautem Schreckruf, und das Heer zum Kampf
Aufrief. Da sank Achilleus' Sohn dahin,
Die Seite wund von scharfem Hieb des Schwerts,
Den ihm ein Delpher, unter vielen, gab.
Als er am Boden lag, wer kam da nicht
Mit Eisenwaffe oder mit dem Stein?
Man warf, man hieb. Der ganze schöne Leib
Ist von den grausen Wunden aufgezehrt.
Man riß den Toten vom Altarplatz weg,
Hinaus vom opferfrohen Heiligtum;
Wir griffen zu und bringen ihn hierher.
Beklag ihn, Alter, und beweine ihn,
Gib ihm sein Grab und was der Tote braucht.
Das ist das Werk des großen Sehergotts,
Der aller Menschen strenger Lehrer ist.
Entsühnen sollte er Achilleus' Sohn!
Doch, wie ein schlechter Mensch, vergaß er nicht
Des alten Streits, der weise, weise Gott!

Χο καὶ μὴν ὅδ' ἄναξ ἤδη φοράδην   an⁴
    Δελφίδος ἐκ γῆς δῶμα πελάʒει.
    τλήμων ὁ παθών, τλήμων δέ, γέρον,
    καὶ σύ· δέχῃ γὰρ τὸν 'Αχίλλειον
    σκύμνον ἐς οἴκους οὐχ ὡς σὺ θέλεις·   1170
    αὐτός τε κακοῖς πήμασι κύρσας
    εἰς ἓν μοίρας συνέκυρσας.

Πη ὤμοι ἐγώ, κακὸν οἷον ὁρῶ τόδε   da⁴   στρ.
    καὶ δέχομαι χερὶ δώμασί τ' ἀμοῖς.   da⁴
    ἰώ μοί μοι, αἰαῖ, ὦ πόλι   da⁴   1175
    Θεσσαλία, διολώλαμεν, οἰχόμεθ'·   da⁴
    οὐκέτι μοι γένος, οὐκέτι μοι τέκνα   da⁴
    λείπεται οἴκοις·   da²
    ὦ σχέτλιος παθέων ἐγώ· εἰς τίνα   da⁴
    δὴ φίλον αὐγὰς βάλλων τέρψομαι;   da⁴   1180
    ὦ φίλιον στόμα καὶ γένυ καὶ χέρες,   da⁴
    εἴθε σ' ὑπ' 'Ιλίῳ ἤναρε δαίμων   da⁴
    Σιμοεντίδα παρ' ἀκτάν.   ˄da² ba

Χο οὗτός τ' ἂν ὡς ἐκ τῶνδ' ἐτιμᾶτ' ἄν, γέρον, ia⁶
    θανών, τὸ σὸν δ' ἦν ὧδ' ἂν εὐτυχέστερον.   1185

Πη ὦ γάμος, ὦ γάμος, ὃς τάδε δώματα   ἀντ.
    καὶ πόλιν ἁμὰν ὤλεσας· αἰαῖ,
    ... ἒ ἔ· ὦ παῖ,

FÜNFTES STANDLIED

Wechsellied

Ch　Seht her, unser Fürst, auf die Bahre gestreckt,
　　Da kehrt er zurück aus dem delphischen Land:
　　Unglücklicher Mann, unglücklicher Greis!
　　Du empfängst den Sohn des Achilleus nicht,
　　Wie du vorher gehofft, und dich selber hat
　　Die Woge des Unheils erfaßt, ja du bist
　　Der gleichen Moira teilhaftig.

Strophe

Pe　　O wehe, wehe!
　　　Welch Unheil traf ich
　　　Und nahm es auf,
　　　An der Hand, in mein Haus!
　　　O schweres Leid!
　　　Siehst du, thessalische Stadt, unsern Untergang?
　　　Fort sind wir, fort sind die Kinder und fort ist auch
　　　Das ganze Geschlecht!
　　　O Unglückslos!
　　　Wer meiner Lieben erquickt noch mein Auge?
　　　Süßester Mund, süße Wang und Hand!
　　　O hätte dich dort
　　　Ein Daimon hinweggerafft
　　　Am Strand des Simóeis!
Chf Da wäre dieser noch im Tod geehrt
　　　Und um das Deine stünd es glücklicher.

Gegenstrophe

Pe　　O Ehbund, Ehbund!
　　　Wie fielst du tödlich
　　　Auf dieses Haus,
　　　Auf die Stadt, meine Stadt!
　　　Unselger Sohn,

μήποτε σῶν λεχέων τὸ δυσώνυμον
ὤφελ' ἐμὸν γένος εἰς τέκνα καὶ δόμον   1190
ἀμφιβαλέσθαι
Ἑρμιόνας Ἀΐδαν ἐπὶ σοί, τέκνον,
ἀλλὰ κεραυνῷ πρόσθεν ὀλέσθαι ·
μηδ' ἐπὶ τοξοσύνᾳ φονίῳ πατρὸς
αἷμα τὸ διογενές ποτε Φοίβου   1195
βροτὸς εἰς θεὸν ἀνάψαι.

Χο ὀττοτοτοτοῖ, θανόντα δεσπόταν γόοις   ia⁶   στρ.
    νόμῳ τῷ   ba
    νερτέρων κατάρξω.   cr ba
Πη ὀττοτοτοτοῖ, διάδοχα δ' ὦ τάλας ἐγὼ   ia⁶   1200
    γέρων καὶ   ba
    δυστυχὴς δακρύω.   cr ba
Χο θεοῦ γὰρ αἶσα, θεὸς ἔκρανε συμφοράν.   ia⁶

Πη ὦ φίλος,   cr
    δόμον ἔλιπες ἔρημον,   cr ba   1205
    ὤμοι μοι, ταλαίπωρον ἐμὲ   -ia² cr
    γέροντ' ἄπαιδα νοσφίσας.   ia⁴

Χο θανεῖν θανεῖν σε, πρέσβυ, χρῆν πάρος τέκνων.   ia⁶
Πη οὐ σπαράξομαι κόμαν,   cr ia²
    οὐκ ἐμῷ 'πιθήσομαι   cr ia²   1210
    κάρᾳ κτύπημα χειρὸς ὀλοόν; ὦ πόλις,   ia⁶
    διπλῶν τέκνων   ia²
    μ' ἐστέρησ' ὁ Φοῖβος.   cr ba

Χο ὦ κακὰ παθὼν ἰδών τε δυστυχὴς γέρον,   ἀντ.
    τίν' αἰῶν'
    εἰς τὸ λοιπὸν ἕξεις;   1215

Hättest du nie dir vermählt die Verrufene!
Hätte Hermíone nie uns den Tod verhängt,
Den Kindern, dem Haus,
Auch dir, mein Kind!
Wäre sie vorher dem Blitzstrahl erlegen!
Hättest auch du deines Vaters Blut,
Die Schuld an dem Pfeil,
Niemals, als Sterblicher,
Von Phoibos gefordert!

Zweite Strophe

Chf Ach, ach! Dem toten Fürsten stimmen wir ...
Ch   ... nach der Untren Gesetz
       Unser Klaglied an!
Pe   Ach, ach! Ich nehme diese Klage auf!
       Den selbst das Schicksal schlug,
       Der Greis weint mit.
Chf Von Gott stammt alles, Gott verhängte dies.

Pe   Liebster, Liebster,
       Du ließest uns allein,
       O weh, du schiedest
       Vom armen Alten,
       Vom kindlosen Vater!
Chf O wärst du tot, vor deinen Kindern tot!
Pe   Soll ich nicht raufen mein Haar?
       Nicht treffen das elende Haupt
       Mit kläglichen Schlägen der Fäuste?
       Zweier Kinder
       Hat mich Phoibos beraubt!

Gegenstrophe

Chf Unselger Greis, der so viel Unglück sah ...
Ch   ... welche Zeit, welches Ziel
       Steht dir noch bevor?

Πη ἄτεκνος ἔρημος, οὐκ ἔχων πέρας κακῶν
διαντλή-
σω πόνους ἐς 'Αιδαν.

Χο μάτην δέ σ' ἐν γάμοισιν ὤλβισαν θεοί.

Πη ἀμπτάμενα
φροῦδα πάντα, κεῖται   cr ba
κόμπων μεταρσίων πρόσω.   ia⁴   1220

Χο μόνος μόνοισιν ἐν δόμοις ἀναστρέφῃ.

Πη οὔτε μοι πόλις πόλις,
σκῆπτρά τ' ἐρρέτω τάδε,
σύ τ', ὦ κατ' ἄντρα νύχια Νηρέως κόρη,
πανώλεθρόν
μ' ὄψεαι πίτνοντα.   1225

Χο ἰὼ ἰώ ·
τί κεκίνηται; τίνος αἰσθάνομαι   an⁴
θείου; κοῦραι, λεύσσετ' ἀθρήσατε ·
δαίμων ὅδε τις λευκὴν αἰθέρα
πορθμευόμενος τῶν ἱπποβότων
Φθίας πεδίων ἐπιβαίνει.   1230

                        Θέτις

Πηλεῦ, χάριν σοι τῶν πάρος νυμφευμάτων
ἥκω Θέτις λιποῦσα Νηρέως δόμους.
καὶ πρῶτα μέν δὴ τοῖς παρεστῶσιν κακοῖς
μηδέν τι λίαν δυσφορεῖν παρήνεσα ·
κἀγὼ γάρ, ἢν ἄκλαυτα χρῆν τίκτειν τέκνα,   1235
ἀπώλεσ' ἐκ σοῦ παῖδα τὸν ταχὺν πόδας
'Αχιλλέα τεκοῦσα πρῶτον 'Ελλάδος.

Pe   Allein und kinderlos, das Maß ist voll!
       Das andre wartet mein
       Im untern Reich.
Chf Und Götter liehen deiner Hochzeit Glanz!
Pe   Wehe, wehe!
       Das flog nun alles fort,
       Hinauf ins Leere,
       Weit weg vom Prahlen
       Mit himmlischen Gästen!
Chf Nun lebst du einsam, in der Einsamkeit.
Pe   Fort ist die Stadt, ist die Stadt!
       So fahre mein Szepter dahin!
       Die Meerfrau im Dunkel der Grotte
       Wird mich elend
       Sinken sehn in den Staub!

SCHLUSSZENE

Ch   O seht! o seht!
       Was schwebt durch die Luft? Welche Gottheit erscheint?
       Schaut auf, ihr Mädchen! O seht, o seht!
       Durch den leuchtenden Äther
       Wird sie getragen,
       Steigt nieder auf Phthias
       Roßweidende Flur!

Thetis

von oben

O Peleus, alter Hochzeit eingedenk,
Verließ ich, Thetis, Nereus' Meereshaus.
Zuerst ermahn ich dich: trag nicht zu schwer
An deinem Unglück. Sieh mich selber an:
Mir standen unbeweinte Kinder zu,
Und doch verlor ich unser beider Sohn,
Achill den Flinken, Hellas' größten Mann.

ὧν δ' οὕνεκ' ἦλθον σημανῶ, σὺ δ' ἐνδέχου.
τὸν μὲν θανόντα τόνδ' 'Αχιλλέως γόνον
θάψον πορεύσας Πυθικὴν πρὸς ἐσχάραν,   1240
Δελφοῖς ὄνειδος, ὡς ἀπαγγέλλῃ τάφος
φόνον βίαιον τῆς 'Ορεστείας χερός·
γυναῖκα δ' αἰχμάλωτον, 'Ανδρομάχην λέγω,
Μολοσσίαν γῆν χρὴ κατοικῆσαι, γέρον,
'Ελένῳ συναλλαχθεῖσαν εὐναίοις γάμοις,   1245
καὶ παῖδα τόνδε, τῶν ἀπ' Αἰακοῦ μόνον
λελειμμένον δή. βασιλέα δ' ἐκ τοῦδε χρὴ
ἄλλον δι' ἄλλου διαπερᾶν Μολοσσίας
εὐδαιμονοῦντας· οὐ γὰρ ὧδ' ἀνάστατον
γένος γενέσθαι δεῖ τὸ σὸν κἀμόν, γέρον,   1250
Τροίας τε· καὶ γὰρ θεοῖσι κἀκείνης μέλει,
καίπερ πεσούσης Παλλάδος προθυμίᾳ.
σὲ δ', ὡς ἂν εἰδῇς τῆς ἐμῆς εὐνῆς χάριν,   1253
κακῶν ἀπαλλάξασα τῶν βροτησίων   1255
ἀθάνατον ἄφθιτόν τε ποιήσω θεόν.
κἄπειτα Νηρέως ἐν δόμοις ἐμοῦ μέτα
τὸ λοιπὸν ἤδη θεὸς συνοικήσεις θεᾷ·
ἔνθεν κομίζων ξηρὸν ἐκ πόντου πόδα
τὸν φίλτατον σοὶ παῖδ' ἐμοί τ' 'Αχιλλέα   1260
ὄψῃ δόμους ναίοντα νησιωτικοὺς
Λευκὴν κατ' ἀκτὴν ἐντὸς Εὐξείνου πόρου.
ἀλλ' ἕρπε Δελφῶν εἰς θεόδμητον πόλιν
νεκρὸν κομίζων τόνδε, καὶ κρύψας χθονὶ
ἐλθὼν παλαιᾶς χοιράδος κοῖλον μυχὸν   1265
Σηπιάδος ἴζου· μίμνε δ', ἔστ' ἂν ἐξ ἁλὸς
λαβοῦσα πεντήκοντα Νηρήδων χορὸν
ἔλθω κομιστήν σου· τὸ γὰρ πεπρωμένον
δεῖ σ' ἐκκομίζειν· Ζηνὶ γὰρ δοκεῖ τάδε.
παῦσαι δὲ λύπης τῶν τεθνηκότων ὕπερ·   1270
πᾶσιν γὰρ ἀνθρώποισιν ἥδε πρὸς θεῶν
ψῆφος κέκρανται κατθανεῖν τ' ὀφείλεται.

θεὰ γεγῶσα καὶ θεοῦ πατρὸς τέκος   1254

Warum ich kam, vernimm aus meinem Mund:
Bestatte des Achilleus toten Sohn
Beim Opferherd des pythischen Apoll!
Als Schmach der Delpher künde dieses Grab
Den schweren Mord von des Orestes Hand.
Die Kriegsgefangne, die Andrómache,
Soll Wohnung nehmen im Molosserland
Zu neuem Ehebund mit Helenos.
Der Knabe folge ihr, der letzte Sproß
Aus Aiakos' Geschlecht, und Fürst auf Fürst
Vererbe der Molosser stolzen Thron!
Und nie erlösche unser beider Stamm
Noch der von Troja, den die Götter jetzt
Beschützen nach dem Sturz von Pallas' Hand.
Erfahre unsres Bundes starke Macht:
Ich nehme alles Menschliche von dir,
Unsterblich, unvergänglich sollst du sein
Und mit mir wohnen in des Vaters Haus,
Wie ich die Göttin bist du dort der Gott.
Wenn du dort trocknen Schuhs dem Meer entsteigst,
So siehst du unser beider liebsten Sohn
Achill, wie er auf seinen Inseln wohnt,
Auf Leuke, mitten im Euxeinosmeer.
Zieh jetzt nach Delphis gottgebauter Stadt
Mit diesem Toten, leg ihn in das Grab,
Dann geh zur alten Grotte in dem Fels
Von Sepe, warte, bis ich aus dem Meer
Mit unsrer fünfzig Nereustöchter Chor
Auftauche und dich hole. Dein Geschick
Mußt du erfüllen; so gebietet Zeus;
Beende drum der Toten Klagelied,
Denn jedem Menschen ist von Gott gesetzt
Der gleiche Stimmstein: daß er sterben muß.

Sie entschwebt

Πη ὦ πότνι', ὦ γενναῖα συγκοιμήματα,
    Νηρέως γένεθλον, χαῖρε · ταῦτα δ' ἀξίως
    σαυτῆς τε ποιεῖς καὶ τέκνων τῶν ἐκ σέθεν.   1275
    παύω δὲ λύπην σοῦ κελευούσης, θεά,
    καὶ τόνδε θάψας εἶμι Πηλίου πτυχάς,
    οὗπερ σὸν εἶλον χερσὶ κάλλιστον δέμας.
    κᾆτ' οὐ γαμεῖν δῆτ' ἔκ τε γενναίων χρεὼν
    δοῦναί τ' ἐς ἐσθλούς, ὅστις εὖ βουλεύεται,   1280
    κακῶν δὲ λέκτρων μὴ 'πιθυμίαν ἔχειν,
    μηδ' εἰ ζαπλούτους οἴσεται φερνὰς δόμοις;   1282

Χο πολλαὶ μορφαὶ τῶν δαιμονίων,   an⁴   1284
    πολλὰ δ' ἀέλπτως κραίνουσι θεοί ·   1285
    καὶ τὰ δοκηθέντ' οὐκ ἐτελέσθη,
    τῶν δ' ἀδοκήτων πόρον ηὖρε θεός.
    τοιόνδ' ἀπέβη τόδε πρᾶγμα.

    οὐ γάρ ποτ' ἂν πράξειαν ἐκ θεῶν κακῶς.   1288

Pe O hohe Herrin, Gattin meines Betts,
Des Nereus Tochter, lebe wohl! Dein Wort
Ist deiner und auch deiner Kinder wert.
Ich laß die Klage, so wie du befiehlst,
Begrabe diesen, zieh zum Pelion,
Wo meine Hand die schönste Frau gewann. –
Wer wohl bedenkt, holt nur aus edlem Haus
Die Frau, gibt Töchter nur an edlen Mann,
Hat kein Verlangen nach dem schlechtren Bett,
Auch wenn es goldne Häuser ihm beschert.

Leichenzug und Peleus ab

Chor

im Abziehen

Viele Gestalt
Nimmt das Göttliche an,
Viel Unerwartetes
Stiften die Götter.
Was wir fest erhofften,
Es ward nicht erfüllt,
Was wir nie erahnten,
Dem bahnte ein Gott seinen Weg.
So ging es auch hier.

Die Kinder des Herakles

Die attische Sage bot der Bühne eine reiche Zahl von Stoffen an und es lag den Dichtern nahe, mit ihnen von Zeit zu Zeit vor die Zuschauer zu treten; so sehen wir Euripides im drittletzten Jahrzehnt um die „Herakleskinder", um „Hippolytos", um „Erechtheus", um die „Bittflehenden Mütter" bemüht. Manche dieser attischen Stoffe verlockten dazu, die großen Könige Athens und ihre überragenden Taten zu verherrlichen, so daß am Aufführungstag in kürzeren Partien (wie dem dritten Standlied der „Medeia") oder im Hauptthema („Herakleskinder", „Erechtheus", „Mütter") das Lob der Stadt von der Bühne und Orchestra erscholl; die Krönung dieser Loblieder ist die Gestalt des Theseus im sophokleischen „Oidipus auf Kolonos". Aus diesen übergreifenden Taten hob die griechische Überlieferung zwei über die anderen empor: nach Herodot waren die Athener die einzigen, die den von Eurystheus verfolgten Kindern des Herakles Asyl gewährten; und nach dem Zug der Sieben gegen Theben haben sie den gefallenen Angreifern das ihnen schmählich verweigerte Begräbnis erstritten. Euripides hat die beiden Taten wohl nicht zufällig im ersten Jahrzehnt des Großen Krieges auf die Bühne gebracht: worum es den Athenern beim Kriegführen geht, mit welcher Verantwortung sie einer übergreifenden Sache dienen, wie streng sie die Gesetze menschlicher Kriegführung beachten und verteidigen, war in den beiden Werken niedergelegt, deren Themen sich ihr reichdramatisches Gewand in Friedenszeiten nicht ohne weiteres erobern konnten und deren Diskussionen über Rechte und Pflichten der Kriegführenden sich kaum ohne den Hintergrund realer Begebenheiten erklären lassen. Es kommt hinzu, daß die beiden Tragödien in ihrer Dramaturgie und Weltbildgestaltung sichtlich zwischen der noch klassischen „Medeia" und dem Umbruch des „Herakles" stehen.

Die „Herakleskinder" hatten den Vortritt, sie stehen dem
Anfang des genannten Zeitraums näher als die „bittflehenden
Mütter". Schon von außen her weist das unzerstörte Attika der
Schlußszene auf die Zeit von 430–427; die abgelehnten Ange-
bote des Demophon und des Hyllos, vor allem der Protest gegen
die Gefangenentötung der Alkmene lenken die Gedanken auf
das erste Kriegsjahr (430) zurück. Einen deutlicheren Einblick
in die Entstehungszeit würde der Vergleich mit dem „Kranz-
bringenden Hippolytos" (428) ergeben; aber diese Tragödie
folgt in Thematik und Konzeption, auch im Umfang, einer
völlig anderen Tradition, ihr getragener, noch „klassischer"
Ton geht offenbar auf die erste Fassung, den „verhüllten"
Hippolytos, zurück; auch läßt sich kaum leugnen, daß die
„Herakleskinder" nicht in einer vom Dichter völlig durch-
gearbeiteten Fassung, sondern eher in einer „vorletzten" auf die
Bühne kamen und nicht den geplanten Umfang erhalten haben.
Die innere und äußere Größe eines „Hippolytos" wird ihr zwar
niemand abverlangen, aber auch der Umfang der folgenden
drei Tragödien wird nur zu etwa fünf Sechsteln erreicht, die
strophischen Chorlieder sind kurz, auf Binnenmusik innerhalb
der Szenen ist fast völlig verzichtet, auch in den Sprechpartieen
scheinen einzelne Knappheiten aufzutreten. Man hat diesen Zu-
stand des Werkes mit einem kriegsbedingten vorzeitigen Abschluß in Verbindung gebracht. Was der Meister in dieser der
Vollendung nahen Skizze niederlegte, kann man nicht anders als
einen erstaunlichen Durchbruch auffassen. Von der Vorszene
bis zur Schlußszene, vom hoffnungslosen Jammer der Herakliden bis zum Triumph der Alkmene läuft nicht etwa eine nur
äußere Szenenfolge, eine zurechtgemachte Epik, sondern ein
vielfältiges, farbig reiches und konzentriertes dramatisches Geschehen. Die flüchtigen Kinder des Herakles sind im Geleit des
schon betagten Heraklesvetters Iolaos und der uralten Heraklesmutter Alkmene ins Reich der Theseussöhne, zum Zeusheiligtum von Marathon, gelangt und erscheinen in drei Grup-
pen aufgeteilt: die auf Erkundung ausgezogenen älteren Söhne
(unter Hyllos), die am Altar knienden jüngeren Söhne, die im

Tempel untergebrachten Mädchen (mit Makaria). Die Knaben, im Nu von dem frechen Herold des Eurystheus bedroht, finden in den fünf auf einen Grundton gestimmten strophischen Liedern (Einzugslied und 4 Standliedern) des tatkräftig-rechtlichen Chors der attischen Bürger und in den beiden ersten Hauptszenen, in den Beschlüssen der echten Theseussöhne Demophon und Akamas, Aufnahme und Schutz. Es gehört zur dramatischen Fassung einer solchen Asylgewährung hinzu, daß sie sich gegen schwerste Bedrohung bewähren muß – das große Vorbild ist die Danaidentrilogie des Aischylos. Diese Bewährung ist der Inhalt des zweiten Hauptszenenpaars: in zwei Etappen meldet der Bote den greisen Geleitern der Kinder die Aufstellung und den Sieg des attischen Heeres. Die Schlußszene bringt noch obendrein die Demütigung des ewigen Heraklesfeindes Eurystheus – das Gegenstück zum frechen Auftreten seines Herolds in den ersten drei Szenen des Stücks.

Dieser gleichsam von außen auferlegten Handlung, die wir die „attische", die „theseische" nennen könnten, steht eine zweite, „heraklidische" zur Seite. Wie hinter Demophon als wahrer Doppelgänger der verstorbene Vater Theseus zum Vorschein kommt, so hinter Hyllos und Makaria der große vergöttlichte Vater; das Rettungswerk würde ohne ihren starken Einsatz, den Einsatz ihres Lebens, nicht gelungen sein. Im Beginn der zweiten Hauptszene ist das Werk am Rande des Scheiterns, an ihrem Ende ist es gewährleistet durch den Opfergang der Makaria, aus deren jedem Wort, zum Erstaunen der Hörenden, der göttliche Geist des Vaters weht. In den beiden letzten Hauptszenen hat Hyllos ein eigenes starkes Kontingent herbeigebracht, das den linken Flügel des attischen Heeres einnimmt. Sein Angebot eines Zweikampfs, der die Schlacht erübrigt, steht der Tat Makarias fast ebenbürtig gegenüber; der Heraklessohn ist dann die eigentliche Seele des Kampfes, der Überwinder des Eurystheus. So ist die große attische Tat nicht nur äußerlich begleitet, sondern auch innerlich überhöht von Taten der Fremden, der Geretteten, denen die Tat gegolten hat. Hier verrät sich der große Dramatiker, der über jeder örtlichen oder gegenständ-

lichen Engfassung seines Themas steht. Ein drittes kommt hinzu: die theseisch-heraklidische Doppelbehandlung ist nicht mehr in der feierlich klaren und verhaltenen Strenge der „Medeia" und des „Hippolytos" vorgetragen, sondern in einer neuen farbfrischen Charakteristik, in einer leidenschaftlich zuspitzenden Mythenerfassung, die – gemessen an der älteren – den Bereich des Grotesken streift. Wir sind am Beginn plötzlich in eine Welt hilfloser Kinder und hilfloser Greise versetzt, aus der sich mit besonderer Schärfe der Kennzeichnung die Figur des Iolaos heraushebt. Schon am Ende der Vorszene liegt er hilflos am Boden, das klägliche Bild wiederholt sich vom Ende der zweiten Hauptszene bis zu Beginn der dritten und wird noch gesteigert in dem Bild des in die Schlacht stolpernden Greises, dem der Diener die Rüstung nachschleppt, um den Anfang nicht zu versäumen. Gegen diese einprägsamen Bilder kommt der eifrige Vogel Phönix der nächsten Stunden nicht auf. Neben die Schärfe der Iolaoszeichnung tritt die des Kopreusbildes: der zynisch-freche Herold des Eurystheus, eine ewig lästige, rohe Schmeißfliege, macht seinem andernorts überlieferten Namen Kopreús (Mistfink) von der Vorszene bis zum ersten Standlied pausenlos alle Ehre. Den Gipfel erreichen die eigenwilligen Prägungen in der Schlußszene. Die Streitpartner Iolaos und Kopreus verdichten sich gleichsam zu den Gestalten der Königin Alkmene und des Königs Eurystheus. Die uralte Fürstin, die schon am Beginn der dritten Hauptszene den vermeintlichen neuen Herold im Namen ihres toten Sohnes handgreiflich bedroht, erweist sich dem gefangenen mykenischen König gegenüber als Inbegriff der rohen hassenden Rächerin, die sich wider das Recht an Leben und Leichnam des Kriegsgefangenen vergeht. Die Bestrafung des Frevlers wird, entgegen dem eigentlichen krönenden Sinn der Schlußszene, dem gerechten Athen abgenommen und in die Hände einer Frevlerin gelegt, die sichtlich aus dem Medeiabild hervorgegangen ist. Dafür rückt der Frevler eine Stufe höher. Er rechtfertigt in seinen Schlußworten die Verfolgungen des Herakles als Auftrag Heras, die der Kinder als Notwehr, wirft Hera ihre Treulosigkeit vor und geht als

der von ihr im Stich Gelassene männlich in den Tod. Ja, noch
mehr: zum Dank dafür, daß Athen ihm sein Leben, das Recht
des Kriegsgefangenen, zuerkannt hat, gelobt er, von seinem (am
Ort der Gefangennahme errichteten) Grabhügel aus Athen in
künftigen Zeiten gegen die Angriffe einbrechender Spartaner,
der undankbaren Enkel der geretteten Herakleskinder, zu
schützen. Wie der Frevel auf die Heraklesmutter übergeht, so
der ewige Dank an Athen auf den durch das ganze Stück hin-
durch bekämpften feindlichen Vetter des Herakles, dessen
göttliche Seele an den Grenzen der Athener wachen wird.
Iolaos und Eurystheus haben den hier geschilderten Krieg
(am Ende der ersten Hauptszene und in der Schlußszene) als
Werk der Hera und der Athena bezeichnet, die Menschen
stehen, wie im gleichzeitigen „Hippolytos", zwischen zwei
Gottheiten. Der Krieg wird, nachdem Persephones grausame
Forderung erfüllt ist, von Pallas durch Waffengewalt gegen die
Hera von Mykenä entschieden, die sich abwartend hinter die
Schänder des Asylrechts gestellt hat. Diesem Sieg der attischen
Göttin folgt noch ein zweiter: durch den Schutz des Lebens der
Kriegsgefangenen hat Pallas das Herz des Todfeinds, den sie aus
den Klauen der hassenden Gegnerin nicht mehr befreien konnte,
bis über den Tod hinaus gewonnen.

Hekabe

Wer die wagemutigen, entdeckerfreudigen Darstellungen
neuer Gedanken- und Gefühlsbewegungen aus den Tragödien
jener Zeit in sich aufgenommen hat, wird wenig Lust haben, sie
mit irgendwelchen Denkvorgängen und Seelenzuständen unse-
rer Spätzeit zu verwechseln. Die frisch getürmten Streitgesprä-
che, der Florettkampf der Sätze, die aus Träumen und Nach-
denken gesponnen, oft plötzlich einsetzenden Betrachtungen
über Natur und Gesetz, Freiheit des Willens, Macht der Erziehung und andere brennende Zeitfragen sind jugendfrische
Gebilde mit sich verschärfender, sich verästelnder Diktion. Als

Gegenpol stehen ihnen die von heftigen Gefühlen getragenen
Szenen gegenüber, in denen sich persönliches Wesen stufen-
weise anbahnt. Man erkennt in diesen Dramen den von der
Überlieferung mitgeteilten göttlichen Auftrag der Bühne, „durch
die Darstellung einer bedeutenden geschlossenen Handlung in
Anwendung bestimmter Formprägungen Mitleid und Entsetzen, zu deren Läuterung, hervorzurufen". Nur aus diesem
Auftrag sind die Blicke ins Göttlich-Menschliche, in Schicksal,
Zwang und Nichts, in mordenden Haß, in mitfühlende Er-
schütterung und verbrüdernde Teilnahme zu verstehen, die an
den antiken Dramen, und so auch an der „Hekabe" gebaut
haben. Die Tragiker jener Jahre suchten geradezu nach den
Urbildern der schicksalsgezeichneten Sterblichen, nach den
überquellenden Gefäßen des Leids, um aus diesen bitteren Kel-
chen der menschlichen Gefühlswelt Heilung zu spenden, eigene
Heilkraft zu verleihen. Zwei Gestalten waren ihre größten
Funde: der König Oidipus, den Sophokles wohl unmittelbar
nach dem euripideischen zweiten „Hippolytos" in neuer Ur-
bildlichkeit erstehen ließ, und sein weibliches Gegenstück „Hekabe", die Urmutter des Leides, die Euripides wohl in wenig
Jahren Abstand folgen ließ und zehn Jahre später, in den
„Troerinnen" (415), in bedeutsamster menschlicher Vertie-
fung erneuerte.

Die „Hekabe" spielt an dem Ufer gegenüber Troja, auf der
Landzunge der thrakischen Chersones, am frisch aufgeworfe-
nen Grabhügel des Achilleus, an dem Polyxene bluten mußte
und wollte und in dessen Nähe bald darauf das Doppelgrab der
beiden Priamoskinder erstellt wurde, vor dem Zeltlager der
Griechenfürsten und ihrer trojanischen Beutefrauen; an dem
Strand der durch Flaute verhinderten Abfahrt, im Bereich der
Schandtaten des Thrakerfürsten Polymestor; am Ort, wo
Polydoros' Geist spukt und seine Leiche der wasserholenden
Dienerin vor die Füße gespült wird; wo der Täter von Hekabe
und ihren Frauen geblendet und seiner Söhne beraubt wird; wo
der verwandelte Leib der Königin seine ewig unruhige Ruhe-
stätte findet.

An diesem düstersten aller Orte erhebt sich der Gipfel
menschlichsten Leids: Hekabe, die alles und jedes, Heimat und
Haus, Glanz und Reichtum, Gatten und zahllose Kinder, den
letzten Rest ihrer Freiheit verloren hat, wird noch um ihre letzten beiden Kinder, ja um ihr Kostbarstes gebracht: um ihr
Menschtum; das Schiff des Odysseus bringt die Gefangene
nicht zur neuen Heimat, auch nicht fort vom thrakischen
Strand; sie muß, örtlichen Sagen zufolge, allnächtlich ihr ent-
setzliches Leid in Gestalt einer gespenstischen Hündin beheu-
len, am Tage im Bilde ihres Grabsteins, dem „Grab der Hündin", ihre tierische Untat bezeugen.

Das große Doppelereignis der beiden Dramenhälften ist
nicht nur als ein Nebeneinander vor uns hingestellt, nicht nur
durch Geisterworte und Traumgesichte der Vorszene, durch
Polyxenas Gedenken und durch Vorgänge ihrer Bestattung
verklammert und verknüpft. Eine gewaltige, gegenbewegte, sich
überhöhende Einheit baut sich vor uns auf. Der vorletzten
Hoffnung folgt der letzte Trost ins Grab, auf den königlich-
erhabenen und alle erhebenden Opfergang des Mädchens folgt
das scheußliche Bild des gemeuchelten, verstümmelten, ins
Meer geworfenen Knaben; aber nun auch: auf die gebrochene
Urmutter des Leids die ungebrochene Täterin; auf das klägliche
Beutestück noch einmal die innerlich Freie, die die angebotene
äußere Freiheit mißachtet; eine glühende Rächerin wie Medeia
und die Heraklesmutter Alkmene, aber ein Wesen neuer Art.
Das Bild dieser Rächerin ist der um Polyxene Klagenden nicht
nur als weitere Leidensstation hinzugefügt, sondern als eine von
der Täterin selbst gesetzte und geahnte Endstation. In der Mitte
des Stücks dreht sich die grausige Achse. Das Gefäß unseres
Mitleids, die rührende Leidträgerin der Polyxeneszenen, eine
zweite Niobe, wird zum Gegenstand des Schauders; die
Mater dolorosa wird in Vollstreckung ihres nicht mehr über-
bietbaren Leids zu einem widernatürlichen, innerlich verseuch-
ten, untermenschlichen Wesen, zur Hündin ihres Grabmals.
Wie sie selber am Beginn der dritten Hauptszene singt, wird sie
plötzlich, vor unseren Augen, von ihrem Fluchgeist in eine neue,

völlig rasende Klageweise um ihre Tochter eingeweiht. Diese neue Blutsmelodie führt geraden Wegs zum Grab der „Hündin" – und zum Verlust der Herzen der Hörer. Sie wird in der Schlußszene geradezu dem Opfer ihrer Tücke angenähert, das, ähnlich wie der geblendete Oidipus, durch seine ewige Nacht tappt und beinahe zu den Empfängern des Mitleids aufsteigt; jedenfalls nimmt der Geblendete, nach des Dichters Willen, die Gewißheit baldigster grausamer Rächung auf seine Todesinsel mit. Die Achsendrehung der Schlußszene der „Herakleskinder" klingt nach, ist aber weit überboten.

Der Rahmen, in dem sich das erstaunliche Geschehen vollzieht, ist der sehr einprägsame des doppelten Hauptszenenpaars zwischen Vor- und Schlußszene, mit der Achse in der Mitte. Wir kennen ihn vom zweiten „Hippolytos", von den „Herakleskindern" und vor allem von seiner grandiosen Durchführung im sophokleischen „König Oidipus". Gegenüber dem „Hippolytos" ist der äußere Umfang geringer, erscheinen die Standlieder (zumal das 2. und 4.) und die lyrischen Partieen der Szenen reduziert. Doch beteiligen sich alle drei Sprecher am Gesang: der erste (Hekabe) stellt in der Vorszene dem iambischen Monolog des Polydoros seinen anapästischen an die Seite, löst das Einzugslied des Chors und den Beginn der ersten Hauptszene in zwei Wechsellieder (mit Chor und Polyxene) auf, bricht auch zur zweiten Todesnachricht in Klagelieder aus, so daß die Anfänge beider Dramenhälften sinnvoll im lyrischmusikalischen Gewande erscheinen; der 2. Schauspieler (der auch Agamemnon gespielt hat) ist als Polyxene am Wechsellied mit der Mutter beteiligt; der dritte, der Träger der übrigen fünf Rollen, hat die große Arie des Geblendeten der Schlußszene zu singen. Die Standlieder 1–3 sind den düsteren Ahnungen der Beutefrauen, dem Gedanken an das Parisurteil und den Brand der Stadt in ergreifender Folge gewidmet, sie stellen hinter den vier Handlungsszenen ein gewaltiges musikalisches Triptychon auf. Alles in allem glaubt man ein loseres, kontrastreicheres Formenspiel als im „König Oidipus" zu erkennen, einen Schritt auf dem Weg des „reichen Stils", der mitten inne zwischen dem

Abschluß der Parthenongiebel und der Aufstellung der Koren des Erechtheions liegt.

In den neuen Dramengebäuden begründen die mythischen Gestalten und Situationen ein nach außen und innen bereichertes Dasein. Das zeigt schon die Sphäre der Heeresboten in ihrem Wandel vom Eurystheusherold zu den Griechen vor Troja (Odysseus, Talthybios, Menelaos), einer dramatisch gespannten Gruppe, die die Opferung Polyxenes mit zunehmend größerer Anteilnahme vollzieht; oder die rauhe Heraklesmutter Alkmene, die dann im großen Bild Hekabes untergeht; vor allem auch die groß konzipierte Heraklestochter Makaria, deren Opfergang zu dem zart-reichen Seelengemälde Polyxenes hinüberführt, zu ihrem ergreifenden Todesbericht und ihrem spontanen warmen Echo im Griechenheer; ihre krönende Stellung auf der Klageliste der Königin macht sie nicht nur zum Partner des Polydoros, sondern auch zu einem Grundstein der zweiten Dramenhälfte.

Das innere Weiterwachsen der euripideischen Gestalten grenzt unsre Hekabe auch gegen die Zukunft ab. Wenn der Dichter nach zehnjähriger Arbeit an sich selbst die Königin als zentrale Figur der „Troerinnen" (415) auf die Bühne stellt, ganz ohne die halbtierische „Nähe zu Polymestor", ein Häuflein Nichts, ohne einen Funken von Hoffnung, zerbrochenes Gefäß einer verzweifelten Seele, vor deren Unmaß sich jede Seele, auch unausgesprochen, beugt, so steht zwar wiederum die große Rächerin, Flucherin, Bestraferin vor uns, aber am Ende nur noch mit dem stummen Gebet an irgend ein Göttliches, mit dem Kopfschütteln gegen Götter und Menschen, mit dem versuchten Sprung in die Flammen, mit dem Hinwanken zum Griechenschiff, auf dem sie alsbald das vom Dichter diesmal verschwiegene grausige Ende findet.

Andromache

Dem großen Auftrag der griechischen Tragödiendichter und seiner eigenen, besonderen Sendung getreu, hat Euripides in der

älteren Dichtung unermüdlich nach Begebenheiten gesucht, in
deren Darstellung er seines Amtes walten konnte; urbildlichen
Begebenheiten, die er im Sinn der neu aufbrechenden Kräfte der
Zeit neu deuten, umgestalten, zu immer neuen Einheiten zu-
sammenschließen konnte. Der große Leidherd Troja war durch
die Gestalten der Königin und ihres seelenstarken Kindes Poly-
xena (in der „Hekabe") noch keineswegs erschöpft, in den
„Troerinnen" (415) wurde das reifere Hekabebild, wurde das
Kassandrabild geschaffen, die fahrtbereite gefangene Hektorsgattin Andromache wurde der zweifelhaften Gestalt der wieder-
eroberten Helena gegenübergestellt, die ihrerseits schon drei
Jahre später als Trugbild einer makellos-göttlichen echten
Helena entlarvt wurde (Helena 412). Von den kommenden
Schicksalen der an die Griechenfürsten verlosten trojanischen
Edelfrauen, Schicksalen, denen sie in „Hekabe" und „Troerin-
nen" so verzweifelt entgegensehen, hat der Dichter schon we-
nige Jahre nach der „Hekabe", in den späteren zwanziger Jahren, das der edlen Andromache herausgegriffen. Sie hat ihren
Gatten Hektor, die Seele des trojanischen Widerstandes, von der
Hand des Achilleus sterben sehen, ihr Söhnlein Astyanax wird
in den „Troerinnen" durch Sturz von den Zinnen der Stadt zer-
schmettert. Die Tat vollzieht nach dem Epos Neoptolemos, der
Sohn des gefallenen Achilleus, derselbe, dem sie nach Thessalien
in die Knechtschaft folgen muß. Die Bestattung des Knäbleins
muß die vorzeitig Abfahrende ihrer alten Schwiegermutter
Hekabe überlassen, die auf den allgemeinen Abtransport wartet.

In dem Drama „Andromache" treffen wir die Sklavin „einige
Jahre später" auf dem neuen Boden in ungebrochener innerer
Fürstlichkeit, geliebt von den Nachbarinnen, ritterlich beschützt von ihrem Herrn und seinem Großvater Peleus, tödlich
gehaßt von der rechtmäßigen Gattin des Neoptolemos, der
spartanischen Königstochter Hermione, und ihrem Vater
Menelaos. Diese „erste Hermione-Clique" benützt eine del-
phische Bußfahrt des Neoptolemos zu einem tödlichen Anschlag auf Andromache und den kleinen Bastard der Sklavin;

der uralte Peleus vertritt als entschlossener Retter den abwesenden Herrn des Hauses.

Hier, im letzten Viertel der Tragödie, verschlingt sich das Andromacheschicksal von außen her mit dem ihres Herrn. Dieser hatte in wilder Leidenschaft den delphischen Apollon für seinen Anteil an der Tötung des Vaters Achilleus zur Rechenschaft gezogen, hatte aber das Heiligtum zunächst straflos verlassen. Einen zweiten Feind hatte sich Neoptolemos in Orestes zugezogen, dem Menelaos seine schöne Tochter Hermione schon vor dem Kriege als Gattin bestimmt hatte und der sie nur schwersten Herzens, im Grunde nie, als Gattin des Achilleussohnes anerkannte. Im letzten Viertel des Stücks führt nun die Aktion der neugebildeten Hermione-Clique, führt die Ermordung des reumütig nach Delphi ziehenden jungen Königs wieder zur Bedrohung Andromaches, von der sie nur der Machtspruch der göttlichen Ahnin des Pelidenhauses, der lieblichen Thetis, errettet: Troja lebt im Priamossohn Helenos, in der Hektorsgattin Andromache, in den fürstlichen Nachkommen ihres Knäbleins Molossos weiter; das Haus des Achilleus rettet den Stamm des Priamos in Andromache.

Der Reichtum der Handlung, die Fülle ihrer Verwicklungen und Wechselfälle, die Weite der Ausblicke in Länder und Zeiten, die Tiefe der Einblicke in Menschlich-Inneres konnte mit den älteren Bauformen des Dramas nicht bestritten werden; der Dichter mußte die Szenenfolgen erweitern und auflockern, Arien und Wechsellieder mußten den Dialog weitgehend lyrisieren, der Sprechvers mußte für die Wortgefechte neu geschliffen, für die Klagen stellenweise melodischer gemacht werden, um die neue Mythenverkündigung zu ermöglichen. So läuft die Vorszene der „Andromache" in die Distichen einer gesungenen Klage aus, deren Rhythmus der einziehende Chor aufgreift und an Andromache zurückgibt; an das zweite Standlied reiht sich die Wechselklage von Mutter und kleinem Sohn (mit den Anapästen des Menelaos), die vierte Hauptszene ist durch das lyrische Jammern Hermiones auf eine lange Strecke aufgelöst, das fünfte Standlied wird zur lebhaften Totenklage des Groß-

vaters an der Leiche des jungen Fürsten, und all diese Musik
hebt sich wieder ab von der Kette der strophischen Standlieder:
die Klagen 1 und 4 um das Unheil, das vom Parisurteil aus über
ganz Hellas hereinfiel, umrahmen 2 und 3, Betrachtungen über
den Frieden der ungespaltenen Ehen und den Segen der edlen
Abstammung.

Der Reichtum der neuen Handlungen zeigt sich an allen
Ecken und Enden. So sind die drei Schauplätze, die das Peliden-
haus bedeuten, fast in eins gezogen: das eigentliche Königs-
haus des Neoptolemos (in Phthia), das Nachbarschloß des
Peleus (in Pharsalos) und das Thetisschloß, in dem Peleus mit
Thetis Hochzeit feierte und in dem er ihr das Heiligtum grün-
dete, in das Andromache flüchtete. An diesem Schauplatz be-
gegnen sich nicht weniger als vier Generationen: das Ahnen-
paar Peleus-Thetis, dann – über den toten Achill hinweg – sein
Sohn Neoptolemos und dessen von Andromache geborenes
Söhnchen, das in anderer Überlieferung mit dem Namen
Molossos erscheint. Das vom Dichter so sehr geliebte Aufzeigen
verschiedener Lebensalter findet in der Gestalt des Urgroßvaters
Peleus mit dem Urenkel auf dem Arm, der der Mutter Fesseln
lösen hilft, eine ergreifende Steigerung. Der unerschrockene
Greis, der den Verfall seiner Jugendkraft so wenig wahr haben
will wie Alkmene und Iolaos in den „Herakleskindern", streift
auch in der entrüsteten Ablehnung der spartanischen Sport-
jugend an die Groteske. Erst sein Zusammenbruch an der ge-
liebten Leiche des ermordeten Enkels verleiht ihm seine volle
menschliche Würde, die ihm die erscheinende Gattin in göttliche, unsterbliche, ewig blühende verwandeln kann.

Erstaunlich erneuert erscheinen die beiden jugendlichen
Männer: Orestes, der der längst verlorenen Braut Hermione
ohne ihr Wissen nachreist, um sie zur gegebenen Zeit heimzu-
holen, erscheint von seinem alten Schützer Apollon wiederum
zur bösen Tat mißbraucht und bleibt der von anderen Sippen
Gemiedene, ein Leidträger besonderer Art. Dem Halbspartaner
Orestes steht das reine Achillesblut Neoptolemos gegenüber,
vom Dichter des Dramas über seinen ersten trotzigen Delphi-

besuch durch Reue und Bußfahrt hinausgehoben, für uns durch
die innere Hochachtung der Beutefrau und vor allem durch den
heroischen Untergang in der kläffenden Meute der Delpher ge-
fürstet. Hier sind wahrhaft Schritte zu der sophokleischen
Krönung dieses jungen Achilleussohnes getan.

Wir sprechen nicht von neu gesehenen Dienergestalten oder
der schillernden Erbärmlichkeit des Menelaos, wohl aber von
Hermione, Andromache und Thetis. Die junge Spartanerin ist
eine so überraschende Neuprägung eines Frauenbildes, daß man
eine eigene Ära des Dramas, die des letzten Jahrhundertviertels,
mit ihr einleiten möchte. Von ihrem prunkvollen Auftreten im
Thetisheiligtum bis zu ihrer Flucht, also fast durch das ganze
Stück geistert ihre verderbte Oberflächlichkeit. Von zwei Seiten
her sind ihr Farben geliehen. Perfide Treubrüche Spartas hatten
im Athen der späteren zwanziger Jahre eine Haßwelle gezeitigt,
die sich in Ausfällen auf diese Stadt, aber offenbar auch in der
farbfrischen Zeichnung Hermiones und ihres Vaters niederschlug; höher aber stand offenbar, was vom Bild der Gegnerin
Andromache selbst ausging. Die Sklavin, in jedem Zoll fürst-
lich, getreue Gattin und getreuer Spiegel des großen Hektor,
zum Opfertod für ihr Kind entschlossen, über Lüge, Neid, Arg-
wohn, über Flatterhaftigkeit, Gefallsucht, niedere Sinnlichkeit
erhaben, erscheint, Zug um Zug ins Gegenbild verkehrt, in
Hermione wieder. In dem Doppelbild dieser beiden Königs-
kinder hat Euripides seinem Drama, vom ersten Vers bis zur
Schwelle des delphischen Todesberichtes, den eigentlichen,
zutiefst tragenden Inhalt verliehen; ja er ist diesem Inhalt, bis
über die Totenklage des Peleus hinaus, treu geblieben in dem
Schiedsspruch der göttlichen Gattin des Peleus, die nicht nur das
Begräbnis des Erschlagenen, sondern auch die Zukunft des
Andromachegeschlechtes regelt.

Thetis selbst, die lieblichste Gestalt des Dramas, tritt zum
Schluß wie ein helles Licht aus dem Dunkel des Geschehens her-
vor; nicht als eine der zahlreichen helfenden und ordnenden
„Theatergottheiten", die später so häufig den verwirrenden
Reichtum der euripideischen Tragödien zu Ende bringen, son-

dern als Angehörige des Hauses. Sie steht als jugendliche Ahn-
frau in zauberhafter Schönheit unter ihren Verwandten und
Dienern, betrauert ihren eigenen Enkel, tritt zu ihrem eigenen
gebrochenen Gatten, tut ihre Pflicht als Göttin, wie Peleus sie
während des ganzen Dramas als Mensch, als Mensch hohen
Alters getan hat.

Wie menschlich warm entläßt uns die Nereïde! Sie verrät uns
nichts von ihrem finsteren Gegenpol, dem eigentlichen Mörder
ihres Enkels, der nicht nur des Neoptolemos aufrichtige Reue
verschmäht, sondern die fromme Wallfahrt und ihre heilige
Handlung planvoll zur Mordtat ausersieht und mit ihrer Aus-
führung den gleichen Orestes belastet, der (im vierten Standlied) sich als Knabe schaudernd aus Delphis Kammer befehlen
ließ: dem Gott, dessen furchtbar dröhnende Stimme aus dem
Innern der gleichen Kammer wieder an ihn ergeht und das
stockende Mordwerk vorantreibt.

Furchtbare innere Erfahrungen müssen hinter diesem neuen
Apollonbild stehen, das dem Andromachedrama kurz vor dem
Ende gleichsam noch einmal ein neues Gesicht aufprägt. Das
schlichte menschliche Empfinden des Boten, daß der Gott die
aufrichtige Reue des Frevlers hätte annehmen müssen, spricht
etwas von dieser Erfahrung des Dichters aus. Der von den
Delphern aus dem Heiligtum geworfene Leichnam erhält in der
Heimat seine menschlichen Rechte, ja wird zur Schmach der
Delpher wieder zurückgebracht. Eine stillschweigende neue
innerliche Rechtsprechung tritt an die Stelle alter, festgefahrener
Götterweisheit.

Nach einer antiken Nachricht wurde die Tragödie in Athen
nicht aufgeführt.

ANHANG
DES HERAUSGEBERS

ΥΠΟΘΕΣΕΙΣ

Ὑπόθεσις Ἡρακλειδῶν

Ἰόλαος υἱὸς μὲν ἦν Ἰφικλέους, ἀδελφιδοῦς δὲ Ἡρακλέους· ἐν
νεότητι δ' ἐκείνῳ συστρατευσάμενος ἐν γήρᾳ τοῖς ἐξ ἐκείνου
βοηθὸς εὔνους παρέστη. τῶν γὰρ παίδων ἐξ ἁπάσης ἐλαυνο-
μένων γῆς ὑπ' Εὐρυσθέως, ἔχων αὐτοὺς ἦλθεν εἰς Ἀθήνας
κἀκεῖ προσφυγὼν τοῖς θεοῖς ἔσχε τὴν ἀσφάλειαν Δημοφῶντος
τῆς πόλεως κρατοῦντος. Κοπρέως δὲ τοῦ Εὐρυσθέως κήρυκος
ἀποσπᾶν θέλοντος τοὺς ἱκέτας ἐκώλυσεν αὐτόν· ὁ δὲ ἀπῆλθε
πόλεμον ἀπειλήσας προσδέχεσθαι. Δημοφῶν δὲ τούτου μὲν
ὠλιγώρει· χρησμῶν δὲ αὐτῷ νικηφόρων γενηθέντων, ἐὰν
Δήμητρι τὴν εὐγενεστάτην παρθένων σφάξῃ, τοῖς λογίοις
βαρέως ἔσχεν· οὔτε γὰρ ἰδίαν οὔτε τῶν πολιτῶν τινος
θυγατέρα χάριν τῶν ἱκετῶν ἀποκτεῖναι δίκαιον ἡγεῖται. τὴν
μαντείαν δὲ προγνοῦσα μία τῶν Ἡρακλέους παίδων, Μακαρία,
τὸν θάνατον ἑκουσίως ὑπέστη. ταύτην μὲν οὖν εὐγενῶς
ἀποθανοῦσαν ἐτίμησαν· αὐτοὶ δὲ τοὺς πολεμίους ἐπιγνόντες
παρόντας εἰς τὴν μάχην ὥρμησαν. ...

Εὐριπίδης Ἡρακλείδαις[1])

ὅστις δὲ τοὺς τεκόντας ἐν βίῳ σέβει
ὅδ' ἐστὶ καὶ ζῶν καὶ θανὼν θεοῖς φίλος·
ὅστις δὲ τὸν φύσαντα μὴ τιμᾶν θέλῃ,
μή μοι γένοιτο μήτε συνθύτης θεοῖς,
μήτ' ἐν θαλάσσῃ κοινόπλουν στέλλοι σκάφος.

τρεῖς εἰσιν ἀρεταὶ τὰς χρεών σ' ἀσκεῖν, τέκνον,
θεούς τε τιμᾶν, τούς τε φύσαντας γονεῖς,
νόμους τε κοινοὺς Ἑλλάδος. καὶ ταῦτα δρῶν
κάλλιστον ἕξεις στέφανον εὐκλείας ἀεί.

τὸ μὲν σφαγῆναι δεινόν, εὔκλειαν δ' ἔχει.
τὸ μὴ θανεῖν δὲ δειλόν, ἡδονὴ δ' ἔνι.

---

[1]) A. *Nauck*, Tragicorum Graecorum Fragmenta, 2. Aufl. 1889. Repr. Hildes-
heim 1964, Nr. 852–854.

Hypothesis zu den „Kindern des Herakles"

Iolaos war Sohn des Iphikles und Neffe des Herakles, dessen
Waffengefährte er in jungen Jahren war; im Alter stand er den
Nachkommen des Herakles als Freund und Schützer zur Seite.
Denn als die Kinder überall von Eurystheus vertrieben worden
waren, kam er mit ihnen nach Athen, flüchtete dort zu den
Göttern und brachte sie so in Sicherheit; der Herrscher der
Stadt war Demophon. Als Kopreus, der Herold des Eurystheus,
die Schutzflehenden wegreißen wollte, hinderte dieser ihn
daran; daraufhin drohte der Herold mit Krieg und ging weg.
Demophon machte sich nichts daraus. Als ihm aber Orakel-
sprüche den Sieg verhießen, wenn er der Demeter die edelste
Jungfrau opfere, erfüllten ihn die Verheißungen mit Sorge; denn
er hielt es nicht für richtig, die eigene Tochter oder die eines
Bürgers um der Schutzflehenden willen zu töten. Als aber eine
der Heraklestöchter, Makaria, den Spruch vorzeitig erfuhr,
nahm sie den Tod freiwillig auf sich. Sie ehrten sie wegen ihres
edlen Sterbens; sie selbst aber brachen zum Kampf auf, als sie
erkannten, daß die Feinde da waren. ...

Angebliche Bruchstücke aus den Herakliden[1]

Wer die Eltern im Leben ehrt,
der ist in Leben und Tod den Göttern lieb,
wer aber den Erzeuger nicht ehren will,
mit dem gemeinsam möchte ich nicht den Göttern opfern
noch mit ihm im selben Schiff fahren.

Drei Tugenden sind es, die du üben mußt, Kind,
die Götter ehren, die Eltern
und die gemeinsamen Gesetze Griechenlands. Dann
wird dir immer der schönste Ruhmeskranz gehören.

Geopfert zu werden ist schlimm, aber es bringt Ruhm.
Nicht zu sterben ist feige, aber es ist angenehm.

---

[1] s, u. S. 272.

Ὑπόθεσις Ἑκάβης

Μετὰ τὴν Ἰλίου πολιορκίαν οἱ μὲν Ἕλληνες εἰς τὴν ἀντιπέραν Τρῳάδος Χερρόνησον καθωρμίσθησαν. Ἀχιλλεὺς δὲ νυκτὸς ὁραθεὶς σφάγιον ᾔτει μίαν τῶν θυγατέρων τοῦ Πριάμου. οἱ μὲν οὖν Ἕλληνες τιμῶντες τὸν ἥρωα Πολυξένην ἀποσπάσαντες Ἑκάβης ἐσφαγίασαν. Πολυμήστωρ δὲ ὁ τῶν Θρᾳκῶν βασιλεὺς ἕνα τῶν Πριαμιδῶν Πολύδωρον ἔσφαξεν. εἰλήφει δὲ τοῦτον παρὰ τοῦ Πριάμου ὁ Πολυμήστωρ εἰς παρακαταθήκην μετὰ χρημάτων. ἁλούσης δὲ τῆς πόλεως, κατασχεῖν αὐτοῦ βουλόμενος τὸν πλοῦτον φονεύειν ὥρμησε καὶ φιλίας δυστυχούσης ὠλιγώρησεν. ἐκριφέντος δὲ τοῦ σώματος εἰς τὴν θάλασσαν, κλύδων πρὸς τὰς τῶν αἰχμαλωτίδων σκηνὰς αὐτὸν ἐξέβαλεν. Ἑκάβη δὲ τὸν νεκρὸν θεασαμένη ἐπέγνω· κοινωσαμένη δὲ τὴν γνώμην Ἀγαμέμνονι, Πολυμήστορα σὺν τοῖς παισὶν αὐτοῦ ὡς ἑαυτὴν μετεπέμψατο, κρύπτουσα τὸ γεγονός, ὡς ἵνα θησαυροὺς ἐν Ἰλίῳ μηνύσῃ αὐτῷ· παραγενομένων δὲ τοὺς μὲν υἱοὺς κατέσφαξεν, αὐτὸν δὲ τῆς ὁράσεως ἐστέρησεν. ἐπὶ δὲ τῶν Ἑλλήνων λέγουσα τὸν κατήγορον ἐνίκησεν· ἐκρίθη γὰρ οὐκ ἄρξαι ὠμότητος, ἀλλ' ἀμύνασθαι τὸν κατάρξαντα.

Ὑπόθεσις Ἀνδρομάχης

I

Νεοπτόλεμος ἐν τῇ Τροίᾳ γέρας λαβὼν τὴν Ἀνδρομάχην, τὴν Ἕκτορος γυναῖκα, παῖδα ἔτεκεν ἐξ αὐτῆς. ὕστερον δὲ ἐπέγημεν Ἑρμιόνην, τὴν Μενελάου θυγατέρα. δίκας δὲ πρῶτον ᾐτηκὼς τῆς Ἀχιλλέως ἀναιρέσεως τὸν ἐν Δελφοῖς Ἀπόλλωνα, πάλιν ἀπῆλθεν ἐπὶ τὸ χρηστήριον μετανοήσας, ἵνα τὸν θεὸν ἐξιλάσηται. ζηλοτύπως δ' ἔχουσα πρὸς τὴν Ἀνδρομάχην ἡ βασιλὶς ἐβουλεύετο κατ' αὐτῆς θάνατον, μεταπεμψαμένη τὸν Μενέλαον· ἡ δὲ τὸ παιδίον μὲν ὑπεξέθηκεν, αὐτὴ δὲ κατέφυγεν ἐπὶ τὸ ἱερὸν τῆς Θέτιδος. οἱ δὲ περὶ τὸν Μενέλαον καὶ τὸ παιδίον ἀνεῦρον καὶ ἐκείνην ἀπατήσαντες ἤγειραν. καὶ σφάτ-

Hypothesis zur Hekabe

Nach der Belagerung Trojas landeten die Griechen auf der Chersones gegenüber der Troas. Nachts wurde Achilleus gesehen; er forderte eine der Töchter des Priamos als Opfer. Die Griechen entrissen daher, um den Helden zu ehren, Polyxena der Hekabe und schlachteten sie als Opfer; Polymestor aber, der König der Thraker, hatte den Priamossohn Polydoros getötet. Er war seiner Obhut von Priamos anvertraut worden, zusammen mit einer Geldsumme. Als aber die Stadt genommen war, wollte er das Vermögen in seinen Besitz bringen, und daher brachte er ihn um und mißachtete den Freundschaftsbund im Unglück. Der Leichnam wurde ins Meer geworfen, die Wellen spülten ihn aber bei den Zelten der gefangenen Frauen ans Land. Als Hekabe den Toten sah, erkannte sie ihn. Sie weihte Agamemnon in ihren Plan ein und schickte nach Polymestor und seinen Kindern, ohne ihn das Geschehene wissen zu lassen, angeblich um ihm in Troja liegende Schätze anzuzeigen. Als sie gekommen waren, tötete sie die Söhne, ihn selbst blendete sie. Mit ihrer Rede vor den Griechen besiegte sie den Ankläger; denn man entschied, sie habe nicht mit der Grausamkeit begonnen, sondern habe sich an dem gerächt, der damit angefangen habe.

Hypothesis zur Andromache

I

Neoptolemos hatte in Troja Andromache, die Gattin Hektors, als Ehrengabe erhalten und hatte ein Kind von ihr. Später heiratete er außerdem Hermione, die Tochter des Menelaos. Nachdem er beim erstenmal Rechenschaft vom delphischen Apollon wegen der Tötung Achills gefordert hatte, kam er ein zweites Mal aus Reue zum Orakel, um den Gott zu versöhnen. Da die Königin auf Andromache eifersüchtig war, plante sie ihren Tod und rief dazu Menelaos herbei. Andromache aber hatte das Kind heimlich in Sicherheit gebracht und war selbst zum Heiligtum der Thetis geflohen. Die Leute des Menelaos fanden jedoch das Kind und brachten jene durch eine List dazu, ihr Asyl zu verlassen. Und als sie die beiden gerade umbringen

τειν μέλλοντες ἀμφοτέρους ἐκωλύθησαν Πηλέως ἐπιφανέντος. Μενέλαος μὲν οὖν ἀπῆλθεν εἰς Σπάρτην, Ἑρμιόνη δὲ μετενόησεν εὐλαβηθεῖσα τὴν παρουσίαν τοῦ Νεοπτολέμου. παραγενόμενος δὲ ὁ Ὀρέστης ταύτην μὲν ἀπήγαγε πείσας, Νεοπτολέμῳ δὲ ἐπεβούλευσεν· ὃν καὶ φονευθέντα παρῆσαν οἱ φέροντες. Πηλεῖ δὲ μέλλοντι τὸν νεκρὸν θρηνεῖν Θέτις ἐπιφανεῖσα τοῦτον μὲν ἐπέταξεν ἐν Δελφοῖς θάψαι, τὴν δὲ Ἀνδρομάχην εἰς Μολοσσοὺς ἀποστεῖλαι μετὰ τοῦ παιδός, αὐτὸν δὲ ἀθανασίαν προσδέχεσθαι. τυχὼν δὲ αὐτῆς εἰς μακάρων νήσους ᾤκησεν.

II

... ἡ μὲν σκηνὴ τοῦ δράματος ὑπόκειται ἐν Φθίᾳ, ὁ δὲ χορὸς συνέστηκεν ἐκ Φθιωτίδων γυναικῶν. προλογίζει δὲ Ἀνδρομάχη. τὸ δὲ δρᾶμα τῶν δευτέρων. ὁ πρόλογος σαφῶς καὶ εὐλόγως εἰρημένος. ἔτι δὲ καὶ τὰ ἐλεγεῖα τὰ ἐν τῷ θρήνῳ τῆς Ἀνδρομάχης. ἐν τῷ δευτέρῳ μέρει ῥῆσις Ἑρμιόνης τὸ βασιλικὸν ὑποφαίνουσα, καὶ ὁ πρὸς Ἀνδρομάχην λόγος οὐ κακῶς ἔχων· εὖ δὲ καὶ ὁ Πηλεὺς ὁ τὴν Ἀνδρομάχην ἀφελόμενος.

wollten, wurden sie durch das Hinzukommen des Peleus ge-
hindert. Menelaos ging daraufhin weg nach Sparta, Hermione
aber wurde von Reue erfaßt, da sie die Rückkehr des Neoptolemos fürchtete. Orestes kam dazu und überredete sie, mit ihm
fortzugehen; auf Neoptolemos aber machte er einen Anschlag;
dann brachte man den Ermordeten. Als Peleus den Toten be-
klagen wollte, erschien Thetis und befahl ihm, er solle den Toten in Delphi begraben, Andromache aber mit dem Kind zu
den Molossern schicken, er selbst werde Unsterblichkeit empfangen. Als sie ihm zuteil geworden war, gelangte er zu den
Inseln der Seligen.

II

... Der Schauplatz des Stückes ist in Phthia, der Chor besteht
aus Einwohnerinnen von Phthia. Den Prolog spricht Andromache. Das Stück gehört zu den zweitrangigen. Der Prolog
führt eine klare und konsequente Sprache, ebenso die elegi-
schen Verse in der Klage der Andromache. Im zweiten Teil
eine Rede der Hermione, die den Königsstolz hervortreten läßt,
auch die an Andromache gerichtete Rede ist nicht schlecht.
Gut auch Peleus, als er Andromache befreit.

Zu Text und Übersetzung[1])

Die Aufführungsdaten der drei in diesem Band enthaltenen Stücke sind nicht bekannt. Auf Grund inhaltlicher und stilistischer Kriterien setzt man heute die Herakliden in die Zeit von 430–427, Andromache und Hekabe in die mittleren Jahre desselben Jahrzehnts. Der Spielraum bleibt groß, so daß sich keine sichere Chronologie ergibt. Hier ist die Reihenfolge beibehalten, die Buschor selbst für den Druck gewählt hatte.

In seinem Nachwort zu den Herakliden nennt Buschor das Stück eine „der Vollendung nahe Skizze". Er tritt damit der These entgegen, das Stück sei verstümmelt und liege uns nur in einer späteren, gekürzten Bearbeitung vor. Die Herakliden sind in der Tat auffallend kurz, und in spätantiken Anthologien werden ihnen einige Verse zugewiesen, die sich im überlieferten Text des Stückes selbst nicht finden (s. o. S. 266). Der Hinweis der Hypothesis, man habe Makaria „geehrt", scheint überdies den Schluß nahezulegen, daß wirklich etwas ausgefallen ist, etwa eine Klageszene und ein Bericht vom Tod des Mädchens. Das Problem kann hier nicht weiter erörtert werden; es sei nur auf folgende Punkte hingewiesen: die antiken Inhaltsangaben sind häufig ungenau, die Quellenangaben der Anthologien sind nicht zuverlässig, das Drama ist vom Inhalt her nicht lückenhaft. Unabweisbar ist nur die Kürze des Stücks, die kaum sehr weitreichende Schlüsse erlaubt. Man geht daher heute nicht einmal mehr so weit wie Buschor mit seiner vorsichtigen Auffassung, sondern läßt die Herakliden fast ohne Einschränkung als komplette Tragödie gelten.

Die Übersetzung ist wie im ersten Band unverändert abgedruckt, abgesehen von kleineren, offenbar technisch bedingten Versehen. Soweit diese einen Sinnunterschied ausmachen, ist in den Anmerkungen darauf hingewiesen. Wenn darüber hinaus gelegentlich Vorbehalte gegenüber Buschors Übertragung einzelner Stellen geäußert werden, ist zu berücksichtigen, daß

---

[1]) Vgl. auch die Bemerkungen in Band I.

Buschor möglicherweise Zweifel an der Richtigkeit des griechischen Textes gehabt hat oder daß er in der Übersetzung eine Interpretation zum Ausdruck bringen wollte, die sich aus dem Text nicht ohne weiteres ablesen läßt. Obwohl er sich bei diesen drei Stücken sehr viel direkter an das Original anschließt als bei der Medeia, gilt für ihn doch immer das Prinzip, Freiheit im Äußeren walten zu lassen, um desto größere Strenge im Wesentlichen anzuwenden. So werden Einzelheiten manchmal in einer Weise umgesetzt, die sich rein sprachlich kaum rechtfertigen läßt, die in der Wirkung jedoch einen Gesamteindruck ergibt, der dem Text besser entspricht als eine pedantische Wiedergabe der Einzelheiten. Daß es dabei zu Gewagtheiten kommt, mag ein einfaches Beispiel zeigen. Hekabe 310 übersetzt Buschor „Der größte Held starb für sein Griechenland", im Text bezieht sich der Superlativ jedoch auf das Verbum, wörtlich „Der Mann, der aufs Schönste für Griechenland starb". Wir dürfen bei „größte" also nicht – was an sich naheliegt – an den überragenden Kämpfer Achill denken, sondern nur an seinen Tod, worauf man ohne Befragung des Textes sicher nicht kommen würde. Daß Buschor hier der wörtlichen Übersetzung so offenkundig und riskant aus dem Wege geht, hat seinen guten Grund; denn sie ist mißverständlich. Der Superlativ meint nicht speziell das Todesereignis, sondern die Tatsache des Sterbens überhaupt, und das heißt, der Superlativ bestimmt das Verbum nicht an sich, sondern nur im Hinblick auf das Subjekt, damit aber rückt das Ganze bereits näher an Buschors Übersetzung heran.

Die grundsätzliche Eigenständigkeit, mit der Buschor das im Text Gemeinte zum Ausdruck bringt, und seine insgesamt konservative Haltung gegenüber dem Text verbieten es, aus seiner Übersetzung allzu rasch auf Konjekturen zu schließen. Daher ist auch dort, wo eine vorgeschlagene Konjektur der Übersetzung am nächsten steht, nach Möglichkeit der überlieferte Text beibehalten worden. Eine Übersetzung hat die Freiheit, das auszudrücken, was der Textkritiker als Verbesserung vorschlagen möchte. Andromache 593 schreibt Buschor „ohne

Wächter" statt des überlieferten „ohne Sklaven" und scheint sich damit auf eine naheliegende und längst vorgeschlagene Konjektur zu stützen. Die Sklaven werden aber in diesem Zusammenhang allein wegen ihrer Aufpasserfunktion genannt, und es würde Buschor durchaus entsprechen, statt der wenig besagenden allgemeinen Bezeichnung die spezifische Funktion herauszuheben. Sicherheit läßt sich in solchen Fällen der Natur der Sache nach nicht gewinnen.

Der hier abgedruckte Text bleibt ganz im Rahmen dessen, was die heutigen Editionen bieten. Er weicht - abgesehen von Orthographie und Interpunktion - nur an wenigen Stellen von den beiden gängigen Gesamtausgaben ab (s. Literaturhinweise). Es folgt eine Liste der Verse, in denen eine inhaltlich relevante Abweichung von der Oxford-Ausgabe vorliegt; in den weitaus meisten Fällen handelt es sich dabei um die Lesart der französischen Ausgabe:

Herakliden: 103, 144, 171, 184, 218, 223, 227, 384, 396, 406, 438, 513, 592, 614, 634, 643, 657, 751, 754, 771, 969, 1038,

Hekabe: 75, 163f., 187, 454, 655, 665, 794, 822, 901, 917, 1047, 1059, 1100.

Andromache: 289, 293, 305, 334, 512, 1024, 1222.

Zur Metrik

Als metrische Einheiten werden benutzt:

ia	= Iambus	ᴗ–
		nur paarweise, Varianten ᴗ̆ ‾‾ ᴗ ‾‾
tr	= Trochäus	– ᴗ
		nur paarweise, Varianten – ᴗ – ᴗ̆
da	= Daktylus	– ᴗ ᴗ
		Varianten – ‿‿
an	= Anapäst	ᴗ ᴗ –
		Varianten ‿‿ ‾‾

cr = Creticus   – ∪ –
                        gelegentlich statt einer Länge zwei
                        Kürzen

ch = Choriambus   – ∪ ∪ –
                        gelegentlich statt einer Länge zwei
                        Kürzen

ba = Bakcheus   ∪ – –
                        Schlußsilbe gelegentlich kurz

reiz = Reizianus   ∪ – ∪ – –
                        Schlußsilbe gelegentlich kurz; die viel-
                        fältigen Varianten, die gewöhnlich un-
                        ter diesem Namen zusammengefaßt
                        werden, werden dagegen nicht verwen-
                        det

hyp = Hypodochmius   – ∪ – ∪ –
                        keine Varianten

do   = Dochmius   ∪ – – ∪ –
                        bei Reihenbildung mit vielen Varianten
                        ∪͞ ͞∪∪ ͞∪∪ ∪͞ –

hem = Hemiepes   – ∪ ∪ – ∪ ∪ –
                        Doppelkürze durch Länge ersetzbar

gl = Glykoneus   – ∪ – ∪ ∪ – ∪ –
                        Einfachkürze durch Länge ersetzbar

Zusätzliche Silben (als Auftakt, Verbindung oder Abschluß)
werden durch – oder ∪ oder × (Länge, Kürze, Länge oder
Kürze) gekennzeichnet. Eine Minussilbe (d. h. das Fehlen einer
Silbe am Anfang oder Ende einer metrischen Einheit) wird
durch ∧ angezeigt.
Hochgestellte Ziffern geben die Zahl der Einheiten an. Bei
anapästischer Reihenbildung werden Versvarianten wie an² und
an⁴ ∧ gewöhnlich nicht gesondert angegeben.

Literaturhinweise

Ausgaben

Euripidis tragoediae, hrsg. v. *A. Nauck*, 2 Bde, 3. Aufl. Leipzig 1871 (von Buschor herangezogen, im ganzen jedoch veraltet).

Euripidis fabulae, hrsg. v. *G. Murray*, 3 Bde, Oxford 1902–1910 (zur Zeit die führende und am weitesten verbreitete Ausgabe).

Euripide, hrsg. m. franz. Übers. v. *L. Méridier, L. Parmentier, H. Grégoire* u. a., (bisher) 6 Bde, Paris 1923 ff. (teilweise bereits in verbesserter Neuauflage erschienen).

Kommentare

Euripide Ecuba, testo e comm. a cura di *A. Garzya*, Napoli 1955.

Euripides Andromache, edited with introduction and commentary by *P. T. Stevens*, Oxford 1971.

Sekundärliteratur

E. Delebecque, Euripide et la guerre du Péloponnèse, Paris 1951.

W. H. Friedrich, Euripides und Diphilos, München 1953.

G. M. A. Grube, The Drama of Euripides, 2. Aufl. London 1961.

A. Lesky, Die tragische Dichtung der Hellenen, 3. Aufl. Göttingen 1972.

E.-R. Schwinge, Die Verwendung der Stichomythie in den Dramen des Euripides, Heidelberg 1968.

W. Steidle, Studien zum antiken Drama, München 1968.

H. Strohm, Euripides, München 1957.

W. Zürcher, Die Darstellung des Menschen im Drama des Euripides, Basel 1947.

G. Zuntz, The Political Plays of Euripides, Manchester 1955.

Euripides, hrsg. v. *E.-R. Schwinge*, Darmstadt, 1969, ‚Wege der Forschung' (Sammlung von Aufsätzen verschiedener Verfasser, Bibliographie).

Hilfsmittel zu Metrik und Mythologie

B. Snell, Griechische Metrik, 3. Aufl. Göttingen 1962.

D. Korzeniewski, Griechische Metrik, Darmstadt 1968.

H. Hunger, Lexikon der griechischen und römischen Mythologie, 6. Aufl. Wien 1969.

H. J. Rose, Griechische Mythologie, 3. Aufl. München 1969.

DIE KINDER DES HERAKLES

36 König Pandion von Athen war der Großvater des Theseus.
55 Euripides hat statt ‚Kopreus' wahrscheinlich nur ‚Herold'
geschrieben.
71 Das äußere Zeichen der Schutzsuchenden sind Zweige, die
mit wollenen Binden umwunden sind.
75 Die Strophengliederung ist zweifelhaft. Eine exakte Entsprechung ergibt sich nur, wenn man je eine Lücke nach 76
(1 Vers) und 110 (5 Verse) annimmt. wozu vom Inhalt her kein
Anlaß besteht.
80 Tetrapolis, ein alter Name für die Gegend von Marathon.
103 Text unsicher. Buschor gibt den Sinn wieder, der hier zu
erwarten ist.
104 Dike ist die Göttin der Gerechtigkeit und des Rechts.
110 s. zu 75.
192 Trachis, ein Ort im südlichsten Thessalien, westlich der
Thermopylen. Die Herakliden hatten dort vergeblich Schutz
gesucht.
200 Das letzte Wort des Textes ist ergänzt.
207 Alkmenes Mutter war nach dieser Version eine Tochter
des Pelops.
217 Eine Anspielung auf zwei der zwölf berühmten Arbeiten
des Herakles. 1) Theseus half ihm, den Gürtel der Amazonen-
königin Hippolyte zu gewinnen. 2) Als Herakles in die Unter-
welt eindrang, um den Kerberos (das dreiköpfige Ungeheuer,
das den Ausgang bewachte) heraufzuholen, fand er dort Theseus gefangen vor und befreite ihn; Theseus hatte mit seinem
Freund Peirithoos versucht, die Gattin des Unterweltherrschers
zu rauben.
223 Text unsicher.
233 Tyche ist das Schicksal, das den Menschen ohne sein
Zutun oder Verschulden trifft; daher steht es dem Zufall nahe.
238 Zeus, der höchste der olympischen Götter, ist der Wahrer
des Rechts. Als Zeus Hikesios (s. Hekabe 345) ist er der Schützer der Bittflehenden und Schutzsuchenden.
275 Der Name des Kriegsgottes steht für die Kriegsmacht.
278 Wörtlich: „an den Grenzen des Alkathoos". Alkathoos
ist der Lokalheros von Megara.

299 „und Ehe mit Edlen. Nicht lob ich den, der sich mit Un-
edlen einläßt, für die Kinder Schimpf der Lust wegen". Die
Warnung vor falscher Ehe ist hier sinnlos.

310 Nach dem Tod des Eurystheus versuchen die Herakliden,
ihre Heimat, die Peloponnes, zurückzuerobern; es gelingt ihnen
in der dritten Generation nach Hyllos (vielleicht ein mythischer
Reflex der dorischen Wanderung). Der spätere Krieg Spartas
gegen Athen (der peloponnesische Krieg) kann daher als Akt
der Undankbarkeit gedeutet werden.

312 Der Text ist verständlich, aber etwas knapp; möglicherweise ist ein Vers ausgefallen, in dem dann die explizite Entsprechung für Buschors „habt" und „Athen" gestanden haben
müßte.

351 Im Gegensatz zu Hera ist Athene eine Kriegsgottheit. Die
Bedeutung ihres Beinamens Pallas ist dunkel.

361 Eurystheus.

362 Die Übersetzung ist hier problematisch; derjenige, der „in
andere Stadt" kommt, ist nach dem Text nicht Iolaos, sondern
der Herold. Wörtlich: „Der du... kommst, willst, ein Fremder,
die Schutzflehenden mit Gewalt fortreißen".

371 Eirene ist im Mythos Tochter des Zeus und der Themis.
Bei aller Einseitigkeit, mit der die Euripides in den Herakliden zugunsten Athens gegen Sparta Stellung nimmt, wird er doch
nicht zum Parteigänger des Perikles, der nach Thukydides aus
machtpolitischen Gründen den Krieg gegen Sparta für notwen-
dig hielt; Euripides mahnt zum Frieden.

384 Text unsicher.

396 Text unsicher.

402 Diese übliche Umstellung ist nicht über jeden Zweifel erhaben. Verdächtig ist die Ähnlichkeit zu 405.

408 Kore ist Persephone, die Gattin des Unterweltsgottes
Hades.

513 Text am Anfang unsicher. Der ganze Satz ist ironisch,
wörtlich: „Es wäre wahrhaftig schöner, wenn – was nie geschehen möge – die Stadt erobert würde, in die Hände der
Feinde zu fallen und dann als Tochter eines edlen Vaterss
Schmach zu leiden und um nichts weniger zu sterben" (als
wenn sie jetzt freiwillig stirbt).

577 Bei anderer syntaktischer Beziehung: „Rette sie vor dem
Tod, wende darauf deinen Eifer!"

583 Statt „Wovon… sich trennen muß" könnte auch übersetzt werden „Wofür ich sterbe".

606 Wörtlich: „Wenn der Spruch nicht ausgeführt würde, könnte ich nicht leben; denn das Übel wäre noch größer (weil dann alle Kinder verloren wären). Aber ein Unglück ist auch dies (die jetzige Lösung)."

614 „Bettler" wörtlich nach der Überlieferung, die dem Versmaß widerspricht. Hier im Text daher eine Konjektur „ungeehrt", die jedoch auch hinter Buschors „Bettler" stecken kann.

629 An dieser Stelle hat man die Lücke vermutet, in der u. a. der Bericht vom Tod Makarias gestanden haben soll. Vgl. S. 272.

630 Wenn Buschor die übliche griechische Form Iolaos und das französische Iolas aus metrischen Gründen nebeneinander benutzt (ebenso Menelaos und Menelas in der Andromache), folgt er Euripides, der je nach der Stelle im Vers die ionische oder attische Form schreibt.

657 „rief" beruht auf einer Konjektur, die nicht zweifelsfrei ist. Für den Sinn ist das Problem unerheblich.

689 Statt „Die Feinde stoßen" hat die Überlieferung „ich stoße".

710 Im Text ist ein Versfuß ausgefallen.

730 „schlechter Vogelflug", im Sinne von „schlechtes Vorzeichen".

742 Weil König Hippokoon von Sparta einen seiner Verwandten getötet hatte, war Herakles gegen ihn zu Felde gezogen.

748 Selene ist der Mond, Helios die Sonne. Olympos ist der überirdische Göttersitz, hier für „Himmel", das auch im Text steht.

750 Auch 750, 752, 754, 757 sind nur Varianten von gl$\wedge$, gl oder $\wedge$gl$\wedge$. Beim Glykoneus im weiteren Sinne sind die beiden ersten Silben frei („äolische Basis"). Daraus erklären sich die metrischen Abweichungen der Gegenstrophe in 763 ($\cup$- statt $\cup\cup$), 765 ($\cup$ statt -) und 777 ($\cup$- statt --).

753 „Höchsten", Buschor denkt hier anscheinend an Zeus; andere verstehen 753 und 754 (mit etwas anderer Lesart) zusammen als Hinweis auf den Parthenon-Tempel auf der Akropolis von Athen.

769 „Götter" beruht auf einer (auch aus metrischen Gründen

notwendigen) Ergänzung, andere übersetzen etwa: „Nie sollen, geht es nach uns, die Götter (als Vertreter der Gerechtigkeit) den Menschen (der Macht Argos') unterliegen.

770   Die Göttin Athene.

785   Der Text ist problematisch.

793   Der Text ist umstritten. Buschor nimmt anscheinend an, daß Iolaos mit auf die Bühne kommt. Wahrscheinlicher ist hier eine Frage nach dem Ergehen des Iolaos, die allerdings eine Textänderung nötig macht.

805   Statt der Lücke, die Buschor nach anderen annimmt, könnte auch eine Textstörung in 806 vorliegen.

822   Dieser Hinweis auf ein Menschenopfer ist zu Recht angezweifelt worden. Als Anspielung auf den Tod der Makaria wäre er sehr knapp, ganz abgesehen davon, daß der Opfertod der Makaria nicht ohne weiteres mit der üblichen Schlachtung von Opfertieren vor dem Kampf gleichgesetzt werden darf.

830   Tyrsenos (Tyrrhenos), der Stammvater der Tyrsener (Etrusker), galt als der Erfinder der Tuba und ähnlicher Blasinstrumente.

838   Der Genetiv am Schluß des Verses ist problematisch und umstritten.

849   Pallene, ein Ort östlich von Athen, mit einem Athene-Heiligtum.

851   Hebe ist die Göttin der Jugend. Sie wurde Herakles vermählt, als er nach seinem Tode unter die Götter aufgenommen wurde (s. 915).

860   „Skirons Riff", ein Felsen am Saronischen Golf, westlich von Megara. Eurystheus ist auf seiner Flucht also fast bis zum Isthmos von Korinth gelangt.

884   Der Anfang des Verses ist angezweifelt worden.

893   Der Text ist verstümmelt. Buschor trifft zweifellos den richtigen Sinn.

899   Moira, das zuvor festgesetzte unausweichliche Schicksal. Aion steht häufig für die ewige Zeit, Chronos ist allgemein die Zeit.

915   s. zu 851. Hymenaios ist der Gott der Hochzeit.

920   Athene hatte Herakles bei seinen Taten öfter beigestanden.

941   Buschor faßt mit „geschickt" zwei Verben zusammen: „kommen" und „ergreifen".

969 Der am Schluß unsichere Text ist nach Alkestis 18 hergestellt.

987 Eurystheus' Vater Sthenelos und Alkmenes Vater Elektryon waren Söhne des Perseus und der Andromeda. Hera verfolgte Herakles schon vor seiner Geburt: sie überlistete Zeus und erreichte, daß Eurystheus statt Herakles Herrscher von Mykenai wurde.

997 Die Übersetzung ist problematisch. Wörtlich: „da ich wußte, daß dein Sohn nicht der Zahl nach (= nominell), sondern wirklich ein Mann war".

1030 Das Grab des Eurystheus lag im megarischen Gebiet unweit des Skironischen Felsens, also etwa dort, wo hier im Stück Eurystheus gefangen genommen wird (s. zu 860).

1038 „fragte nichts nach", beruht auf einer Konjektur (wörtlich: „scheute nicht"), der überlieferte Text deutet eher auf eine unterlassene Orakelbefragung hin.

1050 Daß Eurystheus den Hunden vorgeworfen werden soll, verträgt sich nicht recht mit Alkmenes Angebot, den Leichnam den Angehörigen zu überlassen.

HEKABE

3 Kisseus, ein thrakischer König. Bei Homer heißt Hekabes Vater Dymas.

75 In den Versen 75 f. sind im Text einige Wörter gestrichen, da sich sonst unerträgliche Verdoppelungen ergeben würden. Vielleicht sind zwei verschiedene Versionen ineinander geraten.

88 Hekabes Sohn Helenos besaß wie ihre Tochter Kassandra die Sehergabe.

102 Ilion hieß Troja nach Ilos, einem Sohn des Tros; Priamos war sein Enkel.

121 Kassandra war nach der Eroberung Trojas Agamemnon als Beute zugefallen. Bakchen heißen die Frauen im Gefolge des Dionysos; die Seherekstase Kassandras und deren rauschhaftes Gebaren werden hier gleichgesetzt.

123 „Theseussöhnen", die in den Herakliden auftretenden Brüder Demophon und Akamas. Warum ausgerechnet Athen die zweifelhafte Rolle zugewiesen wird, das Menschenopfer zu befürworten, ist aus dem Stück nicht zu ersehen und überrascht nach dem Athen-Bild in den Herakliden.

131 Odysseus.

154 Die exakte metrische Entsprechung zu 197 ff. läßt sich nur durch Eingriffe in den Text herstellen; sie ist hier nicht durchgeführt. Es handelt sich um sogenannte lyrische oder Klage-Anapäste, die gegenüber den vorausgegangenen Rezitations- oder Marsch-Anapästen größere Freiheit aufweisen und mit anderen Metren gemischt werden können.

163 Text unsicher, auch in 164.

175 Die Echtheit dieser beiden Verse wird vielfach angezweifelt; sie haben keine Entsprechung in der Gegenstrophe. Buschor löst den syntaktischen Zusammenhang auf, wörtlich: „Damit du weißt, welches Gerücht ich über dein Leben gehört habe."

206 Von „Höhlen" ist im Text nicht die Rede; Buschor geht anscheinend von einer Konjektur aus (die paläographisch unproblematisch wäre).

239 Eine (nicht in der Ilias erzählte) Episode des trojanischen Krieges. Odysseus hatte sich in die Stadt eingeschlichen, um ein Bildnis der Göttin Athene (das Palladion) zu rauben, von dessen Besitz die Eroberung Trojas abhing. Helena erkannte ihn trotz seiner Verkleidung.

269 Helena wuchs als Tochter des Spartanerkönigs Tyndareos und der Leda auf, als ihr eigentlicher Vater galt Zeus.

310 s. o. S. 273.

325 Ida, ein Gebirge in der Gegend von Troja.

350 Die Phryger, ein Volksstamm im nordwestlichen Kleinasien, werden in der Dichtung oft mit den Troern gleichgesetzt.

388 Achilleus wurde durch einen Pfeilschuß des Paris getötet.

413 „Vernimm mein letztes Wort", von Buschor anscheinend versehentlich ausgelassen.

450 „am Dorischen Stand", also auf der Peloponnes. Phthia in Thessalien war die Heimat Achills.

458 Auf der Insel Delos brachte Leto Artemis und Apollon zur Welt; dabei umklammerte sie den Stamm einer Palme.

467 Zum athenischen Fest der großen Panathenäen (das alle vier Jahre stattfand) wurde ein Gewand für das Kultbild der Göttin Athene gewebt. Krokus ist Safran. Die Titanen sind die den olympischen Göttern vorausgehende Göttergeneration; ihr Anführer Kronos ist Vater des Zeus.

490 „falsch, im Glauben, es gebe Götter", der Vers durchbricht die Konstruktion des Satzes.

555 „Kaum hörten sie die Stimme, da ließen sie sie los; denn seine Macht war sehr groß." Die beiden Verse gelten allgemein als unecht; der Situation ist ein Hinweis auf die Befehlsgewalt Agamemnons kaum angemessen.

614 „Was kann mir noch geschehen" trifft kaum den Sinn; eher ein Ausdruck der Ratlosigkeit, etwa: „Was bleibt mir anderes übrig".

632 Alexandros ist ein anderer Name des Paris.

642 Simoeis, ein Fluß bei Troja, Paris wuchs bei Hirten im Ida-Gebirge auf. Dort entschied er den Streit der Göttinnen Hera, Athene und Aphrodite (Urteil des Paris) und verursachte dadurch den trojanischen Krieg.

650 Am Fluß Eurotas lag Sparta.

728 Die Namen der Argiver (die Einwohner von Argos bzw. der umliegenden Landschaft Argolis) und der Achäer (ein griechischer Volksstamm) stehen oft für die Griechen insgesamt.

764 Priamide = Sohn des Priamos.

786 Tyche, s. zu Herakliden 233.

807 „Rechner", überliefert ist „Maler". Buschor scheint an eine spätere Bedeutung „Schreiber" oder „Sekretär" zu denken. Andere lesen hier „Schiedsrichter". Im Text ist das Distanznehmen explizit ausgedrückt, was gut zum Bild des Malers paßt, der sein eigenes Werk begutachtet.

816 Peitho ist die Göttin der Überredung. 1187 ff. äußert Hekabe sich weniger günstig über den Nutzen der Redekunst.

825 Kypris ist ein Beiname Aphrodites, der Göttin der Liebe.

831 „Aus Dunkel und nächtlichem Liebesbeweis entsteht den Menschen die größte Zuneigung." Die Verse sind gedanklich und syntaktisch isoliert.

838 Daidalos, der Erbauer des Labyrinths auf Kreta, galt als Erfinder schlechthin, er soll u. a. Statuen erfunden haben, die laufen (und nach dieser Stelle vielleicht auch sprechen) konnten.

886 Die fünfzig Töchter des Danaos (die Danaiden) wurden gegen ihren Willen mit den fünfzig Söhnen des Aigyptos verheiratet; sie töteten ihre Männer in der Hochzeitsnacht. Die Bewohnerinnen der Insel Lemnos hatten alle Männer getötet und lebten in einem Frauenstaat.

905 Zur Metrik vgl. zu Herakliden 750.

933 „Dorermädchen", d. h. wie eine spärlich bekleidete Sport-
lerin, s. zu Andromache 598.
943 Die Dioskuren sind die Zwillingsbrüder Kastor und Poly-
deukes (Pollux).
1008 „Haus", ein Athene-Tempel.
1056 Ob Polymestor kriecht, ist fraglich. In 1059 ist der Text
unsicher; möglicherweise ist dort nicht von der Fortbewegung
auf allen Vieren, sondern vom Verfolgen einer Spur die Rede.
1068 Die Sonne als der Spender allen Lichts galt auch als der
Ursprung der Sehkraft.
1077 Die Bakchen, die Frauen im Gefolge des Dionysos, zer-
rissen in der Ekstase Tiere und verstreuten die Glieder. Auf
diese Weise töteten sie auch den Sänger Orpheus und König
Pentheus von Theben.
1087 Dublette zu 723.
1091 Atriden heißen Agamemnon und Menelaos nach ihrem
Vater Atreus.
1110 Die Nymphe Echo ist die Personifikation des Widerhalls.
1153 Die Edonen, ein thrakischer Volksstamm; ihre bunten
Prunkmäntel waren berühmt.
1185 „Wir sind viele, die einen hassenswert, die anderen (die
guten) wiegen die Zahl der schlechten auf." Wegen der unbe-
holfenen Formulierung sind die beiden Verse nicht zu halten.
1199 „echte Hilfe", im Text steht nur „befreundet".
1236 „Wir werden sagen müssen, daß du als Schlechter die
Schlechten liebst." Die beiden Verse sind von Buschor anscheinend versehentlich ausgelassen worden.
1267 Dionysos war ursprünglich eine thrakische Gottheit. Er
besaß Orakelstätten.
1273 Das Kap Kynossema („Hundsgrab") am Hellespont.
1278 Klytaimestra ist die Tochter des Tyndareos, ihre Halb-
schwester ist Helena.

ANDROMACHE

1 Andromache ist die Tochter des Königs Eetion von Thebe
in Kilikien.
7 „gibt es als ich und wird es je geben", der Vers setzt einen
anderen syntaktischen Zusammenhang voraus.
14 Neoptolemos ist der Sohn Achills und der Deidameia, der

Tochter des Königs Lykomedes auf der Insel Skyros. Neoptolemos ist dort geboren und aufgewachsen.

16 Phthia, die Heimat Achills, lag wie Pharsalos in Thessalien. Peleus gewann Thetis, eine Tochter des Meergottes Nereus, durch einen Ringkampf, bei dem sie sich in verschiedene Gestalten verwandelte.

40 „Menelas", s. zu Herakliden 630.

51 Loxias ist ein Beiname Apollons; er stand im trojanischen Krieg den Trojanern bei und lenkte den Pfeil des Paris, der Achill tötete.

75 Buschors „ihr" statt „dir" beruht wohl auf einem Diktatfehler.

98 Daimon ist hier das Schicksal.

103 Elegische Distichen sind in der Tragödie ganz ungewöhnlich.

106 Der Name des Kriegsgottes steht für die Kriegsmacht.

123 Der Text befriedigt nicht und ist vielleicht gestört. Die Übersetzung gibt das wieder, was man hier erwarten muß.

141 „ilische" = troische, s. zu Hekabe 102.

144 Wörtlich: „Doch aus Furcht schweigen wir – wenn auch voll Mitleid – damit Hermione nicht sieht, wie..."

145 Hermiones Mutter ist Helena, vgl. zu Hekabe 269.

167 Acheloos heißt ein großer Fluß in Westgriechenland (also nicht bei Phthia). Der berühmte Name steht hier metonymisch für „Flußwasser".

169 Wörtlich: „Priamos und sein Gold".

204 Andromache meint nicht ihr jetziges Sklavendasein, sondern weist in ironischer Frage auf ihre frühere tatsächliche, den Griechen feindliche Macht hin.

210 Skyros, s. zu 14.

220 Eine der wenig freundlichen Bemerkungen des Euripides über die Frauen. Buschor wird hier zu massiv, wörtlich: „Wir leiden mehr als die Männer an dieser Krankheit."

255 Buschors „dein" statt „mein" ist zwar sprachlich möglich, bringt aber eine Pointe hinein, die der Text nicht hergibt, vermutlich ein bloßer Diktatfehler.

272 „Gift", im Sinne von Heilmittel.

274 Der Gott Hermes geleitete Hera, Athene und Aphrodite zu Paris, als er ihren Streit entscheiden sollte (Parisurteil).

289 Der Text wird angezweifelt.

294 Text unsicher. Die Überlieferung hat „Paris".

297 Die Priamostochter Kassandra hatte das Unglück, das Paris über Troja bringen sollte, vorausgesagt, aber niemand wollte auf sie hören.

305 Text unsicher.

324 Während Menelaos bei Homer ein tapferer Kriegsheld ist, wird er in der Tragödie öfter als Mann von zweifelhaftem Charakter dargestellt.

330 „Nach außen glänzen, die als verständig gelten, innen sind sie allen Menschen gleich, Reichtum ausgenommen. Das aber vermag viel." Gedankliche Dublette zu 319–323.

397 „Aber was klage ich darüber und kümmere mich nicht um das näherliegende Unglück." Die Streichung ist zweifelhaft.

437 Am Fluß Eurotas lag Sparta.

439 Wörtlich: „Glaubst du, daß Götter keine Götter sind und daß sie nicht strafen?"

476 Text unsicher. Aber es sind jedenfalls Streitigkeiten auf dem Gebiet der Dichtkunst gemeint.

479 Die Aufteilung auf Chorführer und Chor ist nicht zwingend.

512 Die Überlieferung hat den Singular, also „tot bei der Toten".

593 „ohne Wächter", s. o. S. 273 f. Menelaos befand sich auf einer Reise nach Kreta.

595 Buschors „Hure" ist zu eindeutig, wenn auch in der Schärfe angemessen.

598 Die knappe Bekleidung der sporttreibenden spartanischen Mädchen war für die Athener anstößig. Vgl. Hekabe 934.

603 „Herd" trifft nicht ganz. Zeus ist unter dem Beinamen Philios Schützer der Freundschaft und der verwandtschaftlichen Beziehungen.

625 Die Opferung der Iphigenie, als die griechische Flotte vor der Abfahrt nach Troja wegen der Windstille in Aulis festlag.

626 „Verlust", d. h. wenn Helena nicht zurückgewonnen wird.

631 Kypris ist ein Beiname Aphrodites, der Göttin der Liebe.

636 Wörtlich: „und wenn er dreimal Bastard wäre".

650 Die Flüsse Nil und Phasis stehen für die äußersten Grenzen im Süden und Nordosten.

668 „Sieh auch folgendes: Wenn du deine Tochter einem Mann gäbst und ihr geschähe das, würdest du ruhig bleiben?

Gewiß nicht. Wegen einer Fremden streitest du mit befreunde-
ten Verwandten? Und wahrhaftig, Mann und Frau zählen
gleich, wenn der Frau vom Mann Unrecht geschieht oder wenn
der Mann eine törichte Frau hat. Er hat selbst die Macht, sie
aber ist auf Eltern und Verwandte angewiesen. Ist es also nicht
gerecht, wenn ich den Meinen helfe?" Die Partie wird wegen
des angeblich schwachen und verworrenen Inhalts verdächtigt,
die Streichung ist kaum gerechtfertigt.

683 „Gemeinsamkeit", im Sinne von Erfahrung, Umgang.

687 Peleus hatte seinen Halbbruder Phokos getötet.

730 Buschors „wegen der Gewalt" ergibt einen guten Sinn
(„ich kam nicht, um meine Absicht gewaltsam durchzusetzen"),
andere verstehen hier „ich kam gezwungen" oder „ich kam
nicht im eigenen Interesse".

789 Aiakos ist der Vater des Peleus. Die Lapithen sind ein
thessalischer Volksstamm, dessen Kampf mit den pferdegestal-
tigen Kentauren berühmt war. Peleus wurde bei anderer Gele-
genheit von den Kentauren hinterrücks überfallen. Argo hieß
das Schiff Jasons bei der Fahrt nach dem goldenen Vlies
(Argonauten). Symplegaden hießen zwei bewegliche Felsen,
zwischen denen die Argonauten hindurchfahren mußten. Das
war nur unter großer Gefahr möglich, da die Felsen in regel-
mäßigen Abständen gegeneinanderschlugen. Herakles war zur
Zeit des Königs Laomedon (Vater des Priamos) gegen Troja
gezogen.

816 „Henkerstrick", der Strick, mit dem Hermione sich er-
hängen wollte.

863 s. zu 789.

877 „Schande", weniger wegen ihres Verhaltens als überhaupt wegen ihres Auftritts in der Öffentlichkeit.

880 Text unsicher.

886 Dodona in Epirus im Nordwesten Griechenlands.

894 „Opferbinden", s. zu Herakliden 71.

900 Nach dem Muttermord hatte Apollon Orestes beigestanden.

934 Hera ist die Schützerin der Ehe.

936 „Sirenen", nach den Sirenen der Odyssee, die durch ihren
betörenden Gesang die Seeleute ins Verderben lockten.

937 „die listige Niedertracht bunten Geschwätzes", zur Streichung besteht kein zwingender Grund.

9644 „Brief", der ihn herbeirief.

9855 Nach den Handschriften gehören die beiden Verse noch Orest.

10002 „Vergeblich heischte", wörtlich: „zu seinem Unheil wird ihm seine (frühere) Forderung nach des Vaters Blut ausschlagen".

10009 Apollon und Poseidon hatten die Mauern Trojas erbaut.

10114 Text unsicher.

10119 Simoeis, ein Fluß bei Troja.

10335 Buschor hält anscheinend das erste Wort für verdorben und setzt mit „verließ" das im Satz fehlende Verbum ein.

10655 „in des Phoibos Hain", also im Heiligtum des Apollon.

10775 Orestes.

10891 Moira, das unausweichliche Schicksal.

10995 Bei seinem früheren Besuch war Neoptolemos gewalttätig geworden.

11000 Parnassos, das Gebirge bei Delphi, der berühmte Musensitz.

11115 Es ist umstritten, ob Orest bei dem Mord selbst dabei war.

11339 „Trojanersprung", vielleicht ein spezieller Angriffssprung (vgl. den „thessalischen Trick" in Phönissen 1407f.) oder nach dem berühmten Sprung Achills, mit dem er vom Schiff herab troischen Boden betrat.

11417 „einer", Apollon.

11832 „ein Daimon", gemeint ist entweder ein Gott oder das Schicksal.

11888 Der Text dieser Strophe ist unbefriedigend.

11997 Die Verteilung auf Chorführer und Chor ist nicht zwingend.

12006 Der Vers hat keine Entsprechung in der Gegenstrophe.

12117 Statt „Das andere wartet..." muß es eher heißen „ich werde leiden bis zum Tod".

12118 Die Götter waren Hochzeitsgäste.

12366 „schnellfüßig" ist häufiges Beiwort Achills in der Ilias.

12444 Der Seher Helenos, ein Bruder Hektors, überlebte den trojanischen Krieg und fand Zuflucht im Land der Molosser in Epirrus.

12572 Pallas Athene, sie stand im trojanischen Krieg auf der Seite der Griechen.

1254 „Göttin und Kind eines Gottes", der Vers wird auf Grund einer antiken Notiz als unecht verdächtigt.

1262 Leuke, eine mythische Insel im Schwarzen Meer.

1266 Das Kap Sepias an der Küste der Halbinsel Magnesia im Osten Thessaliens. Dort gewann Peleus die Nereustochter Thetis, vgl. zu 16.

1277 Pelion, das Gebirge auf der Halbinsel Magnesia.

1283 „immer wird es ihnen von Seiten der Götter wohlergehen", die Streichung ist nicht hinreichend begründet.

INHALT

EURIPIDES

Sämtliche Tragödien und Fragmente
Griechisch-deutsch
Übersetzt von Ernst Buschor
Herausgegeben von Gustav Adolf Seeck

In dieser Tusculum-Ausgabe erscheinen alle 17 von Buschor
übersetzten Dramen des Euripides samt den von ihm verfaßten
Nachworten. Die beiden nicht übersetzten Stücke, das Satyr-
spiel Kyklops und der unechte Rhesos, sowie die Fragmente
der übrigen Dramen bilden den 6. Band in der Bearbeitung von
Gustav Adolf Seeck.
Der Anhang des Herausgebers enthält die antiken Einführun-
gen, Anmerkungen zu Text und Übersetzung und sachliche
Erläuterungen.

Gliederung der Edition

Band 1: Alkestis, Medeia, Hippolytos
Band 2: Herakliden, Hekabe, Andromache
Band 3: Hiketiden, Herakles, Troerinnen, Elektra
Band 4: Iphigenie im Taurierland, Helena, Ion, Phoinissen
Band 5: Orestes, Iphigenie in Aulis, Bakchen
Band 6: Kyklops, Rhesos, Fragmente

Ebenfalls griechisch-deutsch erschienen

AISCHYLOS
Tragödien und Fragmente
ed. Oskar Werner

SOPHOKLES
Tragödien und Fragmente
ed. Wilhelm Willige

Alles in der TUSCULUM-BÜCHEREI bei Heimeran